普通高等教育"十三五"规划教材
陕西理工大学教材建设经费资助出版

文学论文写作指南

火源 / 编著

北京邮电大学出版社
www.buptpress.com

内容简介

本书对文学论文写作各环节进行了详细解说,还概述了综述和开题报告的写法,介绍了各种重要规范、论文别体和修改论文的方法,讲解了相关写作知识。本书编排了大量带详解的正反实例,重视交代文学论文写作的步骤和要领,具有可操作性和趣味性。

本书既能作为文史哲专业特别是文学专业本科生、研究生的论文写作课程的教材,又能作为相关专业学生和从事人文社会科学研究的科研工作者的参考书。

图书在版编目(CIP)

文学论文写作指南/火源编著. -- 北京:北京邮电大学出版社,2018.2(2025.1重印)
ISBN 978-7-5635-5352-5

Ⅰ. ①文… Ⅱ. ①火… Ⅲ. ①文学-论文-写作-指南 Ⅳ. ①H052-62

中国版本图书馆 CIP 数据核字(2017)第 317263 号

书　　　名:	文学论文写作指南
著作责任者:	火　源　编著
责 任 编 辑:	徐振华　董晓丽
出 版 发 行:	北京邮电大学出版社
社　　　址:	北京市海淀区西土城路 10 号(邮编:100876)
发 行 部:	电话:010-62282185　传真:010-62283578
E-mail:	publish@bupt.edu.cn
经　　　销:	各地新华书店
印　　　刷:	保定市中画美凯印刷有限公司
开　　　本:	787 mm×1 092 mm　1/16
印　　　张:	15.25
字　　　数:	399 千字
版　　　次:	2018 年 2 月第 1 版　2025 年 1 月第 6 次印刷

ISBN 978-7-5635-5352-5　　　　　　　　　　　　　　　　　　　　　定价:35.00 元

・如有印装质量问题,请与北京邮电大学出版社发行部联系・

自　　序

据说，有人把美国的论文写作方式蔑称为"美国八股"，主张论文写作也要文无定法。另外，文学研究者尤其喜爱区别人文学科论文与自然科学论文，以为人文学科论文应该有文学性，于是想把自己的文章写成美文。

不少读书很多的学生，也受到以上种种误解的影响，于是只能在黑暗中摸索论文写法。有的则热心学习老师的"美文"，又因为没有老师举重若轻的能力和问题意识，结果造成文章冗长、散乱。

更让人遗憾的是，一些科学期刊的编辑也对科学论文的形式缺乏认识，挑选稿件带有一定的随意性。一些初学者又按照那些期刊上的论文样式学习，进一步造成认识上的混乱。

回想当初，我学写论文的时候，也没有得到真正的指导，也曾在黑暗中摸索。学习的方式主要是阅读一些论文指导书籍。我发现这些市面上数量众多的指导书，本身虽然有种种优点，但也有一些常见病：或者体系很大，或者简单化，或者太严肃。这些书籍的效果好坏严重依赖于个人的悟性。大概为了扩大销路，希望学者们一本在手别无所求，因此这些指导书的专业适用范围比较广，没有很强的针对性。另外，这些论文写作指导书要么强调理论，例文很少，要么虽然有丰富的例文，但都是长篇，没有细致具体的分析，只有一段评点，不能做到具体明确，所以读者的收益很难保障。总之，它们几乎全都是原则性的道理讲得太多，而操作方法讲得太少。我读到台湾学者毕恒达写的《教授为什么没告诉我——论文写作枕边书》，非常喜欢，觉得他写得生动活泼（可惜那是一本指导社会科学论文的书）。在大陆，似乎还没见到这样的论文指导书，还没见过有谁写过一本具有针对性的、可操作的、具体细微、生动活泼的论文指导书。

其原因在于：①不重视论文写作教学。②写作教学方法的陈旧，写论文指导的人习惯于教材的模式，迷恋理论深度，不考虑写作的特殊性。③学习者又受别人影响，忽视了论文的应用文性质。

首先，为了克服以上错误倾向，本书坚持认为学术论文应该是经济地、清晰地传达科研观点的工具，论文的唯一功能就是传达观点，一旦你的观点被人类知识系统吸收，你的论文就应该被人抛弃。如果喜欢写美文，可以去写散文，或者写并不严肃的学术随笔。其次，本书坚持认为规范的论文形式对科研具有拐杖作用。作为应用文的论文有较为固定的格式，学者阅读这类论文时可以迅速找到前人的观点，并在这个基础上向前推进人类知识。再次，本书坚持认为作为实践性很强的写作课，其教法也应该与理论知识的教法不一样。应该更加强调实践性和可操作性，即使这种操作未必是唯一的，但是可以作为一种方式，启发学习者找到自己的方式。本书的操作程序至少是一种可借鉴的方式，也是前人试用过而且有效的方式。最后，本书还认为教材可以也应该写得活泼一些。

出于以上考量，本书打算做以下尝试。

一、范围限定在文学领域。虽然主要讲授文学论文的写法，但是与通用类指导书的差别仅在于对文学学科中的各门类加以细化，其中的一般原理，对于其他文科的论文写作也有借鉴作用，可以供社会科学、历史学和哲学专业的学者参考。

二、强调操作性。论文写作是"写作"，其中有很多默会知识，而不仅是理论知识。尽管学生背诵了很多定义和判断，但是如果论文写作课程结束后，学生仍然不知道如何写出一篇论文，那就是课程的失败。本书的唯一目的是让读者轻松地写出论文。整体设计上遵循"轻理论、重方法"的原则，形式上注重与操作过程的对应关系，以做法为中心，大体按照写论文的顺序安排（尽可能照顾到写作过程的复杂性），同时又可以作为"使用说明书"，供学者写作论文遇到困难时随时查阅。另外，将写作规范与诀窍秘笈结合——除了一般程序和规范以外，尤其重视传授不传之秘。这些不传之秘或者来自作者自己写作失败的经验，或者来自"学术大家"不经意间泄露的秘密。当然也考虑到这是一本教程，需要一定的学理性，所以对于做法的理由也做了一定的说明，并对于一些必须了解的概念也在讲解写法的过程中稍作解释。总之，本书追求实践与理论的统一。

三、强调生动性。整体上遵循"轻严肃性、重趣味性"的原则。尽可能少用连贯的语言，而用"点示"的方式指出要点，类似PPT。不强调内在逻辑的体系性，适量减少连贯性的说理。运用丰富的例子解析和图解，并穿插一些故事和名言，目的是减弱教材的主体性，激发读者的主体性和兴趣。

本书虽然以一种论文格式为主，但是并不否定其他方式。不过本书认为，这种格式是最为简洁、易学、合理的。本书的固定格式并不是束缚，而是帮助读者规范自己，更清楚地审视自己思维缺欠的工具。这样操作性强的指南，对于遇到论文不知所措的人来说应该是急需的，对已经有经验的人也可以作为借鉴。另外，还可以提高阅读论文的能力，知道自己的观点是什么，也能分辨哪些算是人家的观点，长此以往，更便于学术监督，可能有助于学术环境的优化。此外，还有助于学者了解学术会上发言的格式，在几分钟内完成讲演内容，并保证不会没有条理。与此同时，还可以提高学习者应用文写作水平。

本书的写法有的来自作者的实战经验和学习心得，也有很多来自成绩卓著的学者，以及同类教程的经验，后二者已经在参考文献中列出表示感谢。本指南还参考了陈平原教授《学术规范和研究方法》课程的某些看法，并受益于北京大学图书馆栾伟平老师的数据库讲座。此外，我还吸收了一点网友的心得，有的借鉴没有标注，是因为当时编写授课讲义时没有记录出处，后来找不到来源了（这是搜集材料失误的一个教训，请读者吸取）。如果他们的说法时间在前，发明权应该归于他们，并表达我真诚的谢忱。

最后，为了提供更为切近的讲解和避免版权纠纷，本书的例子大多取自我本人的论文和我本硕两级学生的论文和作业。我之所以选自己的文章，不是因为我的这些文章很好（在分析的时候我会指出其不足），而是因为这些文章是按照本文的方式来实验的，比较典型而已。

我学生犯的错误也比较有代表性，所以我选了作为病例（病例的批注中保留了不少当初的批语。错字病句也保留着，供读者做修改练习）。对他们（不一一具名）的贡献我也表示感谢。还有几位学生帮我看了初稿的一部分，也要表示感谢，特别是余梦林认真地提了很多意见，所以要特别提到，并且表扬她的认真精神。想当初，南京大学的王爱松老师发论文初稿给我们学生，让我们提意见，当时只有我认真地回复了并且不揣固陋，提出自己的不成熟意见。趁便在此提到此事，纪念师生的论文因缘。另外，本书并非文学学科的学术研究教材，因此不注重各专业的治学方法的介绍，对它们的大量文献书目也不一一罗列，仅举一二示例（这方面的知识应该从专业老师那里获得）。

最后，敬请同行对本书各种疏漏大加匡正，也希望本书使用者提出批评意见。邮箱 hy7630@sina.com。谢谢！

火源

2017 年 7 月 28 日

指南的指南

一、给学生的建议

本书体例大致为：法（做什么——怎么做），例（举例——解说），理（提示——是什么——为什么）。以"法"为部长，以"例"为干事，以"理"为顾问。请按这种结构来看本书。

作为教程，本书以论文写作的具体操作为纲，讲解论文写作方法，同时每一节后布置一个作业，使你可以读完此书时即完成一篇论文。请认真配合教师的进度，循序渐进地掌握论文写作的步骤和做法。对照点评反复体会所有例子的优点和错误，把因为节省篇幅而只能简介内容的例文找来，细细体会，对照学习。好好完成每一章的"练习与作业"，认真填写每一个画线的空格。这种完成一篇论文的过程可以重复多次，每次写一篇新的论文时都可以按这个流程来执行，并依靠它检查你论文写作过程中的缺失。

作为指南，本书可以备查。如果你是老手，比如博士生以上有资历的高级读者，可以不必从头学起，可以快速浏览一下，就跳到你需要的地方去，寻找相关的建议，作为参考。也可以把本书当作写作过程中遇到困难时的"救生手册"。当遇到写作困难时，先判断自己所在的阶段，然后到相关的阶段去查阅有关提示。不要指望阅读时能明白每一条提示的意义。有些提示要你在写作实践中遇到困难时才能理解它。

二、给教师的建议

虽然这是一本操作规程，主要读者是学生，主要目的是帮助读者自主地按照流程操作执行和体会，但是，教师也不是可有可无的，特别对于初学者来说，老师的作用甚至是不可或缺的。学生的学习过程需要老师有效地控制，使学习效果达到最大化。

教师应该做以下几项工作。

第一，自主合理安排教学顺序。因为论文写作过程并不像章节安排那样严格地按部就班，而是要交叉和跳跃的，比如在选题之前应该就有资料搜集的工作，但是因为搜集资料的主体工作在选题确定以后，所以在章节安排上不得不放到后面。本书的做法是在相应地方，标示出参阅相关章节，这样做前面的事情时可能需要先看后面的部分。对于将本书当作指南来使用的人来说，这个不是困难，而对于将本书当作教材的人来说，则比较麻烦。是按照逻辑顺序讲，还是按照实际操作顺序讲，这个取决于老师的选择。本书推荐，按照讲课的顺序，安排结构，把参阅后面章节的部分前置，目的是使学生能够完成每一章后面的任务。

第二，补充和解释。因为本教材重点放在提示做法上，因此对于原理仅仅做了必要的介绍，显得比较简略。如果学生不能正确理解，需要老师适当解释做法的原因。与此同时，教师还需要解释学生提出的其他疑惑（实践和理论上）。还可以按照书上的习题样式，设计相类似的习题供学生练习。

第三，结合自己的经验对本书加以完善。

第四，督促学生完成作业，并批改作业，指出他们的不足。

目 录

第一章　绪论 ··· 1
　　第一节　要躲避哪些陷阱？ ·· 1
　　第二节　你做好准备了吗？ ·· 9

第二章　找一个完美的问题——如何选题？ ································ 14
　　第一节　选题有什么意义？ ··· 14
　　第二节　问题从哪里来？ ·· 17
　　第三节　如何确定问题？ ·· 22
　　第四节　什么是完美的问题？ ·· 24
　　第五节　选题还要选方法？ ··· 28

第三章　动手动脚找东西——怎样搜集材料？ ····························· 36
　　第一节　如何辨别材料？ ·· 36
　　第二节　找什么材料？ ··· 38
　　第三节　怎么找材料？ ··· 39

第四章　大胆假设，小心求证——如何从材料出观点？ ················ 53
　　第一节　如何阅读材料？ ·· 53
　　第二节　如何做笔记？ ··· 57
　　第三节　如何整理观点并完善大纲？ ··································· 61

第五章　让人看看你的准备——怎样写辅助性文字？ ··················· 68
　　第一节　综述——怎样梳理文献？ ······································ 68
　　第二节　开题报告——如何说服导师？ ······························· 89

第六章　按部就班堆文字——如何写作初稿？ ····························· 97
　　第一节　写作还需要知道些什么？ ······································ 97
　　第二节　何时进入撰写阶段？ ·· 110
　　第三节　论文主要部分怎么写？ ··· 113

第七章　规范！规范！规范！——怎样更符合学术要求？ ············· 138
　　第一节　需要哪些学术规范？ ·· 138
　　第二节　形式也要规范？ ·· 144
　　第三节　怎么显得更专业？ ··· 147

第八章　文风和别体——如何令论文得体？ ……………… 153
　　第一节　语言怎么显得更得体？ …………………………… 153
　　第二节　论文还有其他体式？ ……………………………… 161

第九章　改了再改！——怎样使定稿完美？ ……………… 184
　　第一节　怎么修改问题？ …………………………………… 184
　　第二节　怎么修改观点？ …………………………………… 188
　　第三节　怎么修改材料？ …………………………………… 191
　　第四节　怎么修改结构？ …………………………………… 196
　　第五节　怎么修改论证？ …………………………………… 202
　　第六节　怎么修改逻辑？ …………………………………… 208
　　第七节　怎么修改语言？ …………………………………… 209
　　第八节　怎么修改格式？ …………………………………… 209

参考文献 ……………………………………………………… 212
附录　样本展示 ……………………………………………… 214

第一章 Chapter 1

绪论

第一节　要躲避哪些陷阱？

一、先学会辨析学术论文的好坏

提示——①知道怎么看，才能以挑剔的眼光审视别人的学术论文，使自己得到提高。对于研究者来说，比写论文更经常的工作是读论文。读别人的论文，了解他人成果；读自己的论文，以便修改。读论文和专著最后要回答这样一些问题：作者把你说服了吗？为什么？如果由你来写这篇文章或者这本书，你会怎样的修改？这样读书是为自己做学术研究，写学术论文和专著而进行的一种锻炼。久而久之，可以使你提高写作能力。②写作论文是研究工作者必备的技能。进入大学学习的学生作为具有一定研究能力的人，也应该学会论文写作。

> **批注**：学术论文指的是运用所学的学科知识、基础理论和技能方法，分析解决本学科领域的某一问题，发表学术见解的文章。最大特点是学科性。可以是一个学科，也可以是几个学科交叉，但必须是在学科的范围内。对象在学科中，问题在学科中，理论在学科中，结论在学科中。
>
> 这个定义里包括三个要素：一个是正确的原理、方法，第二个是解决问题，第三个是发表见解（论文是发表见解的）。
>
> 学术论文的类型：期刊论文、会议论文和学位论文等。

二、再看十一条好论文的标准

(1) 论点新颖（前所未有）。

(2) 意义重大（在理论上或实践中能引起巨大的改变）。

(3) 概念准确（概念表达的是真实的、固定的内涵）。

(4) 方法科学（使用合理而且有效的方法）。

(5) 论据全面（各个论点都有论据支持，威胁论点正确性的论据也都考虑到）。

(6) 论证严密（严格按照逻辑规律做判断和推理，论文整体是一个紧密的逻辑体系）。

(7) 条理清楚（每一层次内容集中，层次之间区分明显）。

(8) 行文流畅（语言正确、通顺、有力）。

(9) 格式正确（格式符合规范）。

(10) 图表合理（图表符合要求）。

(11) 打印美观（打印的外观适合人阅读，让人有审美愉悦）。

提示——①十一条标准都达到，论文就是一篇十全十美的论文。②研究的一个重要目的就是为了产生论文，论文本身其实是科学研究的结果，也是科学研究的组成部分。西方有种说法，叫 Publish or Perish（不发表就发臭），表示如果你的研究没有产生论文，并发表出来让人知道，就毫无意义，不仅不能产生名声，研究也是无效的。论文的目的是把科学研究的结果告知读者，并说服他们，让他们相信某种新观点。以上十一条标准的要求都是为这个目的服务的，大体对应于科学论文的四种性质：学术性、真实性、逻辑性、规范性，对应关系如图 1-1 所示。

批注：十全十美的论文就是满足十一条要求的论文。但老实说，完美的论文很难见到。绝大部分都或多或少有不完美的地方。但是不应因此放弃对完美论文的追求。另外，这些要求对于论文写作初学者来说不太实用。你想让一个刚学游泳的人游得飞快吗，那是不切实际的，对他们来说，重要的是知道怎么不沉下去。对"菜鸟"来说，就是知道按照什么要求，写出合格的论文，能通过答辩，达到发表的最低线（不敢说保证能得到编辑的垂青，因为决定发表的因素很多）。

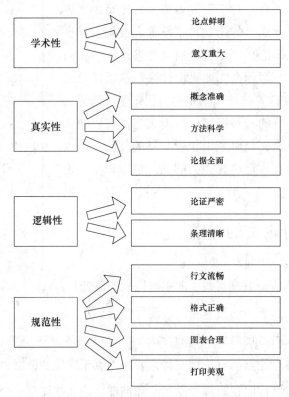

图 1-1　十一条标准与论文性质的对应关系图

三、戒除六种病

（一）有心得，没理论

症状——大多数文学专业本科生对文学的感受能力很强，看了作品会有各种想法，有很多心得体会（不专业也有心得）。他们写的文章普遍爱写个人印象和自己的联想，往往不在文学专业内部讨论问题。他们讨论应该如何做个好人，如何励志，将来自己和其他人的行为应该如何修正等。这是读书的心得，是读书的个人收获，或者说，是由于阅读了文学作品或者一般的书籍所得到的启发。唯独没有对于文学专业中的作品（这里所谓"书籍"和文章）形成一般的看法，即值得与本专业的同行分享的看法。

提示——这种只写个人印象的文章不属于论文。心得体会与论文的一个不同点在于，一个是个人想法，一个是文学专业的客观的看法。后者总是一般的，能够被本专业人士普遍接受的，具有理论色彩，也就是具有普遍性。写论文不能停留在感性层次上，单凭感性认识绝对不能准确地把握研究对象。因此，在文学批评中，印象批评的地位一直比较低。当然，个人印象不是没有意义的，它是写作论文的起点和宝贵资源。不过需要把个人印象转化为能够共同分享的东西，对大家都有意义的东西。

诊断——这种现象在作文做得好的汉语言文学本科生中最为普遍，还成为他们进一步学习文学课程的障碍。主要原因是受到高中作文的影响，并且错误地以为学文学就跟平时读文学一样轻松愉快。其实不是的，学文学就是运用专业的术语和道理来理解文学，并且从文学中总结出规律。

● **名言金句**

"批评一篇文学作品，不去理解它，不去分析它，不去拿一个尺度衡量它，单凭自己的政治立场，甚至单凭自己一时的印象，这绝对不是批评，这只是个人的读后感。事实上也许这个人根本就不懂得文学和艺术，也许这个人根本不曾体验过生活。"[①]

——巴金

药方——提高论文的理论色彩有两种方法。第一种是所谓"结论理论化"，就是不要就某作品谈论作品，而要揭示文学作品中具有规律性的东西，运用一系列特殊的概念，经过推

批注：还有其他的论文病症，常见的是这六个。犯六种病中的任何一种就是不合格的论文。从挑毛病开始，是为了养成审视论文的习惯，从读者角度来批评自己的论文。因为论文作为应用文，要紧紧盯住读者。如果对这类弊病产生心理上的反感，自己的论文水平一定可以迅速提高。

批注："心得"是指一些个人的想法和判断，依据不足或者出于个人立场的看法。未经由事实和公理来加以证明的。另外，也指阅读材料后产生的非文学专业的人生感悟。

批注：理论是指人们关于事物、知识的理解和论述。在全世界范围内，或至少在一个广阔的范围内具有普遍适用性，即对事物的认识具有概括作用，对人们的行为（生产、生活、思想等）具有指导作用。文学理论就是人们对于文学的理解和论述。可以表现为名人名言、逻辑体系以及普遍得到公认的看法。包括别人以理性形态呈现的研究成果，和自己理性形态的研究成果。论文的目的之一就是最终使自己的观点成为理论，让别人赞同你的观点。

批注：现象可能是真实的，但是不够深刻。看水是水，看山是山，还不够。需要看水不是水，看山不是山，才算进了一层境界。

[①] 巴金. 巴金全集（第18卷）[M]. 北京：人民文学出版社，1993：343.

理形成一种体系性的知识。你提出具有普遍性的概括，让别人放到其他领域或者对象身上也可以适用，广泛地影响人们对其他作品和其他作家的认识——这是文学研究的最高成就，应该是我们的努力方向。第二种是比较基础的方法，也是比较容易的方法，即运用某种现成的理论（普遍性的看法）来解释作品和作家，揭示文学现象的实质，解释其中早先不被注意的方面和特点。第一种要求不能就事论事，不能只描述现象；第二种要求不能按照自己的个人立场，应该用普遍认同的公理来支持你，或者启发你发现新规律、形成新看法。

例1

第一种方法来自一种能力，要逐渐培养。这里只讲讲第二种。下面以一首短诗为例看看理论如何帮助研究。

马奶子葡萄成熟了，／坠在碧绿的枝叶间，／小伙子们从田里回来了，／姑娘们还劳动在葡萄园。／小伙子们并排站在路边，／三弦琴挑逗姑娘心弦，／嘴唇都唱得发干了，／连颗葡萄子也没尝到。／／小伙子们伤心又生气，／扭转身又舍不得离去：“悭吝的姑娘啊！／你们的葡萄准是酸的。"／姑娘们会心地笑了，／摘下几串没有熟的葡萄，／放在那排伸长的手掌里，／看看小伙子们怎么挑剔??／／小伙子们咬着酸葡萄，／心眼里头笑咪咪：／"多情的葡萄！／她比什么糖果都甜蜜。"

——闻捷《葡萄成熟了》

★白居易提出一整套诗歌理论。他把诗比作果树，提出"根情、苗言、华声、实义"（《与元九书》）的观点，他认为"情"是诗歌的根本条件，"感人心者莫先乎情"（同上），而情感的产生又是有感于事而系于时政。因此，诗歌创作不能离开现实，必须取材于现实生活中的各种事件，反映一个时代的社会政治状况。他继承了《诗经》以来的比兴美刺传统，重视诗歌的现实内容和社会作用，强调诗歌揭露、批评政治弊端的功能。

按照这个理论观点，可以关注《葡萄成熟了》抒发了什么样的情感，这种情感与新中国成立之初的政治社会状况有何联系。思考这首诗对于当时的政治是一种什么态度。是揭露吗？作者为什么没有批判？这与当时的思想文化状况有何关联？这个理论的核心是政治与情感的联系。我们看到，闻捷的这首诗也服从这个规律，情感与政治具有联系。只不过，表达的情感有变化而已。理论的一般看法推广到具体作品中会发生什么变化，这种变化是很值得讨论一下的。

★严羽主张写有益于温柔敦厚的"诗教"，有补于世道人心的"中正和平"的诗歌，认为这种诗属于有"格调"。

按照这个理论观点，可以寻找《葡萄成熟了》的教育意义。发现该诗也属于中正和平的作品，具有一定的教育作用，为的是向新中国成立初期的人民群众灌输正确的价值观，认识到劳动的美。因此也可以把这首诗看作有"格调"，只不过这个格调与唐代诗歌的格调不太一样。说这首诗有"格调"，有教育意义，就是用严羽的眼光审视才发现的。

★孟子认为，文学作品的理解需要依赖对作家本人的生活思想以及时代背景的准确认识。（即"知人论世"说）

按照这个理论观点，需要关注《葡萄成熟了》创作的时代背景，了解新中国成立初期民族解放和民族政策方面的情况，以及当时文学上的颂歌风潮，还要关注闻捷的生平，了解其在军队中工作的背景，由此才能理解诗中展现和谐劳动场景，其目的是为了表达塑造新时代新生活的主题，最终歌颂党的民族政策和少数民族解放。

★"蕴藉"是形容文学作品主旨含蓄而不显露的概念。贺贻孙在《诗筏》中说："所谓蕴藉风流者，惟风流乃见蕴藉耳；诗文不能风流，毕竟蕴藉不深。"这是揭示了蕴藉风格与风流之间的关系，也就是有才华而不表露才是"蕴藉"。

按照这个理论观点，可以思考一下，《葡萄成熟了》算不算蕴藉的呢？应该说还是有蕴藉的。闻捷没有直白地赞颂新生活，而是描写一个劳动场面，一个有趣的场景。我们相信闻捷绝不会是简单描写一个场景，心中是有寄托的，他把这个生活描写得多么健康，心中没有对人的不满，就是小伙子不高兴也是佯装的，他写新疆少数民族的爱情生活，其实是把意义寄托在场景中让读者自己去寻找。我们可以思考，《葡萄成熟了》如何表达出"风流"（内心有个性）的一面？

★华兹华斯说："诗是强烈感情的自然流露。它起源于在平静中回忆起来的情感。"

按照这个理论观点，《葡萄成熟了》应该是诗作者强烈感情的自然流露，联系作者生平，知道他生活在新疆天山一带，他的强烈感情应该是对新中国、新生活的热爱，他把这种感情通过一个小场景加以表现。此外，还可以思考一下，这首诗是在平静中回忆起来的情感吗？为什么？

★女性主义的基础观念是：认为现时的社会建立于一个男性被给予了比女性更多特权的父权体系之上。

按照这种理论观点，可以发现《葡萄成熟了》中展现的是男性劳动者围绕女性劳动者的"引诱"，而此时女性占了上风，男性对女性的"不满"虽然很快冰释了，但还是有男性压迫的意识存在，只不过这种女性地位的提高得到肯定。似乎新社会、新道德可以消除男性对女性的压抑。是不是这样呢？值得深思。

提示——①从上面的例子可以看出：(a) 理论是多样的。(b) 理论是角度、公式、理据。②对于理论色彩，各种专业的要求是不一样的。古代文学受历史学影响较深，某些考证类文章重在弄清事实，因此对于理论的要求并不高。而文学理论论文具有高度的理论色彩。③辨析：一般理论与"理论"——抽象表述以及规律性的认识就是广义的"理论"。但是狭义的"理论"则有特殊意涵。乔纳森·卡勒《文学理论》中探讨过狭义"理论"的内涵。在卡勒眼中，理论是各个学科中总结出来的规律，但是跨越到其他学科中，有诸多因素组成的一个系统，与此同时，理论与常识为敌，理由是那些常识实际上只是一种历史的建构，此外，理论具有反思性，

批注：以上几个理论是随手写的。其他可以用来分析诗歌的理论或者公认的看法还有很多，只要是得到公认的理论观点都可以作为分析作品的工具，提高论文的理论色彩。

批注："角度"是指你分析一个作品时不能面面俱到，而应该只及一点不及其余。你如何确定那个"点"呢？由你选的理论（角度）来决定。你觉得《葡萄成熟了》是一首爱情诗，就可以按照白居易的观点（前人提出后人公认的观点）来分析，关注这

个爱情的性质，发现爱情的内容是独特的，进而揭示出政治环境和时代对爱情表达方式的影响。由其他理论决定你的其他角度，如你也可以关注它在诗歌表达上的蕴藉程度如何、闻捷写诗时的感情情况等。心得的一个大病在于背后没有要解决的问题，于是整个论文没有方向。理论作为角度正好可以引导问题。

所谓"公式"是指，理论提供 s=v×t 这类公式所提供的各种变量的关系。女性主义的公式可以表述为：压迫＝男性 × 女性。那么既然这首诗中出现了男性和女性，你就可以从这个角度来分析，寻找其中的"压迫"。如果没有压迫，你可以思考一下为什么没有压迫，是不是政治和谐掩盖了？这样就有了一个关注的方向，并因为在这个方向上追问而加深了对这首诗的认识。

"理据"指在写成论文时，这些理论就是支持你分析的工具（另请参阅本书第三章第一节）。

质疑思维本身。① 从他的描述来看，他所说的狭义的"理论"指的是 20 世纪六十年代以后兴起的后现代思想的各种批判现实的思想工具。④使用理论不仅为推出具体对象的未知特征，更重要的是找到对象与理论的矛盾处，借以提出新问题。

窍门——记住，在分析现象时，一定要强迫自己找到一种理论。

（二）有理论，不正确

症状——有的论文注意到使用抽象概括的思维，没有就事论事，没有发表个人观感，也就是具有一定的理论色彩。可惜，它们的理论本身有问题，不能得到公认。所谓"不正确"其实就是不能得到公认的意思。没有正确的理论也就等同于没有理论。

故事 1

一位同学分析文学现象时使用了胡兰成文学史上的观点。胡兰成是有一套文学观点的，看起来似乎是可以用的，但是这些观点还属于胡兰成的个人观点，还没有得到学术界的公认，至少那位同学的导师不认可，最后把论文打回去重写。

药方——论文最好使用专业里得到定评的理论著作，作为立论的依据。对有些理论界尚未得到认可的理论形态的东西，使用时要谨慎。对自己还没有理解的理论，坚决不用。

提示——①错误的理论只能得出错误的结论，因此这样的论文只能唬人，不能推进科学发展。②辨析：经典理论与庸俗理论——经典理论是得到长期检验的，比较正确的理论，虽然是某些名人的个人看法，但是得到众人的承认，因此具有权威性。那些视野宽阔、概念清晰有力、经得起检验的看法总是经典理论。庸俗理论本身还没有得到承认，还属于等待检验的假说。其概括力也不如前者强。当然对于高级研究者来说，就要面对一个使用新理论的问题，而且研究前沿的研究者在使用理论的时候也是在检验这种理论。他们会使用一些只在小范围内具有说服力的理论，但是仍然可以保证其研究的言之有据。因此对于高级研究者而言，关键是在新颖的理论和可靠的理论之间找到平衡。

（三）有理论，没材料

症状——这里的"材料"主要指事实材料。有理论，没材料，指的是有理论材料，但是缺乏事实材料。有一些文章

批注：所谓"材料"，实际上包括两种：理论材料和事实材料。理论材料是他人研究成果和认识成果，表现为名人名言、经典论述和一般概括。事实材料指有时间地点特性的那些事件和情况，表现为文字等媒介中存在的现象和状况（个人经验、他人经验、科学实验的实验数据统计资料、案例等）。关于两种材料的划分，参阅本书第三章第一节。

---

① ［美］乔纳森·卡勒. 文学理论 ［M］. 李平译. 沈阳：辽宁教育出版社，1998：3-16.

只对理论概念进行逻辑分析，只进行理论推导，不涉及实际事件和具体现象，不解决实际问题。论文缺乏生动的事实材料的支持，给人的印象非常空洞、生硬。

诊断——①看书没有融会贯通，过于迷信理论。读理论书的时候没有理论联系实际，没有把理论作为分析问题的工具，而是喜欢理论工具本身的简洁、直接和有力。②受到"大师"文风的影响。人们看到某些大师级人物的著作中存在这种情况，其实，因为是大师，他们心中有对现象的准确描述，他们的权威性又足以让人相信其背后有丰富的材料支撑，加上他们用材料都很精练，往往点到为止。另外，大师关注的问题往往是大问题，他们做的是对已有诸多成果做理论总结，所以相对来说，事实材料较少。一般的研究者特别是本科生还没有那样高的知识储备和理论素养，因此还不适合这种文风。

提示——没有事实材料或者事实材料太少，容易脱离实际，科学性就很可疑。材料多，内容就能充实。最说服人的是事实材料，理论大厦没有坚固的地基，有建立在沙滩上的危险。就算是以抽象思维见长的文学理论和哲学，也应该以大量事实和现象为分析的对象才行。

药方——强迫自己准备一定数量的事实材料。有时宁可理论弱一点，事实材料一定要充足。

例2

分析《葡萄成熟了》这首诗，就需要闻捷的生平材料，他的其他诗歌，新疆的风俗等材料作为研究对象，首先帮助你了解这首诗的背景，然后让你能了解其思想内涵。如果你想用华兹华斯的观点"诗是强烈感情的自然流露。它起源于在平静中回忆起来的情感"来分析，就要有闻捷写诗的记录，是不是在平静的时候写的。如果没有这方面的材料，你就不能从这个角度分析，就算勉强分析也得不出可靠的成果。最不好的倾向是脱离《葡萄成熟了》这首诗和作者闻捷有关的事实，而大量笔墨用于讨论华兹华斯的诗歌理论。

故事2

一位有强烈理论兴趣的同学运用存在主义思想来观照中国当代文学中的先锋小说。论题不能说不成立，对理论的有意识追求也值得鼓励。但是，他的论文大部分都是在讨论存在主义的各种概念，不说他的论题已经溢出文学领域，就单看材料的使用上也存在很大缺陷，因为你用存在主义理论是为了探讨出平时我们不能发现的关于先锋派的某种面向和特点，但是如果没有以先锋小说具体作品为研究对象加以分析（事实材料），那么就变成了用先锋小说的材料作为点缀，成为用先锋小说来印证存在主义的真理性。这种现象有时相当普遍，因此造成学术界很大反感，连带着连理论本身也受到排斥。

（四）有材料，没观点

症状——这里的"材料"是事实材料。在这类文章中，事实材料有不少，但是没有经过提升，满足于堆材料，满足于描述现象，就事论事。或者对材料做简单概括，根本不做深入探究，获得关于研究对象的某种看法，也就是只做事实层面的归纳，不做演绎。或者理论材料归理论材料，事实材料归事实材料，把两者加以拼贴，没有得出新结论。

批注：论文不是展览材料的，论文是要传递个人观点的。论文的观点就是论文的各级论点。

诊断——这既是思维方式问题，也是写作方式问题。思维方式方面原因在于不习惯做抽象的一般概括，没有为某个目的而使用材料，被材料所左右。写作方式方面的原因在于不知道论文写作就是从事实材料上升华出一般结论。

提示——①事实材料是立体的，需要加以阐释，告诉读者事实材料让你看到了什么。就像新闻报道，只是告诉人们发生了什么还不够，读者不一定知道这个事实意味着什么。他们可以做各种解释。而你指着某个东西，发出"啊哦啊哦"的声音，别人看见了，只是知道一位聋哑人士在着急地指着那个东西而已，不知发生了什么。②论文的灵魂就是那个假说（个人论点）。研究的结果就是这个假说，论文要论证和让读者相信的也是这个假说。没有论点，就是没有"论"，这样的文章当然不算是论文。

药方——①不断地追问我到底要告诉人家什么。绝不要满足于描述现象，想想自己写这个现象和特点究竟要说明什么。牢牢把握自己要解决的问题，为这些问题提供自己的看法（参阅本书第二章第一节）。②不是所有帮助你形成观点的材料都要写到论文中去，选择可以帮助你表述论点的材料。

窍门——①试着把自己要写的论文内容对人讲出来，反复讲，直到知道自己要说什么。②写论文提纲时打表格，其中设计一栏名为："我认为"，并且一定要有东西填上（表格样式参阅第四章第三节）。

（五）有观点，没逻辑

症状——有的文章层次不清楚，逻辑混乱，读起来不知所云。仔细看可以发现它们也有自己的观点，有很多观点，甚至还有挺好的观点，但是因为论述不集中、不清晰，没有形成一个逻辑体系，因此有大量未经论证的观点和推论。那些有价值的观点与没价值的或与中心论点无关的观点混在一起，埋没在一大堆补充说明和讨论之中。

诊断——这主要是写作方式问题，但根源于思维问题，反映了思维的混乱，说明对自己的论题还没想好。

提示——①论文表述层面的事情也很重要，几乎和观点创新一样重要。②简单清晰是论文必备的一个美德。③只有经过论证的，并且形成一个整体，并一起证明中心论点的观点体系才是论文需要的。未经论证的和对中心论点没有直接帮助作用的观点都是垃圾。

药方——找到中心论点，然后，按照与中心论点的关系远近，从远而近，一段一段地删除，直到你忍无可忍为止。段落里面的句子也如法炮制。

窍门——讲给别人听听，用最简短的话把你这篇论文的中心说出来，然后说说理由，这样有助于你理清思路。试着按照以下公式：我的观点是：……理由是：①……②……；每个理由还是按照以上公式加以表述。例如：我的观点是：苏格拉底是人，理由是：①苏格拉底是无毛两足动物；②苏格拉底能思维和说话。接下来，我的观点是：苏格拉底是无毛两足动物，理由是①有照片为证；②他的弟子回忆中没有提到他与其他人不同；我的观点是苏格拉底能思维和说话，理由是：他有大量的对话由弟子记载下来……。然后，将与理由无关的东西，删去。

（六）有别人，没自己

症状——自己的文章中充满别人的话，别人的观点。罗列理论材料，没有个人观点。把别人的看法代替自己的看法，没有个人创新的观点。论证的结果是别人的观点，前面一大段论证分析，最后说：所以某某认为……。摘抄太多，引述他人的话，虽然注明其出处，但没有分析、评价和修正，提不出自己的观点和看法。这种行为被称为"拼凑"，是违反科学研究独立性的行为。更糟糕的是把别人的话当自己的话，把别人的名字都删去。

诊断——"拼凑"的原因可能是不会写论文，像高中生一样用名人名言来证明旧观点。或者因为研究能力不足，缺乏解决问题的能力。或者因为没有深入研究。或者选择了没有研究空间的问题。或者是没有做好论文前期的资料搜集工作。或者没有严格区分他人的观点和自己的观点。占有别人的观点却不加标注则是属于学术伦理方面的严重问题，属于不尊重他人知识产权的抄袭，无论在国外还是国内都不能允许。（参阅本书第七章第一节）

提示——论文观点必须原创。不是原创的"论文"就不能算是论文。

药方——①仔细搞清哪些是自己的观点，哪些是他人的观点。②进一步思考，提出自己的看法。对别人的观点做出一个判断，并说明理由。对前人研究的主张要么选择支持要么选择反对，要么提出新说（要有根据）。③立即停止抄袭！

第二节　你做好准备了吗？
——做学术性论文前的四点准备

一、培养学科意识

培养方法1： 学会使用本学科的概念、术语、词汇和理论。

例1

使用诸如"《尔雅》""《诗经》""《文心雕龙》""卡夫卡""吴承恩""意象""接受视野""美国学派""新时期文学""九十年代诗歌""美是理念的感性显现"等。

培养方法2： 学好本专业的课程，认清本学科的对象有哪些。认真阅读本专业的论文、论著，掌握本专业常用的方法和理论。养成写心得笔记的习惯，积累本学科的知识，摸清本专业的知识边界。

提示——①我们看到大量"霸道"的论文，它们使用大量新颖的术语，其意义根本不是原来的本义。应该有这样的意识：如果使用某个概念，务必把概念搞清楚，如果与人家的概念不一样，下一个简单清楚的定义。另外，还要考虑该

> **批注**："学科意识"要求论文写作者明确意识到科研活动要尽可能与本学科直接相关，结论要落在本学科领域中。意识到每个学科在形式方面都有自己的特点，都有所属的学科特点、研究状况、主要的理论方法。意识到研究必须依赖本学科的学术积累。前人的研究不是可有可无的，必须在前人的研究基础上才能提出创新见解。（论文区别于一般议论文和读后感的一个重要的特点就是必须依赖专业知识背景，而不是常人的认识和单纯的人生经验。）创新也是在本专业范围内创新。

术语在本学科中的适用性。②文学论文的学科特点——文学类论文具有比其他类论文更多的人文性和价值观念。文学类的各种学科之间也有一定差异，详情参阅本书第七章第三节。③辨析：学术论文与议论文——学术论文与议论文都是议论性文体，有一些相通之处。议论文写得好，论文能写得较好。但是学术论文比议论文有更多要求，它具备四个特点：学术性（在前人基础上）、科学性（要符合科学规范）、创新性（不代圣贤立言，说自己的话）、理论性（不是感想，有理论深度）。

窍门——①看述评或者文献综述（参阅本书第五章第一节），可以迅速进入学术研究的某个具体领域。②学习写文献综述。通过搜集文献资料，熟悉某个领域的材料，了解那个领域的研究状况。学写文献综述是为今后科研活动打基础，也是提高归纳、分析、综合能力，提高独立工作能力和科研能力的有效方式。

二、提高理论水平

培养方法1：学习哲学。不仅要了解哲学史，更重要的是学好某一哲学家或某一哲学派别的代表作。

批注："理论水平"就是运用和提出理论的能力。科学研究离不开理论，论文也有突出的理论性（参阅本章第一节关于理论的内容）。因此从事科学研究和论文写作，必须具备较好的理论思维能力。

培养方法2：学习文学理论。根据你的学力状况，选择学习不同的文学理论流派。入门阶段，可以重点掌握一个流派、一个理论家的理论思想，对其他各派理论要点，如概念、方法和定理，只需准确而粗略地掌握。

批注：对哲学在文学学科，甚至整个人文社会科学研究中的重要性，怎样强调都不过分。要做研究最好培养出哲学眼光——像哲学家一样思考文学问题。

窍门——如何能快速地在论文中体现出理论色彩？做法是读一部本专业的相关理论书籍（资料集或者教程都可以），找找与你的论题有相关性的观点和定理，看看你的问题中有没有类似的现象，文学现象能不能归入定理中的概念范畴，看看按照定理，你的文学问题是不是得出新看法了。如果你是有感性印象的，你应该想想你的感性印象与什么术语相关。

批注：文学理论是文学学科的理论。

比如，读某部小说时产生非常振奋的印象，让你念念不忘，这时可以问自己，这个吸引你的印象是小说的什么要素造成的？情节？人物？结构？还是其他（这时你已经在使用文学课的知识了）？再问：是情节、人物或者结构中的什么特点导致的？这个特点为什么能导致你的愉悦？这个在理论中用什么来解释？另外，看看与你论题类似的研究者使用了什么理论（关注使用的理论性术语）。借鉴一下是可以的，不过不能抄现成的结论，需要照顾到对象和问题的差异之点。当然，这种借鉴是初学者的捷径，目的不在论文本身，而是带有学习性质。等到你比较成熟了，就应该不再依赖人家的模板，自己寻找方法和理论来解决问题。如果没有理论可以解释，就去创造一种可以解释的理论。

📖 名言金句

"一个民族想要站上科学的各个高峰，就一刻也不能没有理论思维。"[①]

——恩格斯

---

① 恩格斯.自然辩证法[M].于光远等译.北京：人民出版社，1984：47.

"能作正确理论的人,也会创造。谁想创造,必须学会理论,只是对二者都没有倾向的人,才认为二者可以分得开的。"①

——莱辛

> **批注**:"问题意识"就是研究的时候要努力提出问题,以问题为中心,从问题提出开始到问题解决终结,最后进入论文写作也要以问题为论文的核心。
> 有"问题意识"的人能够从惯常的现象中发现不寻常的、或者未知的,同时又是能够启发人们思考的东西(参阅本书第二章第一节)。

三、养成问题意识

培养方法:学会提问题。阅读他人论文时,习惯于寻找他人论文中的"问题"。

> **批注**:"问题"对于论文来说非常重要。一个好的问题对于论文而言是成功的保障,也是使论文主题集中的一个决定性要素。与议论文不同,它的问题更多是专业领域内的问题。

例 2

关于徐志摩的艺术成就在教材里是这样总结的:(a)表现"性灵",抒发感情,塑造了追求爱和理想的抒情主人公形象。大胆的幻想、新奇的比喻一起构成浪漫主义特色。(b)轻盈飘逸、潇洒灵动的诗歌风格。(c)意象新奇、美妙。(d)音韵和谐,旋律优美、飘逸。

其实,这些观点背后都是一系列的问题。第一层的问题是:徐志摩的艺术成就是什么?第二层的问题分别是:(a)表现在创作方面的成就是什么?(浪漫主义)(b)表现在诗歌风格方面的成就是什么?(轻盈飘逸、潇洒灵动)(c)表现在意象运用方面的成就是什么?(新奇、美妙)(d)表现在音乐性方面的成就是什么?(音韵和谐,旋律优美、飘逸)从这个例子看,我们知道观点对应着问题。

故事

"五四文学"究竟是什么性质的?这个问题在20世纪80年代之前的学术界有固定答案。但是到1980年,南京大学教授许志英重新提出,产生轰动效果。他说:"1980年前我从没有怀疑过'五四'文学革命的指导思想是无产阶级文艺思想。19世纪80年的春夏之交我读'五四'运动六十周年纪念论文集时,对这一问题产生了怀疑,便写出《'五四'文学革命指导思想的再探讨》一文。"② 这属于重提旧问题的例子。

在20世纪90年代,纯文学发生了危机,面对现实问题,《上海文学》2001年首先发起关于"纯文学"危机的讨论。这些讨论就是在试图对"极大地影响并且改写了中国的当代文学"的"纯文学"观念进行历史清理的同时,解答二十年间纯文学观念支配下的文学实践为什么遭遇困境的问题。这属于在新形势的逼迫下提出新问题的例子。

例 3

"我们要能解决中国文化是否比西方文化优秀这类问题,首先必须建筑导向这类问题的解决之道路。道路没有铺好,我们是无法走到一定的目的地的。从最低限度来说,中国文化

---

① 莱辛.《汉堡剧评》选译[J].杨业治译.世界文学,1961,10.
② 许志英.我的治学体会[J].东方论坛,2004,5.

是否优秀过于西方文化这个问题，在'优秀'的标准没有定立以前，任何论争都没有意义。复次，如果我们尚未建立起工人的世界文化典范，那么说中国文化优于西方文化没有意义，说中国文化劣于西方文化也没有意义。"①

——殷海光

从这段引文看，我们知道问题是有解决的先后的。问题之间存在逻辑的依赖性。有大问题有小问题，小问题的解决帮助大问题的解决，有前问题有后问题，前问题的解决才能顺理成章地解决后面的问题。

例 4

考证大唐十才子的历史行踪，当然有价值，但是相对来说不如大唐十才子代表的某类读书人在当时历史中的命运和地位是什么这类问题更有价值。因为这个问题属于更大的唐朝历史时期读书人的命运和地位问题的一部分。

这个例子表明，描述材料或者仅仅做一些对事实的澄清并非没有价值，但是价值不如对这些材料加以解释更大。问题意识不仅包含提出了问题，还包含重视问题的价值。

提示——①所有观点都能找到它所回答的问题。②"问题意识"在研究中体现为不断用问题来引导，加深对于对象的认识。在写论文时体现为以回答一个问题来组织论文，把中心问题分解为几个小问题来论证。同时有意识地确认本问题属于哪个更大问题。③辨析：大问题与小问题——每一个问题都有所从属的大问题，也有下面的小问题。你的问题的解决为了解决更大的问题。解决任何一个问题都要化为几个小问题的解决。④辨析：理论与问题——理论的好处之一就是帮助研究者提出问题。问题总是某一个角度的问题。或者是关于对象的性质（什么），或者是关于现象的原因（为什么），或者是关于现象的过程（怎样）。而且理论的公式将有助于你提出问题，比如用女性主义理论思索《葡萄成熟了》时，如果发现不一致的地方，就可以引导你提出"为什么"这样的问题，把研究深入下去。

名言金句

"没有论点不能叫论文，论点密集同样不是好论文，这就是过犹不及。"②

——许志英

四、树立创新意识

培养方法：

有意识地标新立异。看论文时思考它有没有新观点，如果观点不是新观点，那么看它的材料和角度是不是新的？如果是新观点，想想这个新观点是来自新材料，还是新角度？

> **批注**："创新性"有时称为"原始创新"。创新分为本学科内创新和交叉创新，又分为理论创新、方法创新和观点创新。
>
> 创新分三级：
>
> （1）以新材料和新角度论述旧观点。补充或完善前人的问题或者观点。
>
> （2）给旧问题提供新观点。
>
> （3）提出新问题，并解决这个问题。
>
> 从上到下，越来越有价值，对能力的要求越来越高。

---

① 殷海光．中国文化的展望［M］．上海：上海三联书店，2002：17．
② 许志英．我的治学体会［J］．东方论坛，2004，5．

还要思考新观点是不是来自新问题。构思论文的时候首先想一想我的这个论文有什么与前人不一样的地方，从角度、材料、观点、方法和理论等方面一一询问。

提示——论文是报道新发现、新看法的应用文。没有创新性，论文几乎就没有任何价值。

> **批注**：没有超过前人和今人的研究水平，没有提供新观点、新证据、新材料、新视角、新方法等，即没有提供与他人不同的有实质性的新内容，也就是没有为人类知识积累做出贡献。这样的东西被称为"重复研究"，是一个学者努力要避免的。

练习与作业

1. 自己梳理一下文学理论课程中有哪些理论，试着用自己的话把理论写一遍。

2. 找一篇他人的论文，找出其中的观点和判断，反过来想一想它们对应什么问题。追问对方的逻辑前提，使用"是不是""难道""如何""为什么"，等发问，对已经形成的观点进行反驳。当然这样提出的问题有的是可以回答的，有的问题可能是错的，有的问题在现实中没有意义，但是不要管它，现在要的是发散思维，想法越多越好。

3. 想出几个本专业自己感兴趣的研究对象并考虑自己想用什么理论来分析，填于下面横线上（最好多填几种）。

(1) _____ （理论：   ）
(2) _____ （理论：   ）
(3) _____ （理论：   ）
(4) _____ （理论：   ）
(5) _____ （理论：   ）

4. 找一个自己最感兴趣的作家或者作品（可以多选几个备选）作为本课程结课论文的研究对象，把他们的名字填在下面。

(1) _____
(2) _____
(3) _____
(4) _____
(5) _____

第二章
Chapter 2

找一个完美的问题
——如何选题？

第一节 选题有什么意义？

一、选题，就是选"问题"

  提示——①记住问题的六个形态：为什么，什么，何时，何地，谁，怎样（why,what,when,where,who,how）。②虽然一切学科都必须回答这六个问题，但是对问题的要求也体现出学科上的差异。对自然科学来说，"什么""哪里"就很重要了，而对于历史学和古代文学来说"何时""何地""谁"也有意义，但是对哲学和受哲学影响深远的学科如现当代文学来说，更多关心"为什么"和"如何"。③布斯等人在《研究是一门艺术》中似乎展示了一种有层级的问题体系：历史学家关心的故事的来源、发展和真实性等问题和新闻记者的标准问题（谁，什么，何时，何地）为一级；"怎样"和"为什么"这类问题为一级；分析性的问题：该题目的结构、历史、类别以及价值又为最高级。他们认为"应特别着重在如何（how）及为什么（why）上。"[①]

> **批注**：有时会听到研究者说："找个题目做做"，或者"我有了一个论题"，这些话很容易让人误解，以为是指论文的"题目"。其实，这里的"题目"是指"论题""话题"和"话题范围"。而"选题"的"题"应该是"问题"的"题"。研究者要选择的是"问题"，也就是"问题意识"的"问题"。有时可以笼统地称为"课题"。

  故事1

  伽利略1607年有一个想法："我想测试光速"。这里好像没有问题？其实不然。他的问题式表达应该是"我来测试光速，怎样？"——how。背后还有两个问题："光速是什么（what）。"和"怎么测光速"（how）。解决第一个问题，必须先解决后一个问题。伽利略解决这个问题的方法是：让AB两个人分别站在相距1英里的两座山上，每人举一盏红灯。A先揭开灯上的黑布并开始计时，当B看到A灯亮了，就立即揭去红灯上的黑布。A看到B的灯光时结束计时。此时码表上的时间按照理论上讲，是光运动两英里的距离需要的时间，如图2-1所示。结果，当然是失败了。原因是光速达每秒三十万千米，因此如果有时间差距的话也是人反应迟钝造

---

① 韦恩·C.布斯，格雷戈里·G.卡洛姆，约瑟夫·M.威廉姆斯.研究是一门艺术[M].陈美霞，徐毕卿，许甘霖译.北京：新华出版社，2009：40-41.

成的，而不是光的运动时间。这个失败不是没有意义的，因为他的问题还在，并一直激励着后辈科学家。1849年法国科学家非索按照伽利略的原理，利用透镜测出了光速，后人还在使用各种方法不断提高测试的精度。这就是一个问题推动了科学发展的例子。

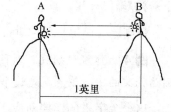

图2-1　伽利略测光速实验示意图

故事2

牛顿坐在花园里的苹果树下，突然一只苹果落在他的头上，于是他提出那个众所周知的问题："为什么苹果和其他东西都向地上掉，不是向天上飞呢？"从这个问题出发，他发现了万有引力定律。他的问题形态是"为什么"。

从上面两个故事可以看到：提出问题非常重要。这也就是哈佛大学威尔逊教授认为选择课题比解决问题更重要的缘故。研究工作就是要找到那个问题，让它作为研究的开端，然后提出对问题的解答，以新的观点丰富学术知识。

二、好好理解学术金字塔

批注："学术金字塔"是表达个人论点与学科知识之间关系的图式，如图2-2所示。

图式解说：最底层（Ⅰ层）是目前得到公众认可的学科对象。

例1

研究对象如果是作家老舍，这部分内容包括老舍的作品、生平、老舍生活的时代背景。如果这个对象是"现代文学"，则这个范围会大大拓展，包括现代时期所有的文学现象和文学作品。

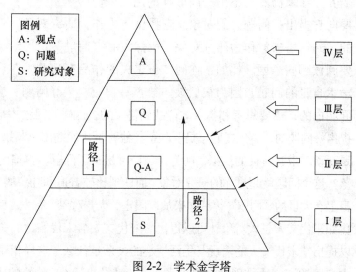

图2-2　学术金字塔

第二层（Ⅱ层）是有关学科对象的话题（前人的问题和观点）。

例2

研究对象如果是老舍，这个部分内容包括研究老舍的论文、论著以及老舍本人对自己作品的评价。其中包括老舍生于何年何月，籍贯在哪里，老舍京味小说的特征是什么，如何评价老舍的文学地位，为什么老舍不能采取京派的共同取向等问题，以及前人对这些问题的回答，有的是公认的结论，也有个人见解。

第三层（Ⅲ层）是你的个人疑问。

例3

如果你要从事老舍研究，或者想写一篇老舍研究的文章，这里是你找到的关于老舍的一个新问题。

最高层（Ⅳ层）是你对Ⅲ层疑问的解答（假说）。

例4 你经过研究，对问题给予一个回答。到这里，你已经可以开始正式写作论文了，因为论文的中心论点就是这个。

这个金字塔的四层对应于选题经历的四个阶段。关键是第三步，有一个有价值的问题，你才有假说需要去证明。这个问题的获得可以采取路径1，即来自第二层中前人的问题。不过因为这些问题当时解决了，随着时间的推移，这个问题的答案又变得可疑了，或者随着学术界认识水平的提高，可以对过去的问题做出其他解答。同时，这个问题仍然重要（对现实或者对学术）。伽利略测光速的问题没有解决，而非索等人继续解决这个问题就属于这个路径。也可以采取路径2，即从Ⅰ层的研究对象中，自己提出来。伽利略和牛顿解决的问题就属于这个路径。

提示——①从学术金字塔可以看出，个人提出的问题在学科研究中的位置，它既要依赖于前人的研究，又是你个人研究的大门，是个人研究的开始。②从经典学科知识到个人研究之间需要研究能力的提升。研究能力强不是指对专业知识的掌握水平高，而是指发现本专业问题的能力强。有潜力的人就是能敏感地提出问题，尽管开始不一定有意义，真积力久就能有收获。不怕提出不高明的问题，怕的是没问题。有的人书读得不少，可是忽视研究能力的培养，结果仍然写不出一篇像样的论文来。③辨析："问题"与"对象"——"对象"是你要向它提出"问题"的对象。选择伍尔夫作为研究对象，这里还没有"问题"，选择伍尔夫的《到灯塔去》作为研究对象，仍然没有"问题"。"对象"提供研究的范围，即确定了你要阅读哪些东西。比如：你问"伍尔夫的作品有哪些？"这就是一个问题，不过这是个没有学术含量的问题，因为很低级，很容易解决。"好问题"应该是真实的，而且是人们不容易弄明白的，需要思考和探寻才能找到答案的，这样的问题才是具有深度的问题。不是所有人都能提出好问题的。首先提问总是要联系其他背景才能提出。苹果是对象，苹果掉下来是对象的现象，是变动时带有特征的现象，问为什么，于是有了问题。再追问为什么世上绝大多数东西都向下面落？这个问题就超过你的研究对象，而达到比较普遍和抽象的高度了。其次，"对象"有多个方面，身上有大量的"问题"等待你来加以限定。大"对象"有大"问题"，大"对象"也有小"问题"。比如宋代文人是大对象，可以提出"宋代文人与宋代儒学的关系是什么"这样巨大的问题，也可以提出"宋代文人的清玩与生活情趣的关系是什么"这样相对较小的问题。大"对象"往往含有大"问题"，小"对象"往往是小"问题"。比如前面的宋代文人涉及的人数太多，但是选择梅尧臣作为对象，他也是宋代文人，关于他的问题就小得多。从"研究方向"到"研究对象"再到"问题"，学术就是这样由大到小组装起来的。方向可以是外国文学的欧美文学方向或者古代文学的明清文学方向，"方向"里有大量的"对象"，而"对象"是你发问的对象。"对象"构成"方向"，"对象"和"方向"里有大量"问题"和答案。人们常常只见到学科知识由大量判断组成，其实这些判断即观点都是由"问题"引导而来。每一个"方向"，每个"对象"都可以建立一个学术金字塔。④好问题还必须是真问题，而不能是伪问题，应该能够影响人们生活和认识的问题。⑤在人文学科中，对一个问题的答案未必是唯一的。

批注："伪问题"就是以问题的形式存在，但是没有现实针对性的问题。

🟡 名言金句

"所谓优秀科学家的优秀,主要表现在选择课题时的智慧,而不在于解决问题的能力。"①

——威尔逊

"提出一个问题往往比解决一个问题更重要,因为解决一个问题也许仅是一个数学上的或实验上的技能而已。而提出新的问题,新的可能性,从新的角度去看旧的问题,却需要有创造性的想象力,而且标志着科学的真正进步。"②

——爱因斯坦

"能提出像样的问题,不是一件容易的事,但这对于决定一篇论著的内容和价值来说,却是一件很重要的事。说它不容易,是因为提问题本身就需要研究;一个不研究某一行道的人,不可能提出某一行道的问题。也正因为要经过一个研究过程才能提出一个像样的问题,所以我们也可以说,问题提得像样了,这篇论文的内容和价值也就很有几分了。这就是选题的重要性之所在。"③

——张世英

第二节 问题从哪里来?

一、从前人成果的不足中寻找选题——来自"认识"的错误

🟡 做法

(1)阅读综述,发现其中有些方向或问题尚未有人研究的"空白点",或者通过自己阅读作品,从研究对象身上发现问题并经过搜索发现无人涉及。阅读专业论文时,参考论文后面的未来研究建议。获得综述和专业论文的方式:浏览阅读纸质期刊或者运用关键词在期刊网,如中国知网、维普等电子数据库中查找有关的论文。(详细方法参阅本书第三章第三节。)

提示——①关注一些新的科学领域(边缘学科和交叉学科)。因为在文学与其他学科比如认知科学的交叉地带有大量被忽视的现象,等待人们加以解释,那里可以提出问题供我们思考。②关注旧领域中被人忽视的或者故意压抑的对象。

> **批注**:问题分布在本学科学术金字塔的Ⅰ层、Ⅱ层里面。问题的二来源:"现实"中的不足和对历史和现实的"认识"中的缺欠。还有一些技术的和应用方面的选题,我们文学类的就不提了。还有集体讨论的方法,如智力激励法、集体启发法和德尔斐法等,因为不是个人的方法,也从略。可以参阅《科学研究方法与学术论文写作——理论·技巧·案例》(周新年著,科学出版社2012年版)。

> **批注**:被忽视的研究领域就是"空白点"。

---

① 威尔逊.科学研究方法论[M].上海:上海科学技术文献出版社,1988:1.
② [美]爱因斯坦,英费尔德.物理学的进化[M].上海:上海科技出版社,1962:66.
③ 张世英.怎样写学术论文[M].北京:北京大学出版社,1981:59.

比如，现当代文学研究中，在 20 世纪 80 年代初，很多在"文革"及"文革"前犯了"政治错误"的作家在文学研究中处于被忽视的地位。到了 80 年代思想解放的时候，这些作家就成了被关注的"空白点"。当时夏志清的《中国现代小说史》因为强调了钱钟书、沈从文、张爱玲，对当时的中国文学史来说填补了空白，因此也具有更大影响。③如果你挖到富矿，恭喜你，这将决定你的一生。但是你要考虑到一种风险，也就是"空白点"很可能是没有太大价值的地方。单纯的空白点创新，可能因为不跟任何现有的研究相关，没有人关心，也就没有引用价值，属于比较冷门的领域。要做那些以前没有可能做，比如缺乏材料，而出现的空白点。要做那些本身很有价值的，而不是那些本身意义不大的空白点（初学者不在此列，那些丰富的大题目当然可以选择其中较小的问题来解决，如果为了完成训练，也可以选价值不太大的空白点。这类课题有个好处，只要观点不谬，论据确凿，言之成理，就能成立，并且多少可以推进人类的认识。坏处是未来的生长空间不大，如果继续从事研究工作，将遇到重起炉灶的问题。）。

（2）在阅读综述和大量专业论文的时候，或者在了解文学史事实的时候，对于前人的看法加以检验和质疑，通过寻找他人成果中的不足找到选题，包括质疑其逻辑性、证据的真实性、论证的说服力，以及时代变化以后观点的适用性有没有变化，其对问题的解答是否变得可疑，甚至他人在研究中隐含的前提是否正确和必要等。如果有问题，可以从新角度切入旧问题，给予新的答案，或者利用全新的材料论证一个老话题，使该结论更可信、更有时代感。前人已有的研究成果不足以彻底解决问题，这时可以寻找一个新框架把那些成果涵盖进去，同时彻底解决了那个预定的问题。

提示——辨析：问题与学科——同样的对象，不同的问题会进入不同的领域。比如关于抒情传统，如果提出"究竟有没有抒情传统"这就是个偏于古代文学的题目，如果改为"抒情传统说在当代为什么不能被接受？"这就是一个现当代的学术史问题。

（3）寻找围绕问题展开的争论，看看争论双方的分歧何在，然后在更高的层面上找出调解两者的立场。

提示——初学者尽量不选择有争议的内容。之所以有争议常常因为这些问题有很难把握之处，特别是人文学科更多受到立场、时代和认识局限的影响，不一定总能获得一致意见。往往因为大家吵累了，这个题目才冷下来。当然，从另一面看，存在不协调或者互相矛盾的领域说明那里确实有"问题"，争论激烈也说明这些问题本身有价值。当然，也存在一时无法解决，或者伪问题的可能。要努力辨析，从根本上审视这个问题，以及多方的立场，从更高层次超越众家之见，如果有所得会很有价值。所以争论不休的问题对于初学者来说是危险的。初学者尽可能不选悬而未决的问题。老手不在此例。

（4）对某个对象或领域有兴趣，于是寻找相关的论文，读后发现人家的问题已经得到解决。这时可以继续追问，看能不能引申出新的问题，使问题更为深入和新鲜。

例 1

本书绪论有一个关于徐志摩艺术特色的例子（参阅第一章第二节）。这些问题都是围绕中心问题展开的,在中心问题之外还有大量的问题。表面上这里的每个问题都是被研究过的,但对于这些问题也可以进一步加以细化和追问。(a)表现在创作方面的成就是什么?(浪漫主义)可以追问:浪漫主义的表现是什么?(ⅰ)内容有什么表现?(表现"性灵",抒发感情,塑造了追求爱和理想的抒情主人公形象)(ⅱ)在形式上有什么表现?(大胆的幻想、新奇的比喻)对内容上的表现,可以继续追问:表现了什么性灵?如何表现性灵?表现了徐志摩的性灵与其他诗人的性灵什么不同?原因在哪里?为什么徐志摩要表现性灵?抒发了什么感情?如何抒发的?郭沫若的浪漫主义与徐志摩的浪漫主义有

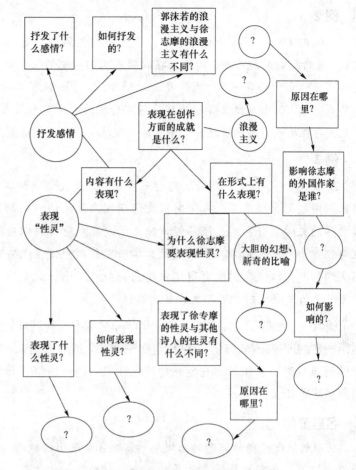

图2-3 "徐志摩创作成就"问题追问展示图

什么不同?原因在哪里?影响徐志摩的外国作家是谁?如何影响的?……以上追问过程如图2-3所示。(说明:方框中为问题,圆和椭圆中为答案)

提示——①要敢于怀疑和挑战教科书中认为是天经地义的看法。②图2-3中的每一个点都可以分出更多问题,每一个答案或者观点都会引进一个新的要素。首先对那个新要素发问,就原来观点的句子的定语、状语和补语发问。然后,与其他相关的要素(相近的或相反的东西,比如例子中的郭沫若、其他诗人和外国作家)结合,就关系发问。最后,还可以加上一个动词,比如影响,就主语发问。总之,要善于联想,运用其他知识背景来激活旧观点。

二、从理论与实践发生的矛盾中选题 ——来自对现实"认识"的不足

做法

在运用理论分析文学作品时,如果你发现没有什么理论可以适用,或者出现了新的实践,比如作家创作了新形式的作品,或者文学界出现新现象。此时,应该大胆怀疑旧理论,而努力寻求建立新的立场、看法和观念,解释、包容新实践。

例 2

当代文学中当下活跃的作家们，有了新的作品，就是一种实践方面的变化，他们在突破自我，进行创新的过程中，实际上在改变着人们对他们的认识，使从前的所谓《某某某创作论》变得不合时宜。当某一位作家有了新的创作，如果与他早年的作品有很大变化，这就是进行选题的好地方。又如网络文学的出现，运用传统的文学观念与人们对于网络文学的喜爱和追捧相互之间存在反差，而传统理论又不能给新现象一个地位，这就是进行理论创新的好时机。

例 3

20世纪80年代中，随着思想进一步解放，研究越来越深入，原来割裂的几个时段的文学研究领域之间出现很多从各个时段文学研究立场无法解决的问题，近代文学、现代文学和当代文学的文学史分期，已经不能适应文学研究视野扩大以后带来的新问题。于是陈平原、钱理群、黄子平三人联名在中国现代文学研究创新座谈会上宣读了一篇论文《论"二十世纪中国文学"》，建议在文学史研究中建立一个"二十世纪中国文学"的概念。这番理论创新的动因就是为了寻求对于百年文学的新概括。

提示——①除了文学理论（文艺学）外，尽量不选择纯理论性的问题。可以选择从现实出发，运用一定的理论来解释现实，这样写出来的文章既有理论，又有现实关怀。写起来也更容易些，能够有血有肉。②如果你发现一种特殊现象，还应该将它转化为问题。问现象的来源，问这现象意味着什么。

名言金句

"旧的概念是新的概念的出发点和基础。如果旧的概念、旧的理论模式已经没有多少'生产能力'了，在它的范围内至多补充一些材料，一些细节，很难再有什么新的发现了，那就会要求突破，创建新的概念、新的模式。"①

——陈平原

三、从国家大政方针和社会热点问题中选题——来自对现实"认识"方面的不足

做法

（1）媒体（特别是专业媒体）上有时会有大家都很关心的热点话题。关注一下，并思考一下这些话题中隐含着什么问题。如果是急需加以回答的，那么自己提出来，加以解决。

（2）党的方针和国家政策有新变动时，也要关注其中与本专业有关的方面。看看新的方针和政策会带来和面临什么需要解决的难题。破解这些难题需要解决什么问题，澄清事实，端正认识。

（3）关注学术界的热点、焦点，可以从中找到选题。

例 4

文化产业要发展，那么"在文化产业中艺术的处境和未来是怎样的"就是很好的问题。

---

① 陈平原."二十世纪中国文学"三人谈[J].读书，1985，10.

提示——①注意把握选题的大小(参阅本章第四节)。从这个角度出发找到的问题,可能会很大,很可能难以驾驭,此时需要按照主观性原则,根据自己的条件,逐渐缩小范围,选择一个比较小的角度,解决一个小问题。②辨析:热点与兴趣——兴趣能让人全力以赴,因此容易做好,做的过程也很快乐。但是兴趣与热点不一定能一致。在两者矛盾的情况下,可以选择自己的兴趣,甘坐冷板凳,也可以不从感兴趣的东西入手,而是努力从热点问题中找自己感兴趣的。③辨析:热门与冷门——热门选题是大家都关心的问题。这样的选题容易搜集资料,容易创新,也容易产生声誉。但是因为参与的人多,对知识储备的要求更高,也会因为急躁而产生大量"垃圾";冷门选题是当前大家不关心觉得不重要的问题。这类选题资料难找,有价值的和没价值的都有,常常是凭个人兴趣选择,更需要研究者有眼光。今天的冷门可能是未来的热门,最好是找到可能热的冷门。

四、从自身的实践中找选题——来自现实的需要

做法

(1) 在阅读作品和了解文学现象以后,有了独特的感受。这种感受是独特的,但又不知道如何来解释这种感受,可以探讨这种感受是如何激发出来的,是否真实地反映了作品和作家的某种不为人知的面貌。

(2) 在现实生活和工作中留心,遇到亟待解决的困难,可以将之分解为问题,并探寻答案。首先收集材料,通过问卷等方式(参阅本章第五节),理清新现象的全貌,然后揭示出困难所在,解决"如何改进"等问题。

例 5

本科生在实习的过程中,发现语文教学中存在一些问题,比如文学作品在讲授时的困难,这些困难实际上与教师的习惯心理有关,与传统的教学习惯有关,可能影响文学教育。这时,就可以对其他教师和学生进行采访,获得独一无二的实证材料,进而分析和探讨问题所在,原因何在,提出改进的办法。

提示——①现实中的困难其实就是新现象、新对象,而且还是亟须解决的。这样的选题有更高的现实价值;如果反映了深层的思想问题,也会有较高的认识价值。②辨析:问题与现实——从学术金字塔可知,问题来源有两条路径。在这两者之间,应该首选路径2,因为那是提出问题的途径。即使你选择路径1,也应该有现实关怀的意识,不然时间久了,养成习惯后,你可能会放弃对自己研究本身价值的追问。即使从文献寻找问题也应该关心这些问题的现实性。③阅读对象材料如何产生疑问呢?看有没有令你惊讶的或者疑惑的地方,有没有印象最深的地方?如果有,问问这种印象是如何产生的,为什么产生疑惑和惊讶?想想别人的看法是什么,你阅读的感受与人家一样吗?你把人家的看法当作反驳的对象试一试,看看有没有来自直觉的看法?

五、在他人的启发中选题——来自对现实和历史"认识"的不足

做法

(1) 多听听别人的言论,其中有大量未经论证的看法,如果看法背后的问题有价值,可以作为自己的选题,给出自己的答案,这样不算抄袭。

（2）读书、听课时遇到人家没有解释清楚，或者自己弄不明白的地方，可以变成问题，作为初选的问题。

故事

"小石（胡小石——引者注）师学问博大，读书神悟，但他秉承前代学风，不轻易动笔，只在讲课时提出某种观点，而不作详细论证。我在学习《楚辞》时曾对各家之说一一比较，最后确信小石师的看法最有道理，从而服膺师说，并在他的提示下深入研究，证成此说。由此我就想到，师生之间的学术传承犹如接力赛跑一样，教师提出某种观点，学生得到启发，从而在这一点上进行开拓。从学术的发展来看，每一种学说都是在继承的基础上进行的。"①

提示——①各人的生活阅历，阅读范围不一样，可能有人注意到一个问题了，但他并不关心，这个问题可能成为你的关注点。有的话对于说者并不重要，但是听者有心，产生疑问，就是选题。②开学术会议的时候，参与其中，可以得到同行的启发。可以特别关注文学学科各二级学科，如中国古代文学、中国现当代文学、比较文学等的近期会议主题。③听听与课程有关的演讲，与同学和老师交谈，切磋，探讨自己的论题。让别人批一批，你辩一辩，加深对论题的认识，有可能灵光一闪找到了有价值的选题。这时候听讲座不能单纯地听，而要发挥主动性，对于讲座人的说法要提出反驳意见。这有助于你从听课模式转为研究模式。还可以挑战某一普遍被接受的理论和看法，比如教科书上的定论，驳倒它。

第三节　如何确定问题？

一、浏览捕捉

选题阶段搜集和阅读材料的方法和步骤：

第一步，如果在关心的领域没有任何积累，请查阅本专业相关的百科全书、年鉴和手册。查阅方法参阅第三章第三节第46页。

第二步，如果有感兴趣的对象，可以寻找直到目前的研究该对象的述评或综述，从中寻找"空白点"。

第三步，如果没有直到当前的综述，或者完全没有综述，那么搜索相关的期刊（方法参阅第三章第三节第42-44页），快速寻找其中权威的、有代表性的论文和专著（阅读方法和判断方法参阅本书第四章第一节第53-56页），主要阅读这些重要论文和专著，总体把握本问题相关的研究基础。快速

批注：第二节中的五个问题来源仅提供问题的领域。但是能不能确定为选题，还需要进一步考查。从上面几个领域找问题，不同的人得到的启发并不相同。有的人从中只能得到一个非常粗略的方向。有的人则是一下就找到一个非常具体的问题。这两种情况大家都会遇到，在一篇论文的写作中也会同时遇到。比如开始是粗略的方向，但是随着材料的梳理，你会突然发现一个自己的问题，这时就进入第二个状态。对应于这两种状态，有两种选题的方法，也是两个阶段。

批注：从文献综述中搜寻，从前人的问题中给予新的角度和新的解答。通过对占有的文献信息材料快速地、大量的阅读，集中处理材料，在这个基础上提出自己的问题。

---

① 周勋初. 我与传统的文史之学 [M] // 张世林. 家学与师承：著名学者谈治学门径. 第3卷. 桂林：广西师范大学出版社，2007：352.

阅读与你的对象相关的论文摘要，只关心各篇文章的问题和答案。如果问题你也有兴趣，而答案不能令你满意，就初步选定这个问题，搜集这个问题的其他答案。如果没有，而你又有新答案，可以作为选题。从所有搜集到的相关文章（特别是重要文章）中提出的未来方向寻找"空白点"，目的是找出这个领域中没有研究的、有价值的问题。广泛地浏览前人的文献（搜集方法参阅第三章第三节），参阅类似课题的研究成果，看看别人关注的什么角度。如果是较新颖的角度就更好。选择其中最为薄弱，不足很多，空间很大，材料很多的问题作为自己的问题。在手边的纸上写下向对象发出的疑问，以及对前人研究发出的质问，随时记录其纲目、观点、论据、论证方法，并写下自己的体会，形成自己的文献综述。

提示——①这是一、五选题方法采取的做法。如果是二、三、四选题方法，则直接跳到"追溯验证"这个步骤。②选题之前可能会有一段时间处于迷茫状态，不知从何入手。此时，最好自己先设定一个具体的问题，再看文章。即使将来不写这个题目，也有助于你找到选题。③搜集和阅读材料都要全面，主要的、次要的、不同角度的、不同观点的都应了解。④选题时期，阅读他人的论文专著需要你顺着文献的思路，又要跳出他的思路，批判他的缺点。问问其材料是不是全、真、新？方法是不是适用，有没有硬套的情况？逻辑框架是否能够说服人？概念是否符合同一律，是笔误还是致命性的？观点有没有忽略其他看法？思维方式是否独断？材料到观点的过程中有没有问题？使用的理论是否有效？
⑤详读略读结合。在刚刚接触一个课题方向，什么也不知道的阶段，所查到的头几篇文献都要精读；跟自己所做方向相关的综述文章，肯定也要精读，力求完全吸收，弄懂这个领域内所涉及的概念、术语、研究现状和日后的研究方向等。一旦找到一个选题和方向，立即跳到"追溯验证"阶段，进

批注：仅看摘要、参考文献和引言是略读；将全文看完，展开来查看其他的相关文献和书籍，以便弄懂相关概念和问题，这样的阅读叫作精读。

入略读状态，快速查阅相关文献，看看别人的看法，以及相关材料是否能够证实你的假想。一旦被否决，再回到精读状态，继续寻找新方向。漫无目的则毫无效率，抓不住重点则效率低下。⑥以选题为目的的阅读，要带着疑问，努力寻找其中的问题。

二、追溯验证

有初定选题后搜集和阅读材料的方法和步骤：

第一步，把问题的核心词变成关键词，搜索相关文章和书籍，快速阅读它们对于问题的回答。只需阅读摘要和专著的相关章节。

第二步，看自己的拟想是否对别人的观点有补充作用，如果别人没有论及或者论及较少，再看自己能不能对这一题目做出比较圆满的回答，如果能够提出新颖的见解就确定下来。

第三步，如果自己的拟想与别人重复，一般应该舍弃；但是也可以使它起死回生。

窍门——如果有人做了怎么办？你的努力是不是白费了呢？其实，有人做表明你关注到的东西确实有价值，所以不要轻易放弃。起死回生的方法：你可以把人家的论文仔细看看，如果只是部分重复，则应再缩小范围，在非重复方面深入研究；把原来的问题放到它所属的

大问题中，加上几个与原来问题有关的小问题，把它们合为一个大问题，看看是不是新的；把对象与一个相近的对象加以比较，看看能不能发现问题；对原来的问题加以追问，看看能不能找到新问题；改动原来问题的适用范围，看看能不能找到新问题；选择其中的一个侧面继续深究下去，看看能不能找到新的突破口，提出自己的问题。

提示——①这是二、三、四选题方法采取的做法。②无论选题的初步想法是来自文献梳理还是来自现实需求，最终总是要建立在文献综述的基础之上，这是保证自己论题创新性的必要步骤。关于文献综述的做法，参阅第五章第一节。

第四节 什么是完美的问题？

选题、选题，重在选。按照以下标准（三原则），一一检查、判断找到的一系列问题中哪个可以作为选题。

> **批注**：选题的原则——客观性原则、主观性原则、适度性原则。

一、客观性原则

一看这个问题如果解决了是否能推进本学科的知识。比如看法是不是前所未有？人们对学科对象的认识是不是有很大变化？学科的视野是不是有所拓展？（这就是所谓"学术价值、理论价值"）

二看这个问题的解决能不能使当前人们工作和生活变得更好。（这就是所谓"社会价值、实践价值"）

提示——①文学研究以学术价值为主要追求，这是它人文学科和基础学科的性质决定的，但是研究者应该有一种认识，即承认课题的实践价值是最重要的价值，学术价值固然关心的是人的认识，但最终还要落在实践层面。与此同时，也要警惕急功近利的倾向，反对过于直接地为当前利益服务，或者攀比自然科学。②判断价值大小的标准——问题和答案越新价值越大，影响的范围越大价值越大。③在论文写作的整个过程中都要思考这个问题："我的问题有没有价值？对其他问题有什么触动？"这一点很重要。

🔵 名言金句

"判断问题的重要性并不太难。你要问：'假若这问题有了答案，我们会知道了些什么？'若所知的与其他的知识没有什么关连，或所知的改变不了众所周知的学问，问题就无足轻重了。"[①]

——张五常

> **批注**：因为不断思考这里的两个问题，能够让你越来越明确研究目标，同时也会考虑它的价值。

窍门——你可以一直修订以下公式：

主题————（1）我正在研究 *** 对象。

> **批注**：锁定研究对象。

---

① 张五常.卖柑者言[M].成都：四川人民出版社，1988：214.

目的或问题──（2）因为我要解决 **** 问题。(最好是问"如何"以及"为什么"，而不是"是什么")

（3）为了帮助读者和学界了解 ***** 问题。

参考文献──（4）参考文献

> **批注**：小问题（目的）。关于小问题和大问题，参阅本书第一章第二节。
>
> **批注**：大问题(更深远的目的)。

例1

《萧红小说研究》的公式：

主题————（1）我在研究萧红小说的独特性。

目的或问题──（2）因为我要了解萧红小说的诗化特点是如何形成的。

（3）为了帮助读者正确评价萧红的文学史地位。

参考文献──（4）参考文献

提示──①你要解决的小问题永远应该是因为属于更大的问题，这样才有价值。②不要选择那些老师在课堂上讲明，书里已写清的问题。这是个低级错误，但却是学生常犯的错误。

故事1

有一位硕士生，他研究新历史主义小说，结果他最后要证明的观点是教材里面提到的观点。开题的时候被老师们打回去了，不得不换了题目。

故事2

胡适劝罗尔纲不要研究《清代士大夫好利风气的由来》，理由是士大夫好利并非限于清代。胡适说："这个题目根本就不能成立。"

这个论题并非完全没有意义，其实是意义不大。研究某一个作家的特征如果不是独特的，那么就没有很大的意义。

二、主观性原则

（1）根据个人性格，判断自己是否适合做某种论题。

例2

内向的人不愿意与人交流，可以避免选择采访、访谈的方式。相反有的人就非常喜欢采访，比如有的学者为了大量第一手材料，四处寻访知情人，喜爱交际的人适合选择这类需要采访资料的问题。如果你是个内向的人，就要考虑选择文献法。

> **批注**：当然，为了研究也可以突破自己的性格局限，这也未尝不是一种选择。
>
> **批注**：兴趣是最好的动力。对自己有兴趣的东西人们愿意花更多时间，愿意为它做出更多牺牲，因此总能做得好。

（2）更要考虑个人兴趣，是否与研究对象接近。

（3）还要考虑个人的思维特点，与课题是否适应。

例3 有的人擅长抽象思维，擅长论辩，而另一些人则偏于感性，选题时擅长抽象思维的就偏于新理论和新角度，不擅长的就可选新材料和新方法。

(4) 考虑一下自己的个人知识储备是否能胜任选择的课题。

> 批注：选自己比较熟悉的课题，这样研究起来才比较容易。当然也可以选择边学边做，那样的好处是你会有知识视野的扩展，坏处是你要花更多时间精力。

名言金句

"从事学术研究，有两种不同的取向，一是强调对社会、对整个人类都有意义；一是选择自己能做、且真正感兴趣的。这两者之间常有矛盾，要学会很好地协调。有的人做学问喜欢标榜'国家需要'，显得责任重大，毋庸置疑；但如果你做不了，或不是你的擅长呢，怎么办？若自家的知识储备以及性情都不在那里，硬做是做不好的。在'为人之学'和'为己之学'中间，最好能保持适当的张力。"①

——陈平原

三、适度性原则

(1) 衡量问题的难易和大小。不要选太难和太大的问题。

> 批注：论文选题很好，但是如果条件不许可，还是做不好。

名言金句

"我们要'小题大作'，切忌'大题小作'。"②

——胡适

提示——①新的有价值的问题通常会比较难，解决需要的时间也相应较长。但是做课题做研究总是尽可能快出成果，做毕业论文只有短短的几个月时间，还要找工作，论题太难了肯定做不好。② 所谓"小题大作"就是选择大问题中的一方面（小问题），围绕这个小问题搜集新材料，而且只有当这个小问题是新的时，才可以做。有人追求大题目，全面论述一个大问题，结果往往效果很差。原因在于：(a) 大问题往往得到表面的解决，形成了固定看法，不容易新颖。(b) 题目大则内部的问题很多，大问题套小问题，一层层的都是没有解决的问题。你要解决最大的这个问题，必须把下面的问题都解决了，或者已经有很多人解决了其中的部分问题，你才好综合起来解决大问题。这样你的见解势必要更多建筑在别人的见解上，如果某个见解不对，则你的最后结论也是不可靠的。所以题目太大，往往不易写得深刻，流于空泛。题目小，指的是里面都是新问题和具体的问题，所以容易做得深，能出新。③题目小是有限度的。内部太一目了然，很容易了解，或者结论仅仅局限于对象本身，又不关涉较大问题，这些都说明这个问题不是小题目，是太小的题目，是没意义的题目。

> 批注：所谓"小"，指的不是里面没有什么可以研究的，而是指开口小，对象明确，材料范围清楚，易于把握，有具体材料支撑，往往没人研究才显得没有内容，如果深入思考应该有大乾坤，做深了有可能开出新领域。

(2) 调整问题大小。

做法

①如果太小了，要扩展，一般扩展范围。

> 批注：题目太小，指的是可供追问的空间较小，而且意义过小。

---

① 陈平原.陈平原：每一次学术转向的背后，我都有内在理路在支撑[N].南方都市报.2013-08-01 (14).
② 胡适.《吴淞月刊》发刊词.胡适文集（4）[M]，北京：北京大学出版社，1998：544.

例 4

要写《论某某作品的肖像描写手法》这样一篇论文，如果选取的对象是有很多肖像描写的内容，比如像《战争与和平》那样大部头的作品，材料足够你分析，那么就能得到有说服力的看法。如果是一本小册子，或者干脆是一篇中篇小说，内容不够支撑一篇长篇论文（比如学位论文），那么就存在样本太少，不能说明问题的情况了。如果太小，应该把小问题联系同级的小问题，合成一个更大问题。比如《〈战争与和平〉的肖像描写》，只写肖像描写，的确挺小的，好像没意思，这时可以扩展为"人物描写"，除了"肖像描写"还可以增加"心理描写"等方面。

②如果太大了，要加以限定。一步步找到一个比较陌生的领域，包含多个新问题的一个问题。

例 5

《论某某作家的艺术特色》这个属于文学史课程的问答题，一般著名作家的艺术特色都已经有结论。这个题目的确显得有点大，而且空洞和陈旧。要使这个旧题目大题目产生新貌，可以采取缩小的方法。做法是：限定范围，集中展开其中的一方面。一般艺术特色对诗歌来说可以分为"意象方面""艺术手法方面"和"语言方面"，小说可以分为"艺术手法方面""结构方面"和"语言方面"，戏剧分为"结构方面""情节设计方面"和"语言方面"等。你可以任选其中一个方面，将之细分下去。比如就"意象方面"可以细分为很多问题："该作家诗歌意象蕴含的感情是什么？""该作家诗歌意象组合的方式有什么特点？""该作家诗歌意象蕴含的文化内涵是什么？""该作家诗歌意象与他的象征手法有什么关联？"等。追问的方法参阅本章第二节第 18-19 页。

提示——题目俗了，可能是因为题目大了。

你要找的完美问题就是一个有学术价值和社会价值，自己有能力和兴趣做，在当前有条件、有材料支撑的问题。请在三者之间找到一种平衡。当然，学术价值和社会价值是根本的追求目标。

病例[①]**1**

《论莎士比亚的作品》

莎士比亚的作品有诗歌有戏剧，内容丰富，方方面面，很多人要靠这个题目吃饭，没有人能一人完成这个论题。总要选择一个小角度，比如莎士比亚戏剧的帝王形象等。该题不符合适度性原则。

病例 2

《妇女命运研究——以严歌苓小说为研究对象》

题目很大。主标题没有研究材料的范围。虽然加了副标题限制的研究对象，但是这个题目的问题不是文学领域的，用小说的素材来分析社会问题，甚至都不能算是社会学论题，更

---

① **特别说明：**本书选取的所有病例，文字基本上保持原样，只改动了影响理解的地方。其中保留不少病句错字，为的是提供修改文字的练习素材。请只关注每一病例说明的错误之处。此外，引文标注一律省略。以下不再一一说明。

别说属于文学领域了,所以没有本专业学术价值。该题不符合客观性原则。

病例3

《孙悟空与哈奴曼比较研究》

这个问题争论较多。如果不做影响研究,也可以做平行研究。但是这个题目对于没有印度文化背景和材料的研究者就是很困难的,超出了研究者的能力。该题不符合主观性原则。

第五节 选题还要选方法?

一、文学研究的方法选择

你需要根据自己的选题,从解决问题出发,结合专业特点,选择一种能够收集材料,了解对象的方法。必须从众多的研究方法中选一个或多个。很多人开始时会尝试不同的方法,但最终会集成为一种。

(一)可供挑选的方法种类

1. 按获得材料的方法分:观察法、调查法、实验法、文献(资料)法。

2. 按分析材料的方法分:个案法(案例法)、比较(对比)研究法、理论分析法(在文学类论文中包括所有那些文学批评方法)和科学归纳法等。

3. 按材料的性质和范围分:定量方法和定质方法、跨学科交叉研究法。

提示——①这些研究方法无优劣之分,而且一篇论文往往会兼用几种研究方法。②改变分析材料的方法也会导致获得材料的方法发生变化。

(二)文学专业的研究常用方法

1. 按获得材料的方法分

个案研究法(案例法): 对单一对象进行深入具体研究的方法。"解剖麻雀"了解一切飞禽,因为"麻雀虽小,五脏俱全"。选择一个典型的例子,进行细致的分析,落脚点不在了解这一个,而是要获得他所代表的对象的整体认识。这是一种整体研究的补充,相当于自然归纳法中 $n=1$ 的情况,既有具体的也有共性的认识。它的好处是抓住个案,材料比较集中,范围清晰,而且有更多崭新而且具体的材料可以收集,

> **批注:** 研究方法是从事研究的计划、策略、手段、工具、步骤和过程的总和,即获取资料、形成认识,最终解决问题的方法手段,包括方法论、研究方式、具体的技巧。说得通俗一点就是一种具体的操作手段。手段是否有效主要看它能否与处理的对象相适应,研究方法应该是根据研究对象而确定的。
>
> 选方法选的是研究方法。这个"研究方法"对应于两层含义;一个是指科学研究具体方法;一个是指研究对象,解决你的问题的途径和步骤。前者是在科学发展过程中逐渐形成的有效方法,可供慎重选择。后者是根据对象的情况和研究条件而安排的过程,先做什么后做什么,需要个人认真设计。

> **批注:** 文学类科学研究在以上的方法中除了实验研究法之外,都可能用到。其中又以文献研究法为最常用。文学类论文主要依靠文献,其他方法诸如访谈和问卷只是辅助的方法。

经过分析这些材料，比较容易获得丰富的成果。

宏观的东西最好从微观的个案开始，多个个案归纳出一般结论。它可以作为大问题解决的基础性工作，比如做思潮研究，可以解剖几个个别作家的情况，作为"点"，对于"面"的说明是一种帮助。

观察法： 有计划、有目的地感知研究对象，获取材料的方法。

文学的观察不借助于仪器，基本是直接观察。可以定量观察也可以定性观察。不要干预，甚至不要使用相机等工具干预对象及其行为。观察要全面，不仅要观察表明上的情况，还应不放过隐微的情况。这种方法在文学类论文中只有当代文学和比较文学与世界文学专业才可以用到，因为它的研究对象是活的，比如对当代文坛活动或学术会议现场的直接观察。

访谈法： 在理论指导下，通过问卷、访谈等方法，搜集材料，从而做出分析，形成认识的研究方法。可以通过开会的方式，也可以通过问卷的方式，也可以通过采访谈话等方式。这类方法主要用于研究当代文学活动，或者现代文学尚有见证者存世的情况。比如关于当代文学生活的研究就可以借助于这类属于田野调查的手段做读者调查。对活着的作家进行采访和访谈，加以记录。另外，精神分析心理分析的临床投射方法也会使用问卷方法获得数据，然后加以定量分析和定性研究。

批注： 调查者通过召集一定数量的有关调查对象（被调查者）举行会议，或直接参加一些相关会议、报告会，利用开会这种形式来搜集资料、分析和研究。

批注： 采用邮寄或直接询问等方式，依据调查设计的问题（也称调查问卷），经调查对象作答，再加以分析。问卷的设计要鲜明、准确、易于理解，才能提高回收率。最终要收集问卷做量化处理，再分析这些数据。

提示——①以上两种方法，都属于"调查法"，是自然科学和社会科学常用的方法，在文学研究中比较少用。②有目的的有计划的观察不同于日常观察，是为了解决问题的，而不是记录零碎的印象，而且也不像记者的记录那样感性。③因为这些方法专业化非常强，如果使用这些方法，请查阅相关书籍。

文献法： 也称历史文献法，是搜集和分析研究各种现存的有关文献资料，从中选取信息，以发现问题、解决问题的方法。

文学研究方法一般用文献法，即从文字记载的信息中寻找材料。古代文学从目录开始，进行辨伪工作都是围绕文献展开的。文学的中心是文本，因此文学以文献为主体。本书介绍的写论文过程其实就是文献法的使用过程。

批注： 通过电话、邮件，或者当面采访。要尊重研究对象，做好准备（了解对象的情况，写作提纲），加强感情交流。可以默记也可以录音，一般以默记为主。如果录音需要得到受访者的同意。整理的材料如果使用需要经过受访者的审核。

2. 按分析材料的方法分

哲学方法： 即用马克思主义的世界观和方法论（也可以谨慎使用其他哲学世界观和方法论）去观察、了解、分析各种文学现象和文化现象的方法。例如，抽象一般的方法、世界的物质法则、质量互变规律、对立统一规律、否定之否定规律、原因与结果、必然性与偶然性、内容与形式、现象与本质、认识与实践、社会矛盾法则、联系发展的观点、矛盾分析的方法、一分为二的方法、两点论和重点论结合的方法等。

提示——①方法问题不是单纯的技术问题，而是认识论、世界观、方法论的统一。哲学法即方法论，对其他方法来说，具有指导意义，又是其重要的理论基础。②也许你没有意识到，这种方法在研究中一直存在，存在于思维方式和立场中。当然，你也可以有意识地加以选择。

比较方法：以事物的类同性为基础，确定异类对象的相似性以及同类对象的差异性的一种方法。比较可以有多种类型，可以比较研究对象的不同过程、内部诸方面。在文学中可以在不同作家的同类作品中进行，也可以采用其中的历史比较法，根据一定标准，就历史上有联系的研究对象的整体，或其组成因素、结构、特征、性能和产生发展的过程等各方面进行比较，以深刻揭示研究对象的特征。

提示——①比较必须有可比性，不可随意。一般认为可比性就是完全没有相同之处的两个东西的比较，其实这样说不准确。世间事物是具体的，其特征是丰富的，事物之间多少总是有相同的地方，完全截然对立的东西在世间是很难找到的，往往存在于概念里。那么所谓没有可比性是什么意思呢？其实，指的是两者的比较找不到共同的基础，好像是没有相同点一样。为了避免没有可比性的情况出现，在对研究对象双方加以比较的时候，要特别注意比较的"能产性"，即通过比较能够产生新看法。很多本科生喜爱使用比较法，把两个有点相似性的作家都并列在一起，以为这就是比较了，其实这是不对的。比较应该有问题、有方向，比较是为了解决某个问题的，必须是不用比较就不能揭示其实质的情况下才可以使用的。否则，比较方法也有泛化的危险。记住：只有不用比较就发现不了结论的时候才用，这样的比较才是有效的。②运用比较方法，可以把问题放在两个对象共同背景中，比如两个对象是两个时期的典型个案，通过比较可以发现历史发展的规律。或者是两个空间中的典型个案，发现空间中的分布规律。或者是两个文化中的典型个案，发现文化差异带来的影响中隐藏的规律。

病例

（三）朱光潜和林庚诗歌理论比较

（1）相同点

（2）不同点（诗人林庚与学者朱光潜的不同）

（3）二者的优点和局限

（四）朱光潜与林庚诗歌理论的价值和影响

（1）对中国新诗的发展指出道路

（2）对中国诗歌未来诗歌发展的影响

这部分提纲来自比较朱光潜和林庚诗歌理论的硕士论文。（三）部分明确使用比较法。但是从下面的小标题看，显然采取的是相互并列、各说各话的方法。相同点和不同点的比较应该有某个问题引导，即相同点或不同点背后暗示着某个问题。没有找到这个问题，相同和不同就没有很大意义。不同和相同是很容易找的，重要的是问题，比较仅是方法，是用来帮助解决问题的方法，（四）的评价显然也是两者并列，没有交集。这种比较其实毫无意义，也不能算是比较。

逻辑方法：是在客观事实材料的基础上，依据一定的逻辑规律、规则而形成概念做出判断和推理的方法，分为形式逻辑方法和辩证逻辑方法。形式逻辑，主要包括定义、分类、分析、综合、归纳和演绎等。辩证逻辑方法是运用辩证思维，要求必须把握研究事物的一切方面一切联系，要从变化中、从事物的自我运动中认识和观察事物。后者其实属于哲学方法的一部分。逻辑方法也是研究的基本思维方法。

提示——逻辑方法要与历史一致，不能让历史服从逻辑。

分析法：将现象分解成许多组成部分和方面（属性或者特点），从总体获得局部的各种认识的科学研究方法。各个组成部分必须是主要特征和主要方面，而且光分开还不行，还要找到局部对于总体的作用影响。在某一个方面中只讨论这个方面与中心的关系，而不必讨论其他。

综合法：将现象的相互联系的组成各要素联合成统一整体，获得总体判断的研究方法，与分析法相反。光合成各要素也不行，还要找出总体对于局部的作用影响，找到总体大于部分之和的地方。

系统分析法：就是按照事物本身的系统性把对象放在系统中加以考察的一种方法。系统观点特别要侧重分析以下几点：①分析系统的构成要素；②分析系统的内容、结构和层次；③分析系统的整体性质和整体功能；④分析系统与外部环境的关系。通过在系统和要素，要素和要素，系统与环境之间的互相联系和作用的关系中综合地考察对象。它有点类似综合法。系统分析法又包括结构分析法、层次分析法等。

系统方法在文学理论的创新中也有用武之地。系统方法是指把要解决的问题作为一个系统，比如作品也可以看作一个系统，中国文学可以作为一个系统，一个时期的文学活动也可以看作一个系统，运用要素、结构、层次、外部环境等概念进行综合分析，获得对于文学现象新认识。

提示——①运用系统方法分析文学，要注意不能华而不实。用系统的方法来看文学现象，要能发现文学的新特点，并且可以预测文学的发展。也就是把文学现象当作系统看，需要产生新发现。②请重视文学系统的功能。

发生学方法：是以分析事物现象的起源为基础的一种方法。它可以用于分析不同现象的起源，常与历史比较法等配合使用。

动态研究法：是指对于研究对象进行历史的研究和预测性的分析。通过这种分析，可以对研究对象的产生发展的历史趋势有明确的认识，从而对研究对象的现状做出正确的合乎实际的估计，对未来做出科学的预见。它或者从历史的角度对现象进行分析，分析对象的历史以了解对象的现状，或者对对象的现状看起未来发展的趋势，确定对象是否值得提倡。

批注："系统"是由若干处于相互联系并与环境发生相互作用的要素或部分所构成的整体。

批注："结构"指事物各要素间相互联系相互作用的方式，是各要素的组织形式和秩序。"结构分析法"不仅研究对象作为系统由哪些要素组成，而且解释出各要素之间的内在联系和排列组合的方式，以及这种结构方式对系统整体的作用和影响。系统的整体功能是由其内部各要素的结构方式决定的，即结构决定系统的功能。

批注："层次"是系统内部由于整体与部分的对立，所形成的一系列等级及其排列次序。任何系统都具有层次结构，层次的多少因系统而异。层次分析法要求人们对研究对象，不仅当系统来看，还遵循系统的层次特征。注意整体与层次，层次与层次之间的关系，揭示层次之间的区别和联系。系统可看作更大系统的一个层次或部分。各层次间互相依赖相互制约。高层次的研究是理解低层次的钥匙。而低层次又是高层次的基础。不同层次间有质的差别，有不同规律。另外，层次是无限的。

当代文学似乎更应该做这类研究，当然其他文学科学也可以使用这种方法。

定性方法和定量方法： 定性方法是通过考察事物的特性及事物间的关系，从而找出事物内部所固有的基本规定性的方法。它要求从这些规定性中，找出该事物区别于其他事物的最基本的特殊的规定性，即本质特性。这里介绍的大部分方法都属于定性分析。定性研究注重新的因素。定量方法就是分析研究材料的数量方面，考察事物存在规模、运动规模和发展程度的方法。量表示质的程度，可以把握变化规律，可以加深对事物的认识。

提示——固然人文学科（包括文学）研究以质为主，如果条件许可，也可以增加量的研究。

批注：不少人文学者对于数据比较反感，其实只要合用，也不必极力反对，同时也不要以为唯有数据能说明问题。

3. 按材料性质和范围分

专业方法： 根据专业的对象、范围和特点而采取的特殊方法。比如比较文学的影响研究和平行研究方法、历史类型学研究就是比较文学专业本身按照其对象和学科发展需要而发展起来的方法。我国传统文学研究的考据法、点评法等也是这类方法。

理论批评法： 运用各种学科的理论和文学学科的理论来分析文学现象的方法，比如马克思主义的、美学的、历史的、社会学的批评方法、阶级分析法。此外，现代西方众多的文艺研究方法，如心理分析方法、神话原型批评方法、形式主义批评方法、新批评方法、结构主义、符号学、接受美学、信息论等都属于这种方法（各种方法的内容可参阅介绍批评方法的有关教程，方法与专业的相关性可以参阅本书第七章第三节）。

提示——①运用各学科理论的目的是加深对文学现象的理解。②正确理解各种理论的内涵，充分考虑这些理论的适用性，使用时需灵活调整，不能过于强调理论的真理性，还应该顺应研究对象的实际状况，避免硬套。③运用这些批评方法时，还需从研究对象的实际出发灵活、交叉地运用多种研究方法。

文化分析法（历史文化研究法）： 将文学作为一种社会意识形态，与其他亲缘学科、特别是史学（还包括哲学、美学、心理学等）结合起来进行交叉和综合的研究方法。将研究的视野和重点投向文学同历史和文化的联系，对文学、历史和社会都采取文化的角度。对文学现象的研究，注重将多种因素融为一体，让某一具体历史时期的文学在文化的整体及其运动中得到真实全面的呈现，并在一个时代历史文化的整体运动中来审视它的价值和作用。比如傅璇琮的《唐代科举与文学》把唐代的科举与唐代的文学结合在一起，运用社会史料，还原唐代士人的心理、生活状态，以及当时的社会环境和风俗，这些要素都属于文化的领域，这本著作在方法上把历史、生活、文化与文学结合起来，通过文化活动来加深对唐代文学的认识。

综合研究法： 将文学发展的原因从政治、经济、制度、哲学思潮等各种层面来分别分析，然后综合为一体。这是一种传统方法，虽然稍显呆板，但是明晰有效。

跨学科交叉研究方法： 运用多学科的理论、方法和成果从整体上对某一课题进行综合研究的方法。交叉学科研究领域的改变，会提出新问题，提供新材料，并把问题和解决放到更大的背景下去思索。对于材料的范围和问题的双关性或多关性有很大提升。打破狭隘的学科分界，可能突破旧有学科立场的遮蔽，有助于原创成果的出现。

提示——跨学科研究法与理论分析法的不同在于跨学科的研究对象都在两个或多个学科交界处，扩展了两个或者多个领域的研究范围。这种研究的结果既对文学又对其他学科有推进作用，而不像理论方法，仅仅是运用他种学科的规律推进文学研究。比如，实验美学运用心理学的方法来研究美学，既是心理学的一部分，又是文学的一部分，又是美学的一部分。

总提示——①诸如选本法、点评法、索引法、品第法等传统方法，虽然也属于专业方法，但是大多是写论文的方法，与本书采取的分析法和综合法属于同类（参阅本书第八章第二节）。当然因为写作方法不同也会造成研究的方法发生变化。但是本书没有多提，因为此处只关注研究方法，即搜集材料，分析材料，得到观点（分析问题、解决问题）的方法。②方法很重要，方法的改变可能会突破预设，很可能成为你的创新点。③方法选择也有客观性原则，即要选择能够逼出新材料的方法，又能解决问题的方法比较好。好的学者会根据自己研究对象的特点而创造出从材料中得出新看法的方法，比如，冯至研究杜甫使用"以杜解杜"的方法，陈寅恪用"史诗互证"方法，都是研究者创造的，被事实证明是有效的。④方法选择也有主观性原则，即需要符合自身的性格。不喜欢打交道的，除非要改变自己，不然还是采用适宜的方法比较好。⑤方法选择也有适度性原则。比如口述史方法，如果没有人脉，这种方法是难以做到的；问卷调查如果客观上经费不足、时间不够，也不宜选用。

例1

王国维说："吾辈生于今日，幸于纸上之材料外，更得地下之新材料。由此种材料，我辈固得据以补正纸上之材料，亦得证明古书之某部分全为实录，即百家不雅驯之言亦不无表示一面之事实。此二重证据法惟在今日始得为之。"（《古史新证》）这段话中表明王国维使用"二重证据法"是根据当时特殊的历史情况，地下出土了大量甲骨，加上考古的大发展，加上敦煌卷子的出现等，形成了用考古材料来与旧籍互证的可能。另一方面，王国维使用这种方法还基于这个方法的有效性，"二重证据法"的确一定程度考定旧籍中的一些记载是错误的，或者以前认为是错误的，其实是有根据的。地下材料对于长期传抄和伪造而变得真假难辨的地上书籍发挥了比较大的补正作用。否则，这种方法也不能产生那么大影响。还有陈寅恪的"史诗互证"方法，也是因为中国古代有一种史学传统，影响到了大量现实主义作品。同时，这种方法使用的时候也需要谨慎，因为它是有局限的。总之，方法的选用当以合用，能够解决问题，产生新发现为主要标准。各种方法无论新旧无论"好""坏"，合用就是好，否则就是坏。

批注：又叫"工作方法"。类似于自然科学研究中的"技术路线"。工作方法，是依据对事物变化规律的认识制定的完成工作任务的途径、程序和办法。大型的项目和课题，特别需要制定此类研究方法。确定研究方法时需要考虑：本选题采用哪些研究方法；用什么方法和技术手段收集研究材料，整理和分析材料；如何安排具体的研究程序。

二、研究方法（过程和途径）

按照你的选题，根据你的条件和解决问题的先后来确定研究的先后。

例2

"循上所引之端绪，初步拟定此项研究之编著计划如下——

"《教坊记》整理——此书于研究唐代音乐、伎艺，颇开门径，不啻锁钥。整理之稿，名《教坊记笺订》。

盛唐太常寺、大乐署所掌乐曲曲名整理——指《唐会要》三三所载之曲名表。成稿后当附见于末一种'全面理论'内。

《羯鼓录》整理——稿名《羯鼓录笺订》。

《乐府杂录》整理——稿名《乐府杂录笺订》。

敦煌曲理论——曲内齐言、杂言并见，稿名《敦煌曲初探》。

敦煌曲辞著录——稿名《敦煌曲校录》。

唐声诗理论——诗指齐言，稿名《唐声诗》。

声诗格调著录——稿名《声诗格调》。

声诗歌辞著录——稿名《声诗集》。以上三种，简称'声诗三稿'。

唐词理论——以杂言为限，稿名《唐词说》。

唐词格调著录——稿名《唐词格调》。

唐词著录总结——稿名《全隋唐五代词》。以上三种，简称'唐词三稿'。

唐大曲理论及著录——伎艺为歌舞类，稿名《唐大曲》。

唐变文理论——伎艺为讲唱类，稿名《唐讲唱》。

唐戏剧理论——伎艺为戏剧类，稿名《唐戏弄》。

唐著词理论——伎艺为酒令类，稿名《唐著辞》。

唐代琴曲及雅乐理论——成稿后当附于末一种'全面理论'内。

唐代'音乐文艺'全面之理论——就上列十五稿所具种种结论，再有所总结，并略补其所未备，稿名《唐代音乐文艺》。"①

这是任中敏在《教坊记笺订》（1962年版）中列出的"唐代音乐文艺"研究计划。该计划让人们看到一个庞大的私人研究课题，而且让人理解了《教坊记笺订》这本书在整个计划中的位置。本课题主要研究唐代与音乐有关的各种活动，如诗、词、曲、讲唱、戏剧、酒令，还有琴曲和雅乐等音乐本身。从整个计划看非常宏伟，但是作者把他按照由易到难的顺序安排，由整理到理论的顺序安排。但是，他的实际写作顺序大体是《唐戏弄》（1955）《敦煌曲校录》和《敦煌曲初探》（1955）《唐戏弄》《教坊记笺订》《唐声诗》《优语集》（1962年前）《敦煌歌辞总编》（"文革"期间）。对比两者可见，顺序并不一样。历史环境的多变是一个因素，还有对于材料的掌握情况和研究条件的客观状况，还有就是自己对于研究对象的认识情况。

---

① 任半塘笺订.唐代《音乐文艺》研究发凡［A］.教坊记笺订［M］.北京：中华书局，1962.

开始的计划自然是按照研究对象的认识过程来设计，但是实际的计划执行却不得不受到各种条件的影响，所以做了适当调整。

名言金句

"大家选中一个课题以后，一定要用一个实用的方法，这个方法是最有效的方法，然后非常好地运用它，达到'一剑封喉'的目的。你去解决了这个问题，你就创造了一个学术记录。否则的话你贴满了标签也没有用，你把棍子舞得像风车一样也没用，因为你没有解决问题。"[①]

——莫砺锋

练习与作业

1. 任意选择10篇文学论文（最好是差别较大的），找出它们的中心观点，以及背后的小问题和大问题。

2. 任意选择20篇文学论文，找出它们使用了哪些方法，哪些是主要方法，哪些是次要方法。思考一下，如果换其他方法，对于材料的分析会有什么影响？是不是有其他更好的方法？如果使用其他方法，应该怎样做？

3. 就第一章练习与作业中确定的研究对象，提出一个自己感兴趣的问题，填在下面的空格内（可以在下面的空白处不断修改和重写）。我选择的问题是_____。

---

① 莫砺锋. 古典文学研究方法谈[J]. 山东师范大学学报：人文社会科学版，2009，5.

第三章 Chapter 3

动手动脚找东西
——怎样搜集材料？

不遗余力地搜集材料，分析前人的研究成果（材料）帮助你选题，分析研究对象（材料）帮助你解决问题，选择最有说服力的材料写入论文帮助你论证观点。

提示——最受批评的一种倾向就是空发议论。空发议论为什么不好？因为不容易得到别人的承认，也容易被后人推翻。

🗨 名言金句

"从事于一个专题研究，材料是基础，必须从搜集材料开始，然后进入整理材料，即由低级阶段进入高级阶段。那种想跳过搜集材料的阶段而直接进入整理阶段，逃避搜集材料的艰苦工作，利用别人搜集的一点材料大发议论的人，与科学研究是无缘的。"①

——程千帆

> **批注**：作者通过实验、观察、调查等科学研究实践活动和文献资料检索过程，获得的用以形成和支持观点的一切信息，都是材料。在文献方面也叫资料。
>
> 俗话说：巧妇难为无米之炊。做研究没有足够的材料，写不出有价值的文章。搜集材料不是找到选题以后才开始的，而是选题之前就开始了。选题也是在搜集材料的基础上。比如搜集前人的研究成果，寻找角度，都是建立在搜集材料的基础上。只不过选题选定后，材料搜集更有方向性。
>
> 材料的功用：一是分析研究的对象——借以获得问题答案，也就是观点。二是支持你的论点——在论文写作中加以引用，以丰富自己论文的内容，证明自己观点的正确。

第一节 如何辨别材料？

一、材料常用分类

看看要找的东西是由什么构成的，由事实构成的就是"事实材料"，由道理和观点构成的就是"理论材料"。

例 1

莎士比亚研究中，"事实材料"包括莎士比亚的全部作品、

> **批注**：在时空中存在过的事件的证据——记录下来的一系列事实、数据和说明。
>
> **批注**：对记录的证据加以思考加工后形成的看法——分析证据的理论、定义、定理，凭借的技术、方法，形成的构思与假想，经验与教训。

---

① 程千帆.詹詹录[J].文史哲，1981，3.

莎士比亚的生平传记，他生活的时代和社会背景材料等。"理论材料"主要包括莎士比亚的评传，从约翰逊、歌德直到目前的所以研究著作和文章，研究莎士比亚使用的各种理论角度等。

看看要找的东西与事实之间的距离，在事实发生的当时和附近，直接记录下来的资料，或事实发生过程中产生的记录就是"一手材料"，事实发生很久，或者非当事人记录，由后人转述或者解释了的记录就是"二手材料"。

批注：指接近或直接在历史发生当时所产生，可较直接作为历史根据的材料。

批注：指经过后人对一手材料研究及诠释所形成的材料。

例2

莎士比亚的手稿，莎士比亚亲人朋友的说法为一手材料。莎士比亚死后的传闻和研究论文算二手材料。

看看要找的东西的作者与它的关系，作者记录自己参与的事件的就是"直接材料"，作者不是事件的参与人就是"间接材料"。

批注：作者通过自己的实践或调查得来的材料。

批注：从各种文献资料中得到的，或由他人提供的。

例3

罗家伦回忆他参加五四运动的文章对于他本人属于直接材料，而对于现在的研究者就属于一手材料。

二、什么样的材料搜集是好的？

（1）"全"：与你的选题有关的所有事实和言论都尽可能地搜集到。

例4

史学家陈垣采取一种"竭泽而渔"的方法。就是把所有与论题有关的材料一网打尽，无所遗漏。比如陈垣在撰写《元也里可温教考》时，把二百多万字的《元史》全部阅读一遍，摘出所有提到"也里可温"的地方。

提示——①不好的倾向是根据直觉形成一个新论点以后，只找能够证明自己假说的材料，完全不顾及否定的材料。这样做的害处是得出结论是不全面的，也不真实。②"竭泽而渔"是理想状态，其实"全"与心态有关。更实际的说法应该是尽可能地全。材料在某些领域几乎很难做到全部占有。比如，在晚清民国的研究领域，期刊和各种档案浩如烟海，很难全找到。还有时空条件限制，以及已经失去的材料难以还原等问题。因此，求全就是一种心态。如果没有这个心态，搜集的材料就很可能是残缺的。另外，"全"也指材料来源种类齐全，比如有期刊论文、有专著、有信件、有档案；也指各种观点齐全，比如关于一个问题，各种代表性的观点要搜集到。

（2）"真"：对你搜集来的事实和言论，判断其真实性，选择那些更为真实可信的，去除假的、伪造的和可疑的。把论文中的各个观点尽可能建立在一手材料上，二手材料仅作为补充。

提示——①请首先怀疑所有材料的可信性，这个很重要。当你真正进入研究以后，不要不加检验地信赖他人专著和论文里直接引用的材料。不是不能用别人用的材料，而是因为那段材料脱离了原来语境，已经变得不真实了。找到原文，恢复作者的原义后再用作自己的材料。②通常一手材料比二手材料可信，时间最接近你研究对象发生时间的更可信，距离近的比距离远的可信。当然也有情况相反的。关键看材料有没有受到"污染",有没有有意无意地被干扰了。比如,有利益关系的人提供的材料即使是一手的也可能被歪曲。③评价前人成果的时候,也要首先依据一手材料来判断其对错,然后再在概念和逻辑上审视。④"真"是一个相对的概念,是追求的方向。

给初学者的建议——①看刊物是否是一级期刊、核心期刊,看出版社是否权威(商务印书馆、中华书局、人民文学出版社等名声较好)。②看参考文献、注释是否准确,如果不准确,他可能因为不认真的态度用错材料。③看作者的论证是否清楚、明晰,如果不清晰,他对材料的理解可能是错误的。——因为尚未形成可靠的眼光,适当借助于一些外部因素也是无奈的。一旦有了相当的专业知识和判断力,此条可以忽略。

(3)"新":重视使用刚刚发现的或者是无人用过的材料,尽可能不依赖别人反复引用的那些材料。

例5

研究梁启超的小说观念,你依赖他那几篇著名的《新中国唯一之文学报〈新小说〉》《论小说与群治之关系》等文章固然没有大错,但是很难提出新观点。其实,还可以使用其全集中的其他看法,他在信件中表达的看法也可以慎重使用。

提示——①不常用的材料也是新材料。②有新材料就要考虑一下,该材料能不能修正我们既有的观点。③材料是多面的,你的解释是新的,旧材料也可以成为新的。

> **批注**:《梁启超全集》中的文章非常多,其实被人认真使用的还是很少的部分。

第二节　找什么材料?

(1)找有关该对象的背景资料,与此对象有关的专业知识。(基本材料)

例1

卡夫卡研究的基本材料包括:他的生平,他的言论(他评论自己作品的不在此列),他生活的时代(包括文学思想潮流等),他的作品等。

(2)找具有代表性的各派观点的资料。(现有的研究成果)

例2

卡夫卡研究的研究成果包括从他出版小说时出现的评论,当代和后代人的口头评价的记录,以及各个国家出版的关于卡夫卡的研究专著和期刊论文,还包括卡夫卡研究综述和卡夫卡研究会议的论文集。

提示——找最普遍的观点可以看教科书,找近几年的热点和较为成熟的观点可以看专著,

> **批注**:审视学术金字塔,可以看到需要搜集的材料范围。简单地说,材料都在问题的下面:对象和研究成果里。参阅第二章第一节。

> **批注**:以便寻找新的角度,提出新的见解;有些资料还能用于行文中的理论探讨,以增强文章的理论性。

要找最新的看法请阅读近期的期刊。

(3) 找有关的基本理论的文献。

> 批注：你要用来分析研究对象的理论。

例 3

卡夫卡研究中使用到的叙事学理论、存在主义哲学，可能会用到的结构主义哲学、变态心理学等。能够使用其概念和理论来分析卡夫卡各方面的各学科知识，而不是这些学科全部的理论。

提示——①从你关心的角度出发看看有什么比较热门的理论正在流行，如果能帮助你发现研究对象的某种不被人知道的方面，可以选择这种理论。甚至这种方法可以用于帮助你选题。②对于初学者来说，可以看看其他同类研究著作，当然是有权威性的近期研究成果，看看人家对同类问题选取哪个角度，如果你的研究对象也具有类似情况，可以借鉴别人的做法，把这种理论作为理论基础，并在适当的地方对别人表示感谢。③查阅文学理论资料汇编，找到它们的重要概念和观点，看能不能帮助你分析自己的研究对象。然后找到关于这个理论的最权威的作者和著作，力求准确把握理论实质，然后运用到研究对象上。④搜集与课题有关的相关学科的科研成果，特别是那些边缘学科，看看是否能给你启示，帮助你打开你的研究对象和视野。

● 名言金句

"在搜集材料的问题上，还容易犯的毛病是贪多求全，想毫无遗漏。如果时间精力容许，多全无漏当然是好的；但事实上，一个问题的外围还有外围，例如为了评论一个作品的艺术技巧，需要懂形象思维理论，又要懂心理学，艺术史，要全面了解一个作家的所有作品、时代的背景、生活中政治、经济、社会各方面情况、文学史、思想史上通盘情况。这些材料浩如瀚海。所有材料也并不是同样重要的；我们从事某一专题研究的时间精力也总是有限的；因此，我们往往只能抓住一些最重要的、关系最密切的材料，尽力去抓住一些有典型意义的、主要的、有用的材料，同时不能不以简略的浏览的态度去对待次要的一般的材料。这就叫作'有所不为，才能有所为'。不分主次，眉毛胡子一把抓，芝麻西瓜同样重视，花费同样时间去钻研，就会浪费很多宝贵时间。这犹如好钢没有用在刀口上，一定会影响效率。"[①]

——王世德

第三节 怎么找材料？

> 批注：这里主要介绍收集文献的方法，而不讲问卷调查等方法。

一、利用网络资源

（一）搜索信息

(1) 使用搜索引擎和数据库搜索。打开引擎和数据库搜索页面，输入关键词，搜索出论文和专著的题名及其他网站

> 批注：严格的研究者让人远离网络，但是网络也给人帮助，使用的时候谨慎小心就好了。因为网络资源更新快，利用方便，所以本书建议优先使用网络资源。

---

① 王世德. 怎样写学术论文 [M]. 北京：北京大学出版社，1981：25-26.

提供的信息，但是不一定能看到全文。

可供参考的文学论文相关的网站：

"中国工具书集锦在线"（中国知网）查阅专科辞典和百科全书（查阅人名和术语）

"谷歌 goole" http：//www.goole.com（搜索能力强的国外引擎）

"百度" http：//www.baidu.com（搜索能力强的中文引擎）

"读秀学术搜索" http：//www.duxiu.com/（数据库引擎）

"搜神 soshink" http：//m.soshen.cn（"爱如生"公司开发的，包括七大搜索引擎为一体的引擎，专搜古代典籍资料。还可以搜到爱如生近代报刊库的目录）

"日本国立国会图书馆近代图书" http：//dl.ndl.go.jp（1998年启动近代数字图书馆项目，对馆藏的明治大正时期图书数字化，不能检索全文，能检索目次）

"台湾期刊论文索引系统" www.hyread.com.tw

"台湾文史哲论文集篇目索引系统" http：//memory.ncl.edu.tw

"日本国立国会图书馆杂志检索" http：//dl.ndl.go.jp

"比菲尔德大学图书馆学术搜索引擎 BASE" http：//www.base-search.net/（会有链接失败的情况，可能因为限制下载）

"Ixquick 搜索引擎" http：//www.ixquick.com（可以搜索 Proquest、EBSCO、Electric Library Elementary、Electric Library Elementary、ProQuest Platinum、ProQuest Platinum 等众多数据库。本身自带搜索用户名和密码）

"中国图书进出口总公司 cnpLINKer 在线数据库检索系统"http：//cnplinker.cnpeak.com/（查阅国外各类期刊文献目次和文摘的查询检索、电子全文链接及期刊国内馆藏查询功能）

"文献论文搜索引擎" http：//www.findarticles.com（检索免费 paper）

"艺术与人文引文索引" http：//ip-science.thomsonreuters.com/A&HCI

"HathiTrust Digital Library" https：//www.hathitrust.org/

"CALIS 重点学科网络资源导航门户" http：//202.117.24.168/cm/main.jsp

（2）搜索大学图书馆，特别是著名大学的图书馆、各大省会图书馆、外国图书馆、网络书店的搜索页面，输入关键词，找到馆藏的书籍名目等出版信息。

推荐的各种图书馆和网店：北京大学图书馆、南京大学图书馆、复旦大学图书馆和香港中文大学图书馆等著名大学图书馆。上海图书馆、南京图书馆、广东省立中山图书馆等直辖市和省立图书馆。美国国会图书馆、日本国立国会图书馆等。亚马逊、当当、孔夫子旧书店等网络书店（有最新的书和旧书，可以找到相关的书目和目录）。

（3）搜索各种学术论坛和文学网站，里面有大量书籍和论文的信息（有的甚至可以下载全文）。

推荐的学术论坛、读书网站、文学网站：国学数典论坛、爱如生论坛、北大中文论坛、豆瓣读书等网站（中文专业的书籍信息比较多）。文化研究、法国文化、拉美文化、19世纪德国文学、世界文学等专业网站。

提示——①选题之前，可以任选一个有兴趣的关键词搜索，读过几篇论文和专著后，可以使用内容相关的论文使用的关键词搜索，以及专著版权页上的关键词搜索。也可以从各级标题和摘要中寻找有兴趣的词作为关键词搜索。②用关键词搜索，如果文献数目太多，比如100篇以上，需要用关键词第二次搜索。搜寻时请善用""（半角标点符号的双引号，表示必须连接在一起）。③不要忘了百度和google的图片搜索。有时候，一个图表图片的图解等能帮你找到一个有趣的趋向，能转变成一个好的研究问题。④转载的文章，博客中的文章，是能帮助你找到好材料的线索。⑤如果不在高校或科研机构，又不能个人购买的情况下，你也可以在搜索资料的初始阶段，借助于这些数据库找到相关的期刊文章，通过免费提供的摘要和关键词，了解大体内容。⑥有的书找不到可以阅读相关的书评和网店简介以及豆瓣网的书评，判断有没有用，如果是重要的书，则千方百计地找到。

（二）获取全文

在可以下载全文的数据库中寻找文章和书籍的全文。推荐如下数据库：

古籍

"中华经典古籍库"（客户端、网络版、微信版）"鼎秀古籍全文检索平台"（又叫"鼎秀古籍库"）"文渊阁四库全书数据库""爱如生中国基本古籍库""爱如生地方志""四部丛刊数据库""二十五史全文电子版""中文古籍电子书"（四库，四部从刊，二十五史）"中国金石总录""中国历代石刻史料汇编""汉达数据库""十通""大明实录""大清历朝实录""中华古籍数据库""上海图书馆古籍书目数据库""国家图书馆古籍库""早期欧洲图书EEBO早期英文图书在线""基本古籍库""雕龙—中国日本古籍全文检索资料库"（又叫"雕龙古籍库"，是中日古籍研究专家共同研制的大型中日文检索资料库。包括中国地方志、六府文藏、日本古典书籍、清代史料、四部备要、四部丛刊、四库及续修四库等。）

"中国古籍总目（全26册）全文检索"http：//www.kaixi.jp：8082

"全国古籍普查登记基本数据库"http：//202.96.31.78：8585

"台湾地区善本古籍联合目录"http：//nclcc.ncl.edu.tw

"中华古籍善本国际联合书目系统"http：//mylib.nlc.cn

"瀚堂典藏数据库系统"http：//www.hytung.cn/

"中研院汉籍电子文献库"http：//www.sinica.edu.tw/ftms-bin/ftmsw3（"包含整部二十五史、整部阮刻十三经、超过两千万字的台湾史料、一千万字的大正藏以及其他典籍，合计字数一亿三千四百万字"）

台湾国家图书馆

"台湾国家图书馆古籍影像检索"http：//rbool2.ncl.deu.tw

"北京大学图书馆秘籍琳琅数据库"http：//rbdl.calis.edu.cn：8086

"高校古文献资源库"（学苑汲古数据库）http：//rbsc.calis.edu.cn：8086

"日本所藏中文古籍数据库"http：//kaiji.zinbun.kyoto-u.ac.jp

"EBSCO information services" https：//www.ebsco.com/（电子全文在线阅读，英文搜索）

辅助的资料来源：使用时需要使用校刊本和权威版本

"百度国学"http：//guoxue.baidu.com/（目前能提供上起先秦下至清末历代文化典籍的检索和阅读。内容涉及经、史、子、集各部。）

"诸子百家中国哲学书电子化计划"http：//ctext.org/zh（可以全文搜索）

近代文献

"瀚文民国书库"http：//hwshu.com/front/index/tologin.do（要付费）

"cadal 数字图书馆"http：//www.cadal.zju.edu.cn/index（图书和期刊，要付费，目前有纠错服务可以换取少量权限。）

"瀚堂民国文献大全"http：//cadal.hytung.cn/（登录南京图书馆后可以用，以cadal图书为主）

"瀚堂近代报刊"http：//www.neohytung.com/（登录国家图书馆、南京图书馆后可以用）

"国家图书馆民国图书"http：//mylib.nlc.cn/web/guest/minguotushu（图书）

"国家图书馆民国期刊"http：//mylib.nlc.cn/web/guest/minguoqikan（期刊）

"上海图书馆全国报刊索引"http：//www.cnbksy.com/home（期刊文章）

"大成民国图书全文数据库"http：//tushu.dachengdata.com/（图书，付费）

"大成老旧期刊库"http：//laokan.dachengdata.com/tuijian/showTuijianList.action（晚清民国时期期刊文章，付费）

"北京大学图书馆晚清民国期刊"http：//162.105.138.110：8011/mgqk/（北京大学图书馆藏期刊扫描版，需北大账号）

"爱如生近代报刊库"http：//db.ersjk.com/（报刊申报、大公报等，付费）

"香港公共图书馆香港旧报刊"https：//sc.lcsd.gov.hk/TuniS/mmis.hkpl.gov.hk/web/guest/old-hk-collection（十四种香港有关的旧报刊）

"台湾中研院近代史数位资料库"http：//mhdb.mh.sinica.edu.tw/（妇女杂志资料库，近代妇女期刊资料库，近代城市小报资料库）

"海外收藏的中国近代史珍稀史料文献库"http：//www.chinacultureandsociety.amdigital.co.uk/（中国：文化与社会——华生中国收藏）

"社会科学引文索引网络版"http：//apps.webofknowledge.com/SSCI（付费使用，用英文搜索。可以下载全文）

当代报刊和图书

"中国期刊网全文数据库"（cnki）http：//www.cnki.net（近数十年学术期刊文章，包括《中国学术期刊（网络版）》《中国学术辑刊全文数据库》《世纪期刊》《中国学术期刊（网络版）

特刊》《中国博士学位论文全文数据库》《中国优秀硕士学位论文全文数据库》《中国重要报纸全文数据库》《中国重要会议论文全文数据库》《国际会议论文全文数据库》，付费）

"万方数据" http：//www.wanfangdata.com.cn/（付费）

"维普全文中文期刊服务平台" http：//qikan.cqvip.com/（付费）

"中国人民大学复印报刊资料" http：//ipub.exuezhe.com/index.html（付费）

"TWS 台湾学术期刊在线数据库" http：//www.twscholar.com/

"中国学术文献数据库" http：//www.caldatabase.com/

"超星电子图书" http：//www.sslibrary.com/（付费）

"airitilibrary 台湾学术文献数据库" http：//www.airitilibrary.cn/（学术期刊和学位论文）

"台湾博硕士论文知识加值系统" http：//etds.ncl.edu.tw/cgi-bin/gs32/gsweb.cgi/login

"中文科技期刊数据库" www.cqvip.com

"cinli article" http：//ci.nii.ac.jp/（论文、图书、杂志）

"websayito 资源检索 JAIRO" http：//jairo.nii.ac.jp/（英日文搜索）

"Ebooks 电子书数据库 OCLC" http：//firstsearch.oclc.org/FSIP（付费）

"EBSCO ebook collection 电子图书" http：//search.ebscohost.com/login.aspx?profile=ebooks

"EBSCOhost 数据库" [其中的 "Academic Source Premier（学术资源首要库，ASP）"] http：//search.ebscohost.com/（人文，社会，文学）

"GALE" http：//galeauth.galegroup.com/（外国文学评论等，付费）

"WILEY 数据库" http：//onlinelibrary.wiley.com/

"古腾堡计划" www.gutenberg.org

"library genesis" http：//gen.lib.rus.ec/（国外图书）

"PROquest 欧美博硕士学位论文全文数据库（PQDD）" http：//wwwlib.global.umi.com/titles.html（迄今为止世界上最大的国际性学位论文数据库，是美国国会图书馆指定的全美学位论文唯一官方转储和加拿大国家图书档案馆授权的全国学位论文官方出版、存储单位。收录了美国、加拿大、英国、德国、澳大利亚、印度等国家的 1 000 余所大学、科研所等研究生培养单位的科技博硕士学位论文）

"ARL-Proquest Research Library 学术研究图书馆全文数据库" https：//docslide.net/documents/proquest-research-libraryarl-.html

"Springer Link 全文数据库" https：//link.springer.com/（人文，社科）

"Sage journals" http：//journals.sagepub.com/

"JOSTOR" http：//www.jstor.org/（过去的期刊）

"Blackwell, The Arts & Crafts House | Historic House" http：//www.blackwell.org.uk/

"emrald publishing" http：//www.emeraldinsight.com.cn/

"Oxford University Press（OUP）-Academic Publishing" https：//global.oup.com/academic/?cc=cn&lang=en&

"highwire press" http：//highwire.stanford.edu/lists/freeart.dtl（注册后免费，社会科学可用）

"Elsevier（SDOS）全文期刊数据库" http：//www.sciencedirect.com/（1995 年后的社科，清华和上海交通大学有镜像）

"Kluwer 全文期刊数据库" http：//kluwer.calis.edu.cn/（需北京大学账号，社会科学和人文科学）

"阿帕比数字资料平台" http：//180.209.170.151/usp/?cult=CN&username=

"爱知淑德大学" https：//aska-r.repo.nii.ac.jp/（可以下载日本学者的中国文学研究博士论文）

"WEB OF SCIENCE" http：//login.webofknowledge.com/（可以查 CPCI-SSH 社会科学及人文科学会议录索引等数据库的内容）

"CALIS 外文期刊网（现刊篇名目次数据库）"（简称 CCC） http：//ccc.calis.edu.cn/index.php?op=indexCCC（包含 2.4 万种西文学术类期刊从 1999 年至今的全部目次数据，其中有 Social Science Citation Index 社会科学引文索引）

"Google 学术和图书" http：//scholar.google.com/

http：//books.google.com/（如果可以利用的话也有不少中英文书籍）

"新浪爱问共享" http：//ishare.iask.sina.com.cn/

外国图书馆：美国国会图书馆、日本国立国会图书馆、香港中文大学图书馆等可以免费 pdf 下载。

各种学术论坛：国学数典论坛、爱如生论坛、北大中文论坛等，可以免费 pdf 下载。

"百度文库" https：//wenku.baidu.com/（不太可靠的文件）

提示——有些资源依赖高校或科研机构购买。网络资源因为网络不稳定，很多好用的资料库都会失去，由于管理网站人员的变动，法律的、政策的等原因造成很多网站维持的时间不长。同时，也会因为热心人的努力，会增加一些免费网站。

二、利用传统纸质资源

（一）工具书
1. 使用工具书介绍类书籍或者辞典查工具书

例1

张旭光编著：《文史工具书评介》，齐鲁书社 1986 年版。（查找工具书）

祝鼎民编著：《中文工具书及其使用》，北京出版社 1987 年版。（查找工具书）

詹德优：《中文工具书导论》，湖北教育出版社 1888 年版。（查找工具书）

张锦郎：《中文参考用书指引》，（台湾）文史哲出版社1983年版。（查找工具书）

此外还有《文史工具书辞典》《中国古今工具书大辞典》《社会科学文献检索与利用》等。

2. 使用工具书中的"书目"类

例2

（1）古典书目：《四库全书总目提要》《汉书·艺文志》等。

（2）现代综合性书目：《全国总书目》《全国新书目》等。

（3）报刊目录和联合目录：《中国丛书综录》《中国古籍善本书目》《全国中文期刊联合目录》《北京图书馆馆藏报纸目录》《中国古籍善本书目索引》《中国古籍总目》《北京大学图书馆中文旧期刊目录》《全国中文期刊联合目录》（1833—1949）《中国近代期刊篇目汇录》《中国现代文学总书目》等。

（4）专题性文献书目（包括地方文献书目，个人著述书目）：《中国历代年谱总录》《中国古典文学名著题解》《北京文献目录》《鲁迅研究资料编目》《中国考古学文献目录》。

> **批注**：书目是图书报刊目录的简称，提供一定时期文献的出版情况，简介出版物的内容和情况，以及珍贵图书的收藏情况。

3. 使用工具书中的"索引"类

例3

（1）古籍的索引：《十三经索引》《论语引得》《同书异名通检》《古今图书集成索引》《中国古籍善本书目索引》《中国古籍总目·索引卷》等。

（2）综合性报刊资料索引：《全国报刊索引》《复印报刊资料索引》等。

（3）专题索引：《马克思、恩格斯全集主题索引》《古今人物别名索引》《中国现代人物别名索引》《中国现代文学期刊索引》《中国语言学论文索引》（甲乙编）《中国史学论文索引》（上下编）《国学论文索引》（初、续、三、四、五编）《文学论文索引》（初续三编）《中国新文学大系·史料·索引》等。

> **批注**：索引又称"引得"（index）、通检，是把书刊文献里的事项或知识按照一种方式编排，提供出处，便于查找。

提示——1994年以前的期刊可以查找综合性报刊资料索引：《全国报刊索引》和纸本《复印报刊资料索引》。

4. 使用工具书中的"文摘"类（有全文摘录，有论点摘编，也有摘要）

例4

如《新华文摘》《中国学术期刊文摘》《中国社会科学文摘》《高等学校文科学术文摘》等。

> **批注**：文摘又称摘要，以提供文摘内容梗概为目的，不加评论和补充解释，简明确切地记述文献重要内容的短文。

5. 使用工具书中的"题录"类

例5

《新华文摘》和《人大复印资料》最后部分的书刊目录。

> **批注**：只提供著者篇名出处的检索信息。

6. 使用其他工具书

（1）用百科全书、年鉴、手册、辞典等查编辑书籍的年代之前的科学进展、学术动态、学术争鸣资料及学科名词术语。

例 6

《辞海》《词源》《尔雅》《说文解字》《康熙字典》《不列颠百科全书》等。

（2）用政书、类书查古代典章制度和典故等。

例 7

《艺文类聚》《太平御览》等。

（3）用表谱、方志查时间和人物生平。

例 8

史书的各种"表"，后世的"年谱"，大事记（纪事年表），人物生卒年表，《历代职官表》，《历代地理沿革表》等。

（4）用图录查地理和物质特点。

例 9

《中国历史地图集》《诗经名物图》等。

（5）用兼具资料和学术性的"介绍类"工具书查阅出版物的内容目录和总体评价。

例 10

《辛亥革命时期期刊介绍》《"五四"时期期刊介绍》等。

（二）纸质论文、书籍和档案

1. 从各类图书馆借阅。

2. 在各类图书馆和档案馆查阅。

例 11

各大图书馆的"旧期刊库"。中国现代文学馆唐弢文库（可以先在网上查索引）、上海图书馆珍本库、第一历史档案馆和第二历史档案馆等。

3. 从各类书店购买（网购或通过实体店）。

4. 托朋友或者亲自复印买不到的重要材料。

提示——①图书馆大多有文献传递功能，可以有偿提供纸质版本。②搜集材料名目要做好笔记。平时收集资料可以利用卡片——书目卡（只记书目信息）和内容卡（抄录和粘贴资料）（参阅第四章第二节第60页）。做到"一卡一条"（一张卡片只记一条信息），详细在上面记录各种材料的出处，对影印资料也要标注出处，装订好。③还要注意归类（柜子、抽屉、鞋盒都可以用）

批注：全面性系统化的知识总汇，是辞书类工具书。内容最丰富。

批注：年鉴是概述一年中事物发展状况，并逐年编辑出版的资料性工具书。可以查时事大事，新法规，统计数字。

批注：手册是汇集某一领域或某一学科需要经常查考的基本知识，资料或数据的工具书。

批注：政书是中国古代辑录典章制度源流与文献的资料性工具书。有历代的，有断代的。历代的有"十通"（《通典》《通志》《文献通考》《续通典》《续通志》《续文献通考》《清朝通典》《清朝通志》《清朝文献通考》《续清朝文献通考》）断代可查"会要""会典"。

批注：类书是中国古代辑录文献资料，按类或分韵编排的资料性工具书。有专门类，有综合类，有辑录史实的，有辑录典故的。按类编排方便查阅。具有一定索引性质。

批注：用编年体或表格形式反映复杂事物变化的工具书。

批注：图录是用图画和照片搜集文献的工具书。分历史图录、文物图录、艺术图录、人物图录，包括地图、文物图谱、人物画像图谱等。

故事

有一个学者对一个论题感兴趣,平时遇到任何一条与论题相关的材料,就随手撕一张小纸,记下,然后塞到床下的几个分类了的鞋盒子里。等到过了几年,他感到差不多了,翻出几个鞋盒,倒出大堆纸片,这些材料就成了他的积累,接着又集中搜集了一阵材料,做做补充,然后把这些纸片在地上排排队,归归类,很快就写出了一本专著。

三、找材料的顺序和方法

(一)选题未定阶段的搜集方法

第一步 完全没有方向时,查找工具书(先网络查找再查阅纸本)以及教科书,然后阅读工具书和教科书,了解本学科知识中自己感兴趣的地方。或者在图书馆开放书库随意浏览本专业的书籍或刊物,或者翻翻名字吸引你的书,选择兴趣点。或者阅读文学作品,寻找有感触的地方。

批注:本书推荐首先直接利用电子资源,然后将纸质资源作为补充。这种方法更现代和快速。纸质资源更新缓慢,而且容易不全。

第二步 有兴趣点以后,如果能够转化为问题(不管这个问题好不好,先初选它),立即跳到后面,按照"(二)选题初定阶段的搜集方法"搜集。如果一时找不到问题,那么继续,进入各种期刊网,以研究对象和兴趣点为关键词,输入搜索框寻找有关的述评或综述(搜索方法参阅本章第三节)。如果有述评或综述,梳理参考文献,从中了解已经有的研究,并找出值得阅读的材料。

例12

《萧红小说研究综述》介绍了萧红研究的三个时期,然后对新时期至今的研究状况重点分述:女性主义视角下的萧红小说研究;萧红小说创作源流研究;萧红小说的比较研究;萧红小说创作手法及风格体式研究。

该综述的参考文献中有:

[1] 杨义.中国现代小说史·第二卷[M].北京:人民文学出版社,2001.

[2] 鲁迅.生死场—序[A].萧红全集[M].哈尔滨:哈尔滨出版社,1991.

[3] 胡风.生死场—读后记[A].萧红全集[M].哈尔滨:哈尔滨出版社,1991.

[4] 茅盾.呼兰河传—序[A].萧红全集[M].哈尔滨:哈尔滨出版社,1991.

[5] 苗可.萧红的悲剧——女性的怯懦[J].妇女学苑.1989(1).

[6] 孟悦,戴锦华.浮出历史地表——现代妇女文学研究[M].郑州:河南人民出版社,1989.

[7] 胡辉杰.萧红:寻觅自己的天空——从一组词看萧红的女性主义立场及其悖论性[J].鲁迅研究月刊.2005(5).

[8] 铁峰.萧红文学之路[M].哈尔滨:哈尔滨出版社,1991.

[9] 张秀琴.论萧红对鲁迅传统的继承[J].石家庄经济学院学报.2001(12).

[10] 马丽敏.萧红创作的心理学透视——对死亡与和谐两大主题的创作心理分析[D].陕西

师范大学 2005 年硕士论文.

[11] 张秀琴. 丁玲、萧红小说女性塑造之比较 [J]. 河北师范大学学报：社会科学版.1998（1）.

[12] 侯运华. 回眸凝望处 妙笔写故土——沈从文与萧红的比较研究 [J]. 河南大学学报：社会科学版.1998（11）.

[13] 郗程. 萧红与迟子建创作的比较研究 [J]. 西安社会科学.2009（11）.

[14] 单元. 萧红与伍尔芙比较论 [J]. 浙江海洋学院学报：人文科学版.2008（9）.

[15] 申倩. 论萧红小说的修辞特性 [J]. 云南大学人文社会科学学报.2001（4）.

[16] 杨丽娟. 论萧红小说的绘画美 [D]. 首都师范大学 2008 年硕士论文.

[17] 阎志宏. 萧红和中国现代小说散文化 [J]. 社会科学辑刊.1991（2）.

[18] 艾晓明. 戏剧性讽刺——论萧红小说文体的独特素质 [J]. 中国现代文学研究丛刊.2002（3）.

[19] 罗琼，沈醒东. 萧红小说的"花瓣式"结构 [J]. 江海学刊.1997（4）.

通过研究综述，可以梳理出比较多的重要篇目，从题目、摘要可以知道它们研究的问题是萧红小说的特质是什么？如何评价？或者与特质有关的结构是怎样的特色？也有用比较方法来追问萧红与中外女作家和乡土作家相比，其写作的特色是什么？这些篇目很多都是从她的性别角度来立论的，理论常常是女性主义的。从这些文献中找出大家做过的问题和角度，你可以选择大家都关心的问题，比如萧红小说的独特性何在？结合自己的阅读感受，看看回答这个问题的研究者给出的答案能够说服你吗？你有没有其他看法？你也可以找一个大家没有关注的方面，自己提出问题。或者从读萧红小说的感受出发提出问题，或者把针对其他类似作家的问题移到萧红身上试一试。这样可以初步确定一个感兴趣的、有想法的"问题"。

如果没有述评或综述，以研究对象和兴趣点为关键词，输入搜索框，在摘要、主题、关键词、篇名等范围内寻找论文，同时运用各种数据库搜索以研究对象和兴趣点为关键词的书籍。或者利用学校图书馆提供的综合搜索引擎比如百链云图书馆、读秀学术搜索、维普期刊资源整合服务平台、人大复印资料数据库等，输入关键词，直接查找相关论文和专著，并形成一个参考文献目录。

提示——①书籍中书本后面的索引条目以及版权页中的主题都可以作为寻找关键词或者主题的参考。②多换几个近义的关键词试试，可能有意外的收获。③ CNKI 搜索结果下面有一些相近似的词，这些词常常是热门的分类，你进去以后，把成果按时间降序来排，在近一年左右里的文献，看看是不是有交集，而又在不同刊物上发表，如果是你们专业里的高级刊物就更好了，这样的选题一定是近期的热点，但是不要大量的文章，几篇即可。类似这样的使用技巧有很多，需要使用者自己去摸索。④这个阶段其实就是从三次文献和二次文献找一次文献。

批注：综述，年鉴，手册，辞典，百科全书，目录等经过深加工的文献。

批注：文摘类文献。

批注：期刊、报纸、专著、图书、政府出版物、日记、回忆录和档案。

批注：一般来说，被引次数越多的越重要（不是绝对的）。

第三步 阅读这个目录中的几篇，选择比较可靠的和具有重要性的，特别是在参考文献中出现次数比较多的论文和专著。（选择和阅读的方法，参阅第四章第一节"如何阅读材料"）阅读这些材料，在把握它们问题和观点的同时，特别注意其对于问题的预测，如果发现有更好的选题，可以立即初步选定，然后立即跳到后面，采用"（二）选题初定阶段的搜集方法"进行搜集。

第四步　如果没有好题目提供给你，则使用追溯法，扩大参考文献范围。形成与论题有关的文献网，扩大第三步阅读的材料，重复第三步。与感兴趣的方向和对象直接相关的，则记录其参考文献，记录这些参考文献的问题和答案，以及发现的不足。

第五步　如果到此时仍然没有现成的问题可以提供给你，等到你感到重要的论文专著已经被搜罗到了，可以试试最后一招，"头脑风暴"选题法。

做法

在一张空白纸上或者在脑图工具的界面里，随意写下所有围绕论文想到的重要想法（为了充分解放思想，不重要的也可以写出来）。选一个自己感兴趣的"问题"，把它写在白纸的中间，然后围绕这个问题，把阅读和浏览中记得的和临时想起来的想法都写在纸上，基本上围绕中心思考，但是偶尔溢出中心的想法也要记下来写在纸上，如果觉得好，也可以围绕那个中心思考。可以问问自己："我研究的目的是什么？我要解决的问题是？如果我解决了这个问题，意味着什么？我的角度是什么？在这个角度下，我的对象与此有关的有哪些？原因？背景？它与其他东西有什么联系？"反正对象在你的角度里你能够想到的所有字、词、句子都可以写到上面（不一定要有句子，因为句子意味着有假设观点），无论多不靠谱，凭直觉感到有关，就写下来，并且把前面笔记中的重要看法也写下来。

提示——①画图的时候既要有中心，为了便于思索，又要没中心，随时可以散开，只要不脱离研究对象就行。②通常，这时的论文想象与最后写定的论文之间有很大差别。这不过是设计师手勾的"草图"，但是高楼大厦就是这样建立起来的。首先是要脑子动起来，向中心主题努力，再简陋错误的初步提纲也比什么都没有强。③在你觉得没有可想的时候，再坚持一下，这时最容易出现超出一般想法的新东西。

介绍一种脑图软件：Mindmanager（这是笔者用的，同类的还有不少，读者可以自己选择自己用得惯的），下面是它的界面，如图 3-1 所示。

> **批注**："追溯法"又叫"滚雪球法"，即通过相关著作所提供的资料线索去寻找材料。方法是通过搜索参考文献的作者，期刊目次找到更多该领域的文章。读文献一定要注意文章后面列出的参考文献和里面的注释，查阅这些参考文献和注释里面提到的文献，再搜集里面的参考文献和注释提到的文献，逐渐扩大相关文献的范围。

> **批注**：此时，就应该做笔记（将来可能会用到），做笔记的方法，参阅第四章第58-60页；在做笔记的过程中有些有价值的想法可能渐渐脱颖而出。

> **批注**："脑图"又称思维导图，是一种帮助人思考的工具。画脑图的要点是：①在一张白纸上画一个圆形，把题旨（或主题词）写在中心；②在中心点引出分支，把任何有关这一题旨的论点写上；③有不同类别的资料时，便另开新的分支，④将字写在线上并不断连接下去，不要让思维流程被打断！好处是能够让人分清主次，更快而且更清楚地看出一些主要思想如何彼此关联，将思维的关系呈现为一种逻辑的关系，便于结构化人的思维，为写论文铺平道路。

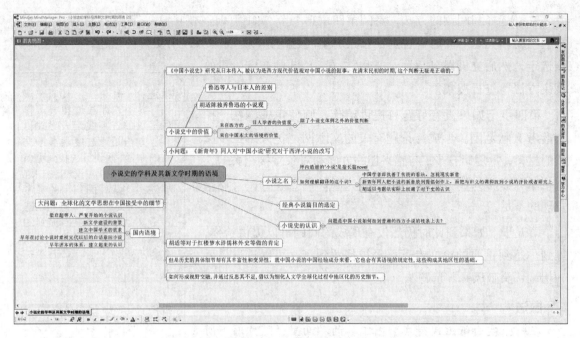

图 3-1 《论〈新青年〉同人小说史研究的文化"语境性"》大纲形成图

中间默认的"核心主题"可以填入你的题目或者研究对象,这个题目是可以随时修改的,它的存在给了你一个思考的中心。周围的空间可以任意输入文字,然后用鼠标牵拉拖动,与包括"核心主题"在内的所有文本框相连,任意调动位置,不需要的可以任意删除。这个图例里的提纲后来变成了《论〈新青年〉同人小说史研究的文化"语境性"》,读者如果有兴趣可以对比该提纲与论文之间的差距。

梳理杂乱的想法,从中找出一个新的中心。依据是围绕在它周围的内容最多,其中属于自己的想法最多,而别人的说法较少,层次最分明,又符合选题原则。把新中心作为选题。

(二)初步确定选题之后的搜索方法

第一步 从上面的文献分析确定了一个"问题",或者从现实生活中得到启示而得到一个初步的"问题"以后,围绕这个问题设计关键词,寻找文献,重复上面的过程(目的是验证前人是否已经做过)(参阅第二章)。

第二步 如果研究对象已经有了问题和答案,回到"(一)选题未定阶段的搜集方法",重新阅读和重新掀起"头脑风暴"。或者对有人解答的问题,再加以追问,或者放大或者缩小,直到出现一个有意义的新问题。如果没有人研究过,上一步初定的选题是新题目,确定其作为你的选题。

提示——①此阶段搜索材料目的是验证选题的创新性。②如果在文献中找到与你的问题相近的太多,你可能是遇到热点了,也可能是遇到了滥熟的题目。如果没有人提及,你需要关注这个问题是不是意义不大,还是因为其他原因,比如缺乏材料。如果是缺乏材料,你要考虑自己有没有找到了新材料,或者有没有可能获得新材料。

（三）确定选题后的搜索方法

第一步　列初级大纲（实际上论文的写作已经开始了）。

按以下格式整理：

（1）主题（暂时性的）。

（2）目的或问题（这些词就是你的搜索关键词）。

（3）想到的参考文献（不断补充）。

可以表述为一个公式，公式形式见本书第二章第四节。

提示——①研究过程中，论文提纲应该尽早建立，不要等到资料搜集完了或者研究工作结束时再做。论文就是在提纲式的计划——论文提纲——论文这个不断完善的过程中形成的。有大纲，你的思索就有一个宏观的角度。国外有学者说过"让大纲伴随你的整个研究和写作的过程。"②不能太执着于已有的提纲，你应该在整个研究过程中不断修改提纲，在搜集材料和整理材料的过程中不断推敲它，有错误及时修改甚至推翻，以便节约更多时间。③论文的提纲有两种形式：主题式提纲和句子式提纲。初级大纲应该为主题式，即词或词组形式。④在提纲中就应该逐渐选好关键词，使文献既不太多，也不太少，又有创新性。⑤大纲主要是逻辑架构。⑥不要让提纲过早减去你的材料，与主题相关的材料应该尽可能全面地搜罗。提纲应该受到你搜集的材料的影响。

批注：论文不是最后形成的那个完整的东西，而是从开始就是以提纲和内心想象的形式存在着的。大家知道，提纲是写论文必需的。但是，论文提纲也是研究计划，还是研究的必需品。

列提纲甚至要在搜集材料之前，科研的整个过程中，一直都应该有一种论文的意识。研究就是为了写论文，因此论文不仅是为了储存研究成果的一个东西，也是研究的计划方案。它是你研究的一个努力方向，虽然是模模糊糊的但是指引着你。

第二步　确定选题后，围绕自己的问题，逐渐集中材料，一是把前面文献网中与选题无直接关系的排除出去，二是把与选题有关的外围的材料搜集起来。

例13

假设你选择了"萧红小说独特性何来？"这个问题，于是以下文献变得重要了。

[1] 杨义．中国现代小说史·第二卷；

[2] 鲁迅．生死场—序；

[3] 胡风．生死场—读后记；

[4] 茅盾．呼兰河传—序；

[11] 张秀琴．丁玲、萧红小说女性塑造之比较；

[12] 侯运华．回眸凝望处 妙笔写故土——沈从文与萧红的比较研究；

[13] 郝程．萧红与迟子建创作的比较研究；

[14] 单元．萧红与伍尔芙比较论；

[17] 阎志宏．萧红和中国现代小说散文化；

[18] 艾晓明．戏剧性讽刺——论萧红小说文体的独特素质；

[19] 罗琼，沈醒东.萧红小说的'花瓣式'结构。

这几篇都会涉及萧红小说的独特性问题。找到他们的全文，备用。

如果没有与你的问题相同的，你也要关注与你的问题直接相关的。例如"[11] 张秀琴.丁玲、萧红小说女性塑造之比较； [12] 侯运华.回眸凝望处 妙笔写故土——沈从文与萧红的比较研究；[13] 郝程.萧红与迟子建创作的比较研究；[14] 单元.萧红与伍尔芙比较论"四篇为对比的方法研究萧红小说，可能会涉及萧红小说的独特性。"[17] 阎志宏.萧红和中国现代小说散文化"会涉及大问题，即如何评价萧红在小说史中的地位问题。找到他们的全文，备用。

第三步　完善大纲（方法参阅第四章第三节第61-65页），并用大纲引领，进一步扩大材料。找到与每个小问题相关的他人论文和专著片段（构成你论述体系中的小问题，前人已经有可靠论述，搜集他们的观点，还要搜集他人批驳前人观点的论文）。发现大纲中逻辑需要上的东西尚没有材料，那么就扩大搜集材料的范围。

第四步　搜集想运用的理论著作。从研究对象的材料里搜集理论所要求的那些材料，做笔记（做笔记的方法参阅第四章第二节）。

提示——①搜集和补充材料的工作将会伴随整个研究过程。②严格地讲，没有到开题报告通过，进入正式研究阶段，选题都应该算是初选，随时可能被修改。如果被质疑，重启选题未定程序。

名言金句

"上穷碧落下黄泉，动手动脚找东西。"①

——傅斯年

"在搜集和阅读有关材料时，要时时记住自己的目的和任务，时时联系自己研究的问题，分析思考。"②

——王世德

练习及作业

1. 查找与自己专业有关的目录、索引和文摘。了解自己专业有哪些文献光盘数据库。
2. 按照上一章做的选题，列初级提纲。
3. 按照上一章做的选题，搜索材料。

---

① 傅斯年：《历史语言研究所工作之旨趣》，《国立中央研究院历史语言研究所集刊》第1本第1分，中央研究院历史语言研究所1928年10月版，第9页。（傅斯年这句话的本义是扩大研究历史和语言的材料范围，不能仅限于读书，应增加田野调查和考古的方法。人们现在往往借用这句话表示寻找材料的艰辛和努力，本书也取此意。）

② 王世德.怎样写学术论文［M］.北京：北京大学出版社，1981：26.

第四章
Chapter 4

大胆假设，小心求证
——如何从材料出观点？

搜集材料之后，应立即整理材料，一边整理材料，一边继续搜集。

提示——不要找到文献目录就停止了，应该找到重要的文章全文，并立即开始带着目的阅读和分析它们。也不要等材料搜集结束了，再整理材料，不整理材料，搜集材料永远没法真正结束。

🔵 **名言金句**

"我们只是要把材料整理好，则事实自然显明了。一分材料出一分货，十分材料出十分货，没有材料便不出货。"[①]

——傅斯年

> **批注**：因为我们搜集的材料是不是可以写出论文，要到处理材料之后才能知道。处理材料不仅可以使我们比较系统地把握已经收集的材料，而且可以为下一步材料收集工作提供聚焦的方向。

第一节 如何阅读材料？

一、选题未定阶段的阅读法

（1）阅读研究对象的材料时注意令你感兴趣的地方（比如让自己感到惊奇疑惑的地方），注意自己的阅读感受。

（2）无论是通过搜索找到的论文和专著，还是在图书馆随手拿起的书刊，浏览它们摘要中最后的两三句话、论文的结论，专著的前言、后记以及结论，看是否有自己感兴趣的问题。

> **批注**：这里介绍的方法追求的是在论文的相应部位能最快地找到你要的。目前，这种阅读方法只适用于接受过训练的作者完成的标准论文，而另一些论文，亮点、观点散在各处，你不阅读全文并且保持清醒是找不到的。钟和顺在教学生阅读文献时说："前言和摘要一样，不能想到哪儿写到哪儿；它们有自己的逻辑形式和结构。……当学生阅读社科期刊文献时，应该注意追随这些文章中内含的逻辑和框架。"[②]就目前我国期刊的状况看，文章格式还不太规范，所以按照现在的指导来阅读可能会感到失望，但是随着写作论文的人越来越懂得规范，这样的指导将会变得越来越有效果。

> **批注**：要重视论文的题目和摘要，那里有简洁、精练的重要信息。一篇论文的精华部分就在这里。

---

① 傅斯年.历史语言研究所工作之旨趣.国立中央研究院历史语言研究所集刊第1本第1分.中央研究院历史语言研究所，1928：32.
② [美]菲利普·钟和顺.会读才会写：导向论文写作的文献阅读技巧[M].韩鹏译.重庆：重庆大学出版社，2015：32.

（3）对有兴趣的材料，先判断其可靠性。对于与你的方向最为接近的材料，可以浏览其中的一部分，看看论文的思路和论证是否清晰，语言是否流畅准确，资料本身的论证是否严密、科学，由此也可以判断这篇文章作者的能力，间接了解该文的质量。其次，看看其参考文献中有没有近十年的文章，人文学科对于文献的时效性并非像自然学科那样讲究，但是也尽可能选用新的，剔除重复和过时的。考查文献是否提到权威的材料，考查论文的材料是否准确，对材料的解释是否片面和合理。鉴别材料——分清第一手的和第二手的，充分的和残缺的，典型的和不典型的，还要辨别真伪。

（4）还要选出其中权威性的材料。可以看其作者、作品、出版社和期刊在该领域是否具有权威性，是否被一定数量的文献征引或者提及。

（5）对可靠的论文和专著，可以参考阅读结论，因为有的文章会把观点放在结论中。然后阅读全文，分析你所阅读论文的内在逻辑，找出作者解决的问题，作者的答案（观点）是什么，作者用来支持观点的论据有力与否，如何论证的，如何评论他人观点的等，看看有没有有价值的问题。另外，审视其局部问题（分论点对应的问题）是否有延展的余地和空间。重点看引言中是怎么阐述其研究思路的，怎么得出想法的，思考一下看看能不能换一种思路和看法。对论题比较小的，知道它的问题以及答案就行，重点考察其与自己阅读感受是否一致，以及话题是否感兴趣。如果感受不一致，或者自己觉得有意思，再细读其逻辑论证等能否说服人，寻找其破绽，或者承认它是对的，如果仍然有兴趣再考虑在它的基础上生发。从中寻找漏洞，看能不能推翻其整体论证，或者探讨其产生错误的原因。

（6）对权威的论文专著需要吃透，细读。掌握这个方向上的重要知识框架，为你的大问题做准备。权威材料指出的未来方向，可以立即作为备选问题，权威材料将成为你思考的基础。如果权威论文有不足，看能否转化为问题。如果可以，立即作为选题。与此同时，做笔记（概括内容和评价）为形成综述做准备。

（7）验证选题时，主要关注与初定选题相关的论文，其问题是否与选题一致，如果一致，验证其观点是否有错误。如果相近，它的问题是否构成选题的威胁，是否在此基础追问得到新问题。

提示——①选题未定阶段的阅读目的主要是寻找选题。②可靠的优先阅读，较差的以后再读，太差的甚至可以完全不读。

例

假设你徜徉在图书馆的期刊室，随手抽出一本刊物，是2010年第2期《文学评论》，你百无聊赖地翻翻，无意中看到其中一篇《"文学与记忆"学术研讨会综述》。你带着不屑的神情多看了一眼。你被记忆的丰富内涵和神秘吸引了，你尊重自己的感受，觉得自己可以研究一下（其实就是可以写一篇论文）。此时，你将首先仔细阅读这篇文章，虽然很多概念还不懂。你不过是大三学生，还没有这方面的积累，教科书上也没有提到这个问题，这是一个挑战。那么多作家和学者共同讨论这个问题，你觉得这个问题应该是有意义的。你再看看他们的发言，都是在谈论自己心目中的记忆。是不是这样呢？你首先当然可以查查百科全书，因为这是个心理学名词，你可能要查心理学卷。你听从本书的建议，到知网搜集关于记忆的综述，你发现与文学相关的综述只有两篇，一篇是手头这篇综述，还有一篇是《"历史·记忆·文学"学术研讨会综述》，后者是外国文学相关的话题。你认真阅读这两篇综述。知道女性主义与历史记忆，族裔文化建构与身份认同，记忆与文学，创作与作家个人记忆，文学与民族集体记忆，媒体与历史再现等话题。可惜不是研究性的综述，所以里面单篇论文的线索几乎没有，只有一些学者的名字，将来可以作为关键词搜索。但是先以"记忆"和"文学"为关键词，搜索单篇研究论文。你会搜到几十篇，其中二十几篇是与文学和记忆关系紧密的。看这二十几篇的摘要，写作家与文化身份的有《种族的记忆，文学的救赎——论奥兹克的"礼拜式文学"》（博士论文），研究创伤心理与记忆的《文学中的创伤心理和创伤记忆研究》，研究作品叙事方式与记忆的关系的《从个人记忆到集体记忆——从青春之歌看"革命文学"叙事的重构》，研究地方作家地方记忆与地方文学关系的《寻找"上海"：文化记忆理论与上海文学研究》，研究作家历史记忆对创作的影响的《历史记忆文学》（硕士论文），探讨作品与历史记忆的关系的《历史的记忆与文学的重构——刘震云〈温故一九四二〉中的历史叙事》，讨论历史叙述、记忆与文学关系的《记忆、历史、文学》，谈论文学与记忆的抽象关系的《文学：记忆的邀约与重构》，写抗战文学中的特殊体验对文学的影响的《战争、文学和个人记忆》《战争记忆与战争文学》，思考历史话语与文学话语关系的《交汇与互动：文学、历史、记忆》。还有没有摘要的，阅读其开头和结尾，如果开头结尾没有提供信息，就跳读每段的头一两句话。排除了几篇主要研究历史记忆作为文学内容、比喻色彩强烈的作家访谈的论文以后，留下十余篇。大概可以把握这里的主题无非是地方、历史、身份、叙事、问题主要是这些带有记忆痕迹的概念与文学、创作、作品的关系，涉及记忆与作品、记忆与作家。你的学力有限，所以你排除了那些艰深的篇目，你选择几篇著名学者和核心刊物发表的文章。

下面可以选择其中的可靠的文章，看摘要的语言、表述，浏览一下文章的参考文献中与记忆直接相关的文献较多的，以及著名学者发表在著名刊物上的。只有几篇论文被引用过，也可以选中。细读这些论文，可以发现这些文章对于文学与记忆关系的话题具有奠基之功，有的讨论比较深入，但是也存在对记忆的理论，西方理论来源不清等问题。有的思考得不够深入，或者没有想清楚，或者用文学记忆这个时髦的词指的是旧东西。

因为你是刚进入这个话题，而且你还不足以解决这些问题，但是你需要先更多了解这个概念。因此你想看到一些对文化记忆、文学记忆论述比较多的论文，因此你排除了研究作品的论文。你选择了《文学：记忆的邀约与重构》（作者正好是你随手抽到的那篇述评的作者，缘分啊），《在历史与记忆之间：文学记忆史的建构》。你还搜索到一篇《当代中国文学理论研究的范式反思》，其中有文化记忆的一部分，虽然你还读得半懂不懂，但是看起来似乎是追溯这个概念的源头的（你是个严谨的人，不清楚的概念你用起来不放心，这很好）。有了这几篇文章，你可以学习到文学记忆的概念和理论。你如果坚持到底，可能会选择一个文学理论的题目。

这些理论问题如果对于你太深了，或者如果你的目的是运用这个概念来立竿见影地学着分析作品，那么你就会选择那些运用这个概念分析作品的论文（你要冒着跟着人家用错概念的危险），不过你是初学者，你做错了没人怪你，就当是交学费了。那么你就思考一下有什么自己熟悉的作品是里面可以通过文化记忆这个概念，让你对它产生疑问的。你甚至可以就他们解决的具体问题发问,你也可以以挑战者的姿态再次阅读读过的几篇文章。不过,这里不提选题的方法,只讲选题时的阅读方法。此外,你还可以读读会议上的发言,看看有没有可以启发你的。

因为这个题目是新题目,他们的参考文献几乎得不到相关文献的扩展。大概能够扩展的是几篇与该概念可能有关的理论著作:《情感与形式》(朗格)《元史学:19世纪欧洲的历史想像》(怀特)《论集体记忆》(哈布瓦赫)《社会如何记忆》(康纳顿)《为了忘却的集体记忆》(许子东)《社会记忆》(韦尔策)。

通过以上搜集和阅读,基本判定,目前这个话题还缺乏理论建设,最好的选题方向应该是理论。

这个例子涉及"查"和"阅",没有截然分开,因为两者本来就是纠缠在一起的。一边查一边阅,带着目的查阅,根据查到的文献情况,决定如何阅读。

二、选题初定后的阅读法

(1)选题确定以后,围绕初定的选题,剔除与论题无关的,细读与论题有关的论文和专著,并做笔记。搜索新的与选题有关的论文和专著,读摘要中最后的两三句话和结论,它会告诉你,研究者研究了些什么东西,做出了什么贡献,与选题是否直接相关。

(2)对于权威的、完备的,有典范意义的而且研究相同问题(或者直接相关)的论文,多次阅读全文。搜寻对于你有直接关系的论点,并做笔记。

> 批注:开始可能不一定能判断它的真实价值,先认真地读几篇,很快就找到有价值的了,不怕不识货就怕货比货。

(3)对搜集的研究对象的材料加以判断是否原始,注意出版时间,要使用最可靠、最接近你论述时间区域的版本(经常就是最早的)。细读研究对象的材料,做笔记。

提示——①找选题时期的阅读方式与整理材料时期的方式是不一样的。阅读阶段不同,读文献的要求也不同。重要文献需要精读,读熟,因为这很可能将来是你对话的对象。与之相应,多数文献是需要泛读的,可能只需要读读题目,可能只看看摘要。②选题初定以后的阅读主要目的是继续验证论文选题的价值,搜集反驳对象,搜集支持你推理的材料,寻找与论题有关的研究对象中的材料。③阅读综合型论文(参阅本书第八章第二节)时,阅读应该特别注意作者转折的地方,每一个总结的地方。④要有意识阅读高水平、权威的期刊文献、某个领域或专题中的经典文献和文献综述。⑤对文献的熟悉程度不同,阅读文献的方式大不相同。新手学习式阅读,逐字逐句,搞清细节,掌握最基本的知识点。最初的十几篇要精读。老手搜索式阅读,已熟悉各种研究的常见模式和一般套路,能够迅速提取关键信息,把握思路,经常不按常规顺序阅读。⑥不一定第一手的材料就是最真实的,一般而言都是真实的,但还是要留个心眼,小心材料被伪造。

名言金句

"很多同学怕读了前人著述,自己再写的论文只能是复述和抄录它们而提不出新见解,这是不必要的顾虑。这里的关键在于，阅读前人著述时是否自己随时钻研，刻苦思考，一一重新检验它。"[1]

——王世德

"凡做考证的人，必须建立两个驳问自己的标准：第一要问，我提出的证人证物本身可靠吗？这个证人有作证的资格吗？这件证物本身没有问题吗？第二要问，我提出这个证据的目的是要证明本题的那一点？这个证据足够证明那一点吗？第一个驳问是要审查某种证据的真实性。第二个驳问是要扣紧证据对本题的相干性。"[2]

——胡适

第二节　如何做笔记？

一、笔记的内容

笔记中只记两个东西：事实和观点。

批注：事实就是与你的研究对象相关的那些事实，观点就是别人研究的与你的问题相关的观点，以及自己对事实和别人观点形成的观点。事实指的是名字、日期、地方、事件、趋势等，包括所有人、事、物、时、地、因。观点指没有时间性空间性的抽象看法。

例1

关于"萧红小说散文化抒情、绘画化写景的特点如何形成的问题"，可以记录以下内容：

观点

鲁迅：越轨的笔致。

茅盾：它是一篇叙事诗，一副多彩的风土画，一串凄婉的歌谣。

艾晓明：萧红小说《呼兰河传》并非公认的抒情作品，而是戏剧性的讽刺之作，运用反讽手段，通过众声喧哗中的奇闻轶事建立了萧红个人成熟的小说文体形式。

申倩《论萧红小说的修辞特性》：萧红的言语方式是独一无二的，因"稚拙"而带来新鲜和别致，具有独特的修辞特性。

杨丽娟《论萧红小说的绘画美》：萧红善于运用绘画中的空间布局意识设置小说的叙事结构，用白描手法勾勒人物形象，以画入文，成为现代文学史上独特的风景。

阎志宏《萧红和中国现代小说散文化》萧红将散文的抒情、议论、叙事、写景功能引入小说，淡化情节，通过景物烘托人物的情绪变化，达成了小说的散文化，创造了独特的"萧红体"小说。

罗琼、沈醒东《萧红小说的"花瓣式"结构》："萧红小说的章节联结在一起，不是依靠情节，而是依靠意象……为'花瓣式'结构"。

……

事实

《呼兰河传》的情节：小团圆媳妇的命运，她不知道害羞，婆婆用大缸给她当众洗澡，

---

[1] 王世德.怎样写学术论文[M].北京：北京大学出版社，1981：25.
[2] 胡适.胡适文集.（10）2版[M].北京：北京大学出版社，2013：190.

洗澡的时候请大神，吸引人。

《生死场》中，村民生死轮回的"生死场"。

……

提示——①事实是那些凭借你的直觉觉得可以解决某一个问题的事实。凭直觉就好，不一定真的用到。②人家的观点只记录你同意或者你反对的，当然也要与你的问题相关。③像洗菜、切段和焯水等工序是炒菜前对菜的初步加工一样，你的笔记也应该对材料有选择有加工。④前人文献的作用：给你提供可靠的观点（理论材料），让你进一步推出新知识，找到自己问题的解答；给你提供靶子，找到疏漏处，成为你的问题生长点。⑤阅读前人文献，可以搜集其中的引文，如果使用，一定要核对。记住，不能依赖这些常用的材料，只能把它们当作基本的材料，最好补充新材料。

二、笔记的形式

（一）"摘录原文"的方式

> **批注**：摘抄重要的观点、数据、时间、地点等。

例 2

茅盾："没有贯串全书的线索，故事和人物都是零零碎碎，都是片段的，不是整个的有机体。"（《呼兰河传序》，黑龙江人民出版社1979年版，第8页。）

直接记录是因为这句话典型地描述了茅盾心中的印象和对她的批评，用自己的话转述会失去其神采。这句话与论题"诗化小说的特点如何评价"有关。引文的出处是不可或缺的，而且要保证紧紧跟着引文后面的双引号。无论以后如何移动，都必须保证在一起。

提示——①这类直接援引作者语言的段落，必须是作者有特色的、值得记住的或者特别有力的、措辞与众不同的段落。②摘抄材料的时候，要把材料的字词抄准。最好把引文的背景也注明，注明作者针对的对象和解决的问题是什么，根据什么发这番议论的等。③应该将作者（或编辑者、译者）姓名、书名（或文章名和杂志名）、版次（或期次）、出版信息（包括出版城市、出版社和出版时间）、页码等都记清楚。笔记内容要完整、准确，不然还需重新查阅，浪费时间、耗费精力，有时根本找不到。往往有人在临近交稿期限了，却为一个小注，急得团团转，最后实在找不到了，只好用错误的标注充数。一个疏忽变成了学术上的不严谨、不规范。④千万不要漏掉引号。你很可能把这些话放到论文中当作自己的，结果造成不经意的抄袭。

（二）"提要（转述，改写）"的方式

> **批注**：用自己的语言忠实地概括文献内容。

例 3

现代著名评论家茅盾在为《呼兰河传》作序时指出，全书没有贯串全书的线索，其中的故事和人物也都是零零碎碎的，不是整个的有机体（《呼兰河传序》，黑龙江人民出版社1979年版，第8页）。

把他人的话用自己的话叙述出来，尽可能不损失原意。这些内容在放到自己的论文中时，

会根据你援引时的态度，文字方面也会发生变化。比如对茅盾的这句评价，可以说"茅盾在为《呼兰河传》做序是就明确指出……"，也可以说"茅盾在为《呼兰河传》作序时竟然认为萧红的这本书没有贯串的线索，人物也零零碎碎……"。出处也不能丢掉，用括号括起来，紧紧跟在提要的后面，不能在提要内容的里面。

提示——①大多数情况下，在论文中你应该更多改写而不是直接引用别人的话。所以在记录材料时就努力理解材料的意思，接着用你自己的字词精确地表达出来。保证你是正确地理解了引文，不至于断章取义。②如果改写足够好，它们可以直接进入你的初稿。③如果自己不能确定所参考的资料今后是否能用得上，那么最好先写一个简短的概要，并加上详细的注释，以后可以直接找出原文。等论文的整体框架确定下来之后再进行取舍。④对别人的论文主要摘抄其中的观点和材料。各层次的分论点，这些论点是不是都是他的论证结果，如果是就不能抄袭，写上作者的信息，如果是引用他人的观点，也可以摘录下来，但要核对原文。

（三）"札记"的方法

例4

批注：自己的心得体会。

第一章写呼兰河从南到北，从东到西两条街和繁华的十字街口，居住在这街上的人，会无聊地朝疯子投石子，"或是做着把瞎子故意领到水沟里边去的事情"。人们不相信现代的牙医，即使是淹猪淹马的大泥坑，他们也是任其泛滥，祸害百姓。表现的是呼兰河人的现实生活，反映了他们普遍对活着的人缺乏同情的状况。可能表达了作者隐藏的批判和对弱者的同情（《呼兰河传》第一章，黑龙江人民出版社1979年版）。

如果是事实材料，你用自己的话简单叙述一下事实，然后问："作者这样写目的何在？""这个事实表明作者的什么思想和感情？""反映了什么事实真相和普遍性的规律？"要努力从事实中推论出某种抽象的判断，或者是动机或者是规律。如果是观点材料，你就要给出同意或不同意的判断以及理由。可以问问："作者做出这样一个论证是否蕴涵有内在的矛盾？""是否依赖于一个不太可靠的前提？""是否会导向一个十分不良的推论？"总之，对材料进行演绎，假设，每一条得出一个概括的看法（追溯原因，意味，现象的本质）。这里对于《呼兰河传》中的第一章的内容进行了概括，然后说明这样写在客观上形成的深度，猜测其主观上表达了批判和同情。从这个材料中，其实并不明显地表露出她的情感，但是你可以合理地推测，等待以后的内容来加以印证。如果得不到印证，可以删去，或者看看能不能拯救。

提示——①小心地把你自己的札记和评论与援引和改写区分开——用不同颜色的墨水或者用特殊括号括起来，或者干脆分开记录（这样不太好，因为使用不方便）。②札记中的观点是通过提问获得的。这些想法中有价值的将会变成你研究的指导，让你发现更多相关材料。③做笔记的时候，应该同时将各种材料与计划中的论文联系起来，对其中的观点和事实提出与论题有关的评论。④对材料你应该有一个观察角度和观点。记住：材料是具体的，包括方方面面，你总要站在一角度去看，你要把别人拉到你的位置才能理解你的观点。⑤琢磨事实和观点背后的信息，有很多信息，只选择与你的问题有关的信息。⑥做札记的材料的出处一定要记录清楚，包括文献的作者、题目、发表年代、期卷、页码、版本等信息，除非不会发生混淆，容易查对，否则不要省略页码。⑦在做札记的时候，就要"大胆假设"，即对于零星的材料使用不完全归纳法，运用联想，大胆引申。大胆假设的方法——（a）运用其他背景材料激活目前的材料。如你在笔记中记下高一涵有关自利利他的言论，于是联想到严复此前译有《群己权界论》，可以提出问题：高一涵的区分是否受到严复译著的影响？实际上，表面上并没有看到任何证据指向这个影响。下面需要的就是搜集新材料来证明这个疑问或者猜测。（b）追问观点背后的逻辑和隐含的前提。如你还是在笔记中记下高一涵论述自利利他的言论，你可以提出问题：高一涵的区分是由于受到国外学者的启发才做出这个区分的，还是因为中国现实让他有这个区分的？找出他的深层目的。

名言金句

"另一方面，也要防止急于求成，为了急于形成自己论文的论点，匆匆忙忙地翻阅材料，断章取义，没有弄懂别人著作的原意，就乱摘乱引，只取对己有利的材料。不要歪曲、阉割原意，不正确地引用材料，为己所用。应该按照它们本身的面貌，认真弄懂它们的原意，然后再正确地从中得到启发、参考、借鉴和指导。"[①]

——王世德

做笔记的方法。

第一步　在电脑里建立一个文件夹，凭直觉给它一个自己觉得不错的名字。在里面再建立若干次一级的文件夹。给文件夹取名，比如"网上资源""扫描件""pdf文件"和"照片"等。也可以按照主题，也可以按照载体种类或者材料的来源（好处是保持摘抄文献的原样）……总之，只要方便你区别存放材料就可以了。接着在各个文件夹中建立若干文档，仍然是按照方便和个人特点取名。当然也可以使用个人图书馆管理系统，如 endnote 和 e-learning 等。但是对于文科来说，这些系统似乎优势并不明显。当然文档也可以不加分类，把所有笔记都写在一起，当需要寻找时再搜索。

批注：优先选择使用电脑，然后以纸质笔记为辅。（如果使用电脑不方便则除外。）

提示——①经常存盘和备份你的笔记。②再重复一遍，每条记录都要记下各种出处信息。把在网上找的网页，按照网页储存起来，注上网页的发布时间。③注意移动资料之前，一定要备份在一个单独的地方。加入了新内容的话，也要把相应部分添加在备份文件的后面。目的是不丢失，并保留原始信息。④当你从任何新材料中摘录笔记时，一定把文件的名字加到你的参考文献中去。

第二步　使用纸质卡片，对那些没有电子版的材料，加以记录，也可以使用笔记本。

提示——①应该将前面列出的各种必需的信息记录在卡片上。②每张卡片写一项，这样便于材料的分类、追加和剔除。每张卡片都要加上简明扼要、一目了然的标题。要将卡片按顺序排列好。按主题分类或者按项目分类。比如关于知识的主题等，关于老舍的主题等。为了写作论文，用主题分类法较好。按照一定观点把材料编成组，这里的观点可以是综合而成的观点，也可以是自己拟定的观点。项目分类法适合于平时的积累。平时积累，还可以使用笔记本，并且标上序号，以便于查找。

[①] 王世德.怎样写学术论文[M].北京：北京大学出版社，1981：27.

🔷 **名言金句**

"若问读书方法，我想向诸君上一个条陈，这方法是极陈旧的极笨极麻烦的，然而实在是极必要的。什么方法呢？是抄录或笔记……当读一书时，忽然感觉这一段资料可注意，把他抄下，这件资料，自然有一微微的印象印入脑中，和滑眼看过不同。经过这一番后，过些时碰着第二个资料和这个有关系的，又把他抄下，那注意便加浓一度，经过几次之后，每翻一书，遇有这项资料，便活跳在纸上，不必劳神费力去找了。这是我多年经验得来的实况。诸君试拿一年工夫去试试，当知我不说谎。"①

——梁启超

小技巧——怎样快速在电脑上做笔记②：①使用扫描仪的 OCR 软件，可以把扫描的文字转换到电脑中进行编辑。②使用数码相机和手机。方法是在电脑中安装 doPDF 和 CAJViewer，把用手机或相机拍的照片插入 word 文档，打印该文档，选择从 doPDF 打印，用 CAJViewer 打开打印出来的 PDF 文件。点选文字按钮工具，选择文字识别，选取需要的部分，右击选择发送到 word 按钮，就可以转换成 word 文件了。

提示——①照片一定要清晰。②对识别的文字一定要认真校对。

第三节　如何整理观点并完善大纲？

整理观点和完善大纲的做法可以分成以下几步。

🔷 **做法**

第一步　把材料一条条摆在一起。对与主题相关的所有笔记都要认真解读。在每条材料后面都有你的评论。把评论放到材料的前面，并按照观点进行分类组合。一样或者近似的观点，合并在一起；几条材料合在一起产生新意义，需要新评论的，在后面加上新的评论。重复以上做法，使形成许多由观点引领的事实材料。

例1

第一章写呼兰河从南到北，从东到西两条街和繁华的十字街口，居住在这街上的人，会无聊地朝疯子投石子，"或是做着把瞎子故意领到水沟里边去的事情"。人们不相信现代的牙医，即使是淹猪淹马的大泥坑，他们也任其泛滥，祸害百姓。表现的是呼兰河人的现实生活。第二章写呼兰河人的精神文化生活，"如跳大神、唱秧歌、放河灯、野台子戏、四月十八娘娘庙大会……"在这里，人是被忽略的，人只是鬼神的奴仆和陪衬。这就是萧红渲染和铺排的呼兰河这个大舞台的场景：因循守旧、迷信落后、得过且过、欺弱怕强，这样的背景、这样的愚民，要演出怎样的悲剧？

[这段札记是第一章的札记与第二章札记的合并，在后面又加以新一层的评论。]

---

① 梁启超. 梁启超全集 [M]. 北京：北京出版社，1999：4242-4243.
② 方法来自网友。

提示——①不断精确地定义你论点中用的术语。②再强调一遍，不是在材料搜集结束后才开始整理的工作，而是边收集边整理，边整理边扩大收集范围和收集材料的方向。③整理笔记就是写作论文的开始。整理笔记就是整理出观点。④找到一个得到较多且有力证据支持的观点就记下来，但是可用不可用还要看有没有价值，有没有人提过，能不能融入你的提纲，或者需要不需要，值得不值得改动提纲。⑤分析材料绝不是收集材料以后做简单的归纳，而是要有大胆的假说来引导。⑥不能"先入为主"，以自己头脑中原有的观点或看了少量材料后得到的看法去决定取舍（不好的情况是，只看一点材料，有了一点看法，就急于动笔）。⑦不要忘了提纲，提纲是处理材料的利器，列提纲保证阅读分析材料的时候是有目的的，保证我们的研究方向。提纲也是扩展材料范围的利器，提纲提供的逻辑框架能够提示你还需要哪方面的材料。不断努力去理解、分析、总结和重新梳理假设，比起等资料收集结束以后才加以组织，更为有效。

第二步 其实应该大体与第一步同时，围绕选定的问题，把初级大纲细化。细化的方法是把中心问题分成若干小问题来加以解决，每一个小问题又分为若干更小的问题。这些问题的答案将与材料中提出的看法相比较。

提示——问题怎么分？按照分类、比较、特征属性、全体与部分、归纳、原因与结果等关系来分成上下级。具体来讲，可按照以下几种方法划分。

①并列法。即表现为几个观点或几个问题、几类事情或若干事件并列在一起，形式上彼此独立，内容上共同为说明主题服务。这些内容（任务、原因、措施、成绩、经验、体会）没有谁先谁后，谁主谁次的区分。但须注意的是，各层次之间必须有内在的联系，不能互相矛盾、重复、包容，分类的标准、角度要一致。

②递进法。说明主题（问题）的各个层次的内容，或者是按照事情发展过程的先后次序，或者是按照事理逐层深入的关系来安排层次，这些样式就算是递进法。用递进法安排层次，有明显的逻辑上的严密性，人们容易理解和接受。要注意的是，事情和整理的先后顺序必须是确实存在的，而且是实质性的，否则，也不能很好地说明问题。

③因果法。任何问题的发生总有其原因，任何做法、事态的发展总有其结果。层次的安排可结果在前原因在后，也可原因在前结果在后。可能出现的结构：立场——理由——事例——立场；问题——原因——解决办法；过去——现在——将来。外国学者的意见是，"你可以系统第提出四种分析性的问题：该题目的结构（composition）、历史（history）、类别（categorization）以及价值（values）。[①]"

④论文的最终论点是你对中心问题的回答。这可能与你工作论点相同，或者非常不同。如果你的研究显示你原初的论点非常不正确，这也是很好的。更普通的情况是，你的论点将是工作论点的修正——也就是，原始论点由你研究得到的新事实、新观点修正了、加深了、清晰化了和强化了。

---

① ［美］韦恩·C.布斯，格雷戈里·G.卡洛姆，约瑟夫·M.威廉姆斯.研究是一门艺术［M］.陈美霞，徐毕卿，许甘霖，等译，北京：新华出版社，2009：41.

📖 名言金句

"做学问就是要'聚',要'辨'。'聚'就是集中材料,'辨'就是分析研究。要从左右前后,正面反面,多搜集些资料,用历史唯物主义的态度,进行全面的分析、对照,然后才能达到真实的或者接近真实的结论。下结论时,最好自己多设些疑难,多找点材料加以印证。"[①]

——张世英

第三步 选出有说服力的与选题有关的观点和问题。特别要把独特的、有价值的观点尽可能放入第二步形成的大纲中。如果大纲要改动,则改动它。把上面分类出来的有价值的观点,也进行归类,看看这些观点构成什么关系。是因果关系?是递进关系?是从属关系?并列关系?并尽可能把形成的框架放入大纲中,如果大纲应调整,则调整之。总之,与第二步中形成的逻辑框架尽可能互相启发、互相引导,统一到一个逻辑框架之中。尽可能把理论和大纲与你积累起来的可靠的新看法融合到一起,形成一个符合逻辑的观点网络,并且保证最后的中心观点是有价值的。与此同时,把这样合成的新大纲再来反观你的材料搜集情况。大纲上有的问题如果没有相应的材料来支持,那么就不得不重新启动材料收集,扩大搜集材料的范围,并注意搜索与你预想不一样的材料。你要不断质疑你理论所建立的框架。

提示——①把解读后的笔记一条条分类,把同类看法的材料放在一起。同类材料越多,那么这些材料所对应的观点就越可靠。②这个阶段的大纲应该经过逻辑需要和材料现实之间的妥协和凑合而成。③当你的逻辑和材料的理论化相互结合,形成一个稳固的框架,搜集的材料再也不能增加理论新发现(社会学称为"理论饱和")时,就可以考虑停止材料搜集。④这样做可以引导你发现什么观点没有材料,哪些观点需要补充搜集材料。提纲是个文本,是写论文遵照执行的东西,但粘合的东西更重要。一把好的伞不仅在于骨架形状好不好,还在于骨架牢不牢。⑤以前的做法是反对用主观框架来引导材料整理的,但是那样做很可能失去方向,缺乏问题意识。当然如果完全靠归纳材料能够找到自己的问题,也不是不可以。打个不太恰当的比喻,理论和大纲就像盖房子的脚手架,没有它楼房盖不起来,但是最后房子还是要用事实来做它的身体。不要对理论抓得太紧,以至于影响了你从现实材料中提出见解,只有从具体细致的阅读中获得的才能是新看法。当然论文提纲可以指导材料的取舍,作用也很大。⑥论点要从具体分析实际材料中产生出来,可以先有论点,但是不要坚持这个论点,对于通过直觉得到的论点应谨慎,因为你没有基础,或者基础本身不牢靠,你更应仔细论证,批驳自己的论点,不能被自己的观点骗了。⑦第二步与第三步合在一起,就是"<u>两头夹</u>"的方法。⑧使用卡片的编辑方法:把电子的笔记统统抄为卡片,只抄编号和观点就行。然后把这些卡

批注:所谓"两头夹"就是一面用理论和大纲引领,一面通过阅读研究对象,寻找可以回答问题的材料,进行归纳,两者相互靠近。这种方面克服了以理论推想和单纯对象分析这两种片面方法的弊端。既有材料又有问题。一面从理论从可能的问题出发,看看需要建立一种什么框架,同时对搜集的材料加以分析看看有什么新鲜有意义的观点,可以放入这个体系之中,两者相互适应。最终要取决于材料,但是开头的引导也很重要。

---

① 张世英. 怎样写学术论文[M]. 北京: 北京大学出版社, 1981: 65.

片一片片地读，把内容相关的卡片归在一堆。把一堆里的各种观点加以引申，把新想法立刻写成卡片放到高级的一堆里，并且标记上与低级卡片堆的对应关系。再读高级堆里的观点，再加以引申，形成更高级的一堆，如此递进，直到找到一个中心观点（为了区别不同级别的卡片，要用不同颜色的纸片、笔迹或者其他方法）。第一、三两步大体类似这种操作方法。

故事

有个商人叫理论，还有个地主叫材料。理论向材料收购小麦，材料说："我只有这么多。"理论说："我全收了，但是还要油菜籽儿。"可是材料两手一摊，犯难了，说："这个时候哪里有油菜籽儿呢？"理论说："请你务必帮帮忙。"地主只好到他的各个农民手上去征，结果还真找到了一些。理论又提出要甘蔗，地主说："本地是北方哪里来的甘蔗？"理论不依，材料又去找，自然是找不到的。但理论又逼得急，材料被逼急了，拿起量米的大斗就砸向理论，理论额角流血地跑了。

名言金句

"对史料进行概括，不能停留于简单抓取史料现象中共同的东西，而要同时进行分析，探究其原因。只有这样概括出来的东西，才有可能是深刻的。"①

——张世英

第四步 如果需要放到你的观点网络中构成一个环节，就要检验一下有没有人提过，尽可能剔除陈旧的观点，找到自己提出来的有意义的观点，用它们来发展你的大纲。需要注意的是如果一个有价值的大问题，下面有些小问题是别人解决过的，这些小问题也要保留，这时记住不要再用这些材料来论证那些相同的观点，直接标注别人的名字和出处就行。当大纲和材料相互综合基本实现动态平衡时，把所有你要选的支持论点写在纸上后，它们应该形成一个逻辑体系。最后再检查一下这个大纲，看看这个提纲已经足够了吗？结构是否合理地由几个问题组成？有没有什么多余的？材料是否都是典型的？是否每个问题都有材料支撑？问题已经彻底解决了吗？说服力强吗？如果还要完善，重复上面的过程，如果觉得很好了，基本上大纲就可以定型。

例2

旧大纲：

（1）我在研究萧红小说的独特性。

（2）为的是要了解萧红小说的诗化特点是如何达到的。

（3）以便帮助读者正确评价萧红的文学史地位。

新大纲：

（1）题目——论萧红诗化小说的个人记忆

（2）作者

---

① 张世英.怎样写学术论文［M］.北京：北京大学出版社，1981：60.

（3）提要（不要写一个摘要，可以等到论文结束后再来完成。这部分包括要解决什么问题，通过什么方法，如何解决，中心论点大概是什么）

我要研究萧红小说的独特性，通过分析其全部小说，特别是《生死场》和《呼兰河传》，将她完整的短篇小说与长篇的对比，认为她的散文化可能与她的习惯于用记忆的片段而不是宏观的理论视角有关，这种方式与她的生活经历和性格直接相关。

（4）导言（前两段应该完整地写出来，虽然以后你还要不断地重写，直到论文投稿之前。请回答以下问题：为什么这个研究是重要的？为什么我要做这件事？有哪些人做了哪些事？有什么不足？读者从论文中得到什么？最有趣的地方在哪里？）

研究这个课题因为萧红的独特性一直是一个谜，从理论上不能不质疑她，而从读者的感受来说，萧红的诗化小说又是独特而美好的。研究其独特性的由来既是个老问题，又可以具有新意义。对于作家发掘个人经验，加以美学处理，或许有借鉴作用。关于这个问题有……已经给出自己的答案，不足在于没有心理原因和作家姿态对于独特性的意义。我的问题是萧红诗化小说的独特性与她的个人记忆之间的关系是什么，读者从这个角度去理解萧红，可以发现萧红的魅力，正确评价萧红，确立她在文学史上的地位，也能发现作家的个人经验如何转变为有魅力的审美对象。

（5）正文

1.（分问题：诗化小说中的个人记忆有哪些？）

1.1 萧红长篇的个人记忆与其不连贯性的关系怎样？

1.2 短篇小说中的连贯性与其个人记忆的关系怎样？

1.3 诗化小说的篇幅怎样选择个人记忆？

2.（分问题：诗化小说如何变形其个人记忆？）

2.1 长篇对于个人记忆的加工方式和特点是什么？

2.2 短篇对个人记忆的加工方式和特点是什么？

2.3 诗化小说的篇幅如何改造个人记忆？

3.（分问题：个人记忆的片段性对于诗化小说审美特点的意义是什么？）

3.1 萧红个人记忆的特点对诗化小说形式的影响表现在哪里？

3.2 个人记忆的片段性对于萧红诗化小说形式的意义何在？

（6）总结或结论（回答以下问题：你是否清楚地知道自己的贡献是什么？为什么去写这篇文章？读者期待的结论是什么？哪些假说被证明了或是推翻了？我学到了什么？其他人会明白些什么？为什么产生区别？）

为了更直观，也可以将提纲转移到脑图中，最后，把提纲各部分排排序，把读书笔记卡片或者笔记的序号标注在提纲上。做法参阅第六章第二节第111-112页。

还可以画出表格，如表4-1所示。

表 4-1 《论萧红小说的独特性》大纲的表格法

项目		内容	我认为
题目		论萧红诗化小说的个人记忆	
作者		某某	
提要		略	
导言		略	略
正文	1.	略	略
	1.1	略	略
	1.2	略	略
	1.3	略	略
	2.	略	略
	2.1	略	略
	2.2	略	略
	2.3	略	略
	3.	略	略
	3.1	略	略
	3.2	略	略
结论		略	

提示——①提纲本身不包含文本，只包含观点（标题）。如果采用问题式表达，请务必带上观点。认真填写后面的"我认为"一栏，并且反复推敲修改。②保持简单，以便清晰。③开始动笔前，多次检查提纲，检查其中问题—观点之间的逻辑性，以及观点与材料之间的联系。④反复修改提纲其实比胡乱敷衍成文后，再反复修改初稿要更节省时间。

批注：论文提纲一般分为三种：（1）标题式提纲。用简要的词语概括内容，以标题的形式列出。在正文中一般可以作为主线、大的框框来处理。（2）句子式提纲。用一个能够表达完整意思的句子概括内容，该句子可以带有标点。（3）段落提纲。是句子提纲的扩充，常用来编写详细提纲，故又称详细提纲。本书为了加强读者的问题意识，设计了一种问题式提纲，（背后是观点）算是句子式提纲的变种。

名言金句

在你认为已经黔驴技穷时一定要坚持下去，这些额外的想法通常是最好的。

——佚名

"但是，有所失，才能有所得。一块毛料，寸寸高贵，舍不得剪裁去，也就缝制不成合身的衣服。为了成衣，必须剪裁去不需要的部分。此时所难的就在于要确定什么是需要的，什么是不需要的。情况明，方法对，才能决心大，才能毅然决然下手去剪裁。"①

——王世德

---

① 王世德. 怎样写学术论文 [M]. 北京：北京大学出版社，1981：28.

"没有大胆的猜测就做不出伟大的发现。"①

——牛顿

练习与作业

1. 请任选十篇论文，按照阅读的顺序阅读。

2. 对于上面选择的十篇论文（不必是相同主题的）做笔记，试着把这十篇文章（它们可能是关联性很小的）用自己的思想串联起来。

3. 试着选十篇论文，将其提纲还原出来，记住每一个分论点后面一定要有材料支持或者有分论点的支持。

4. 整理为自己的选题搜集到的材料。做笔记，归类，并与原大纲进行综合。

---

① 朱庭光. 外国历史名人传近代部分上册 [M]. 北京：中国社会科学出版社，1982：90.

第五章
Chapter 5

让人看看你的准备
——怎样写辅助性文字？

第一节 综述——怎样梳理文献？

一、梳理文献的做法

第一步 选题

撰写文献综述通常出于某种需要，如为某个学术会议、从事某项科研、为某方面积累文献资料等。文献综述选题范围广，题目可大可小。综述必须是最近的，未曾刊载过的课题。无论综述的时间段多长，都是到写作时期为止的。它的着眼点不在于总结学科某个领域的历史，而是面向未来，把最新的信息和科研动向及时传递给读者。选题方法仍可参阅本书第二章。

例1

《近十年白居易研究综述》

"近十年"是时间段。时间段可以很长，也可以较短，关键要有丰富的新内容。"白居易研究"是研究对象和论题范围，也可以缩小，如"白居易讽喻诗研究"，"白居易讽喻诗的技法创新研究"等。

第二步 搜集和鉴别

搜集属于论题范围和时间段的所有相关的专著、论文（包括期刊论文和会议论文），选出最具有价值的单篇研究文献或者专著作为分析对象。收集文献的方法参阅第三章第一、三节。

提示——①阅读顺序可以由近及远地粗读和浏览，最新研究的成果中可能帮助你判断前面文献的价值，提供更多文

批注："辅助性文字"是在形成论文的过程中需要的论文或者文字。这里讲综述和开题报告。综述表明你对相关文献掌握的程度；开题报告让导师看你对论题了解的程度。

批注："综述"有时叫"文献综述"，是作者查阅了某领域某一课题在某一段时期内（主要是到写作综述的时间为止）的相当数量的文献资料，经过分析研究，做出综合性描述的论文或者文字。包括某一方面问题的历史背景、前人工作、争论焦点和研究现状等内容进行评价，指出发展趋势。

综述是研究工作的出发点和基础。做综述是让论文建立在前人研究基础上的重要保障。目的是寻找有价值的课题，掌握前人对相关问题的解答。综述需要学力，但对专业学习也非常有益。阅读综述是进入学术领域的指南，所以写综述的责任很大。

批注：从某种意义上讲，所阅读和选择的文献的质量高低，直接影响文献综述的水平。阅读文献的方法参阅第四章第56-57页。

献信息。②搜集文献应尽量全。文献范围要全面，国内国外的论著论文都要兼顾。为了保证文献全，可以将搜索法与追溯法结合起来，但不要将可能找到的文章全部列入。尽量找有价值的的文献，判断标准为有较大的代表性、深刻性，可靠性，很可能是经常被引用的。③对每一项材料的来源要注明完整的出处。④材料要与论题有关。

第三步　摘要和评论

细读选择好的文献，在摘录的相关材料后面，用自己的语言写下启示、体会和想法。客观评论每个观点的学派归属、方法、潜藏的立场、论据、对于研究的推进程度和存在的重要不足等方面（这点很重要，有意识地积累评的内容，会为未来的综述添彩）。结合文学史、学术史和其他知识，判断这些观点的正确性、说服力、创新性和学术意义。站在学科前沿，做判断要有依据，理清学术观点的源流，观点产生的背景。指出已经有几种解决问题的路径，还有哪些路径可以做，突破现有的局限。对同一问题的不同结论要对比分析，做出是非的判断，探讨问题的解答出现分歧的原因、解决的办法。提出进一步要研究的问题和没有开展的方向（这些部分可能来自你评价前人观点时产生的想法，也可能来自框架建立过程中的思考和发现）。做笔记的方法参阅本书第四章第二节。

批注：放到学术的背景下去评判，不是任意地批评。

提示——①主要摘录问题和观点。②写文献综述，阅读文献很重要，分析文献要忠实于文献内容。论文本身的摘要可以参考，不要迷信（特别是在摘要还没写好的情况下），要自己去吃透文章。③笔记的内容未必写到文章中，但是这个过程对于形成判断非常重要。④要着眼大处，对于小的逻辑错误不必纠缠，不要给人以吹毛求疵之感。如果论文结构、逻辑有问题，其他的几乎可以不用讨论。⑤评论不一定要面面俱到，只选最有特征的，能反映研究发展状况和倾向的加以"评点"。⑥评论要一针见血，说理要透彻简明。

第四步　分类和写作

根据问题、文献作者的观点、角度和理论等任何一种角度来构架论文的结构。把第三步的评论连带摘要的内容，一起归并到结构中去。比如，先国内学者后国外学者；先"问题是什么"，接着是"有什么影响"，最后是"如何改善"；按照问题的不同"方面"（小问题）来分类。

二、综述的基本结构

1. 引论（交代做综述的背景，为什么做？时间范围？）

2. 正文（分几个方面把文献穿在一起，并加以评论，每个方面后面加上将来可以拓展的方向）

3. 结论（总体上判断研究对象的未来）

提示——①"综述"有时也被叫作"述评"。"述评"这个名称更突出了"评"的成分。述即叙述，介绍别人的主要观点，不需要展开。最后是评。述和评要结合，先述后评，重在评。②综述要有批判，但要客观公正。避免出现对自己的导师和认识的人多说，不认识的少说，对认识的和有名的学者多说好，对一般学者苛刻的情况。③态度平和，对同行和前人要有理解的同情。④不要大量罗列堆砌文章。引用别人的说法，也不宜大段摘抄，应准确概括，转述精当，选择最能说明问题的话，用自己的话概括。⑤应分清你的观点和人家写的内容。⑥字数可长可短，根据内容的多少决定，但是也不能太短。综述分为**大综述和小综述**。大综述以 5 000 字以上为宜，除非必要，5 000 ～ 8 000 字比较适中。

> **批注**：大综述是整篇文章，总结一个领域的文献。

> **批注**：小综述是某些论文，比如学位论文的一部分。小综述的目的除了介绍论文关注主题领域的学术前沿以外，更重要的是推出自己的论述和模型。所以，小综述并不强求非常全面细致的介绍，而是侧重介绍与自己的研究直接相关的研究状况。

三、大综述的写法

（一）题目

按照"研究对象＋研究综述"，或者"时间段＋研究对象＋研究综述"的格式设置综述的题目。

> **批注**：综述的原理是一样的，但是大小综述还是有区别的。大综述的基本构成：题目、作者、摘要、关键词、引言（前言）、正文、结语和参考文献等八个顺序的部分。因为大综述也是论文，其大部分写法与一般论文的写法相同，所以这里对一般论文的一些写作原则一并介绍。

例 2

《大历十才子研究综述》

《二十世纪九十年代以来卡夫卡研究综述》

> **批注**：研究对象

> **批注**：时间段

> **批注**：研究对象

提示——偶有省略"综述"二字的情况，但以不省略为宜。比如《明末清初文人结社研究》容易让人误会是对明末清初文人结社的研究，而不是对于前人研究的研究。

英译

1. 一般论文题目的英译

翻译为"前置定语＋中心词＋后置定语（介词短语、不定式或分词短语）"的结构。首先确定中心词，前置定语由形容词或名词充当，尽量用名词直接修饰名词。

三种格式：

（1）单词首字母大写，每个实词的首字母大写，冠词、连词、介词均小写，但 5 个字母以上的介词需首字母大写（如 Among；Between；Without）；另外，首词和末词的首字母永远大写（注意：It 和 Is 虽然很短，但一个是代词，一个是系词，在标题中都应该首字母大写）。

（2）第一个词的首字母大写，其余字母均小写（专有名词除外）。如"Syntactic innovation：a connectionist model"。

（3）全部字母大写。

提示——①按照中文翻译，但是又不要硬译。要注意修饰词的顺序，词序不当会导致表达不准。②标题勿用赘词冗语。可以考虑仅用"On…"或干脆什么都不用，直接译出标题中的关键词。英文标题中凡可用可不用的冠词均可不用，缩略词必须是学科公认的缩写形式。③标题中尽可能不用标点符号，如果要用，可以用冒号（colon）或者破折号（dash）。

> **批注**：过去论文标题惯用的"A Study of…""The Exploration of…""Some Thoughts on…""A few Observations on…"等表达方式，目前已少见。

④副标题常常表述研究类型，包括研究方法、研究手段和研究角度、研究性质等，如"比较研究""调查统计研究""个案分析"等。研究类型信息不可随意缺省，尤其是当研究对象不是新的，而研究方法、手段或角度与他人不同时。⑤英文正副标题间通常用冒号隔开。不要超过两行英文。⑥三种格式不能混用，以第一种为常见。

2. 综述的题目格式

An Overview of the Researches on …

General Review of …

例 3

An Overview of the Researches on Chinese Literature Study in the Past 10 Years（2008—2017）

（二）作者及其工作单位

直接标明对论文具有直接贡献的中文作者名。多位作者的署名排序按照对于论文的贡献度从高到低排列，之间用逗号隔开。

英译格式

外国作者的姓名写法遵从国际惯例。中文作者姓名用汉语拼音，姓氏的字母均大写，复姓连写；名的首字母大写，双姓（包括"夫姓＋父姓""父姓＋母姓"）之间用连字符相连，姓前名后，中间为空格。姓、名不缩写。

例 4

HUO Yuan（火源）， CHEN Ping-yuan（陈平原），OUYANG Zhe-sheng（欧阳哲生）

标明作者的工作单位，包括单位全称、所在省市名（省会城市可略去省名）及邮政编码，以便于联系；单位名称与省市名之间应以逗号分隔，整个数据项用圆括号括起。宜直接排印在作者姓名之下，也可以按照刊物的要求，注于地脚或文末，这时应以"作者单位："作为标志。

例 5

（陕西理工大学 文学院，汉中 723001）

例 6

陈平原[1]，王凤[1]，张健[2]，李怡[2,3]，毛迅[3]

（1. 北京大学 中文系，北京 100871；2. 北京师范大学 文学院，北京 100875；3. 四川大学 文学与新闻学院，成都 201205）

批注：不同工作单位的作者，应在姓名右上角加注不同的阿拉伯数字序号，并在其工作单位名称之前加与作者姓名序号相同的数字；若一作者属于多个与该文有关的单位，可将其一并列出；各工作单位之间连排时以分号隔开。

例 7

沈卫威[1a]，王彬彬[1a]，董国强[1b]，黄发有[2]

（1. 南京大学 a. 文学院；b. 历史学院，南京 210046；2. 山东大学 文学与新闻传播学院，济南 250100）

批注：如果多位作者属于同一单位中的不同下级单位，应在姓名右上角加注小写的英文字母，并在其下级单位名称之前加与作者姓名上相同的小写英文字母。

例8

陈泳超[a], 张丽华[a], 陆胤[b]

（北京大学 a. 中文系；b. 高等人文研究院、哲学系, 北京市 100871）

> 批注：如果多位作者属于同一一级单位，阿拉伯数字序号可省略。

（三）作者简介

1. 基本构成

作者的基本信息（姓名、出生年、性别、民族、籍贯/出生地）、简历信息（职称、学位、简历、研究方向等）和联系信息（电话、传真、电子信箱等）三部分，其中基本信息是必需的。

2. 格式

作者简介：姓名（出生年－）、性别（民族——汉族可省略）、籍贯、职称、学位、简历、研究方向（籍贯以后各项任选）及电话、传真、电子信箱等信息。其他作者简介相继列出，其间以分号隔开，最后以"。"结束。

例9

作者简介：乌兰娜（1968—），女（蒙古族），内蒙古达拉特旗人。副教授，博士，1994年赴美国哈佛大学研修，主要从事蒙古学研究。Tel：471-6660888, E-mail：ulana@chinajournal.net.cn；火源（1968—），男，南京人。副教授，博士，主要从事中国现当代文学与文化研究。Tel： 0916-2641500，E-mail：hy7630@sina.com。

> 批注：摘要是对论文内容不加补充、解释和评论的简短陈述，描述正文重要内容的短文，是论文信息交流（为读者）和检索（二次文献编纂）的需要。以帮助读者快速掌握论文内容梗概为目的。
>
> ①报道作用。读者可以从摘要中知道论文的主要信息，方便了读者，起了报道作用。
> ②索引作用。摘要是二次文献的著录内容。
>
> 学术论文摘要应该是摘要类别中的报道/指示性摘要，即以"摘录论文要点"的形式，向读者提供全部创新内容和尽可能多的定性（新发现、新方法）信息。以报道性摘要的形式表述文献中信息价值较高的部分，而以指示性摘要的形式表述其余次要部分的摘要。

（四）中文摘要

1. 基本构成

摘要（或者"内容提要"）：研究的目的（研究的前提、目的和任务，所涉及的范围）、方法（原理、理论、条件、材料、手段、程序等）、结果（研究的结果、具体的观点，连成几句连贯句子的重要的中心论点和分论点等）、结论（概括总结以及建议、可能的启发等）。

综述的摘要略有不同：写综述的目的，从哪几个方面分析，每一方面的总的特点和总趋势（用"介绍了……""分析了……"等句式概括内容），提出个人对整体研究状态的评价和研究趋势的看法（用"指出……""提出……""分析表明……"等句式概括看法）。

> 批注：有的书上严格区分摘要和提要，这只是从字面来理解的，实际上，abstract本来就是用summary来解释的，在这里其实并不是那样严格不同。应该说是提要的形式写的摘要。提要里必须包含摘要。

> 批注：为什么研究

> 批注：怎么研究

> 批注：研究的观点

> 批注：观点的影响或意义

提示——①目的项和结论项可写简单些,其他项写细些。②不必害怕千篇一律。③摘要脱胎于论文,也脱胎于大纲。④摘要中信息最集中。达到的效果是不阅读全文,就能获得必要的信息,是一篇完整的独立的短文(独立性和自含性)。⑤应用第三人称写。不要使用"本人""本文""作者""我们""笔者"等作为陈述的主语。"本文介绍了……。","本文报道了……"中的"本文"做主语,语法和逻辑是对的,但根据GB6447—86的要求,"本文"也必须删去。⑥切忌重复题名中已有的信息和罗列段落标题代替摘要。⑦可以使用论文中对应的句子。⑧不要采用中心思想的写法。一个好的摘要应字字推敲,力求做到"多一字有余,少一字则不足"。⑨你写不清楚就说明你还没想清楚,你想不清楚你就一定做不好研究。⑩他人的研究、理论等不要出现在摘要中。⑪摘要不要写常识,不加注释和评论,通常也不举例证,不用图表、公式。⑫短篇论文的摘要一般不分段。硕博士论文摘要需要分段。⑬摘要要讲语法和逻辑,口气尽可能与正文一致。⑭中文摘要一般要求200～300字,也可以适当加长。⑮如采用非标准的术语、缩写词和符号等,均应在第一次出现时予以说明。⑯学术会议发言介绍自己的论文,发言提纲可以参照摘要的结构。

例10

摘要:通过对中外文学艺术作品中的怪诞现象的探源和浅析,认为怪诞是一个流变的概念。初步概括并分析怪诞的审美特征:反常的构成原则;混合恐惧和滑稽的震惊感;双重的功能价值。怪诞与滑稽的区别主要在于反常程度、创作态度和审美价值的差异上;怪诞与荒诞的区别在于怪诞更多作为一种创作手法,荒诞更主要是一种观念和意识。

> **批注**:方法
>
> **批注**:本文的中心论点。
>
> **批注**:具体各节的分论点。一般都是与中心论点写在一起。

病例1

摘要 在当代文坛上,刘震云是不可多得的一位作家,他创作的作品塑造了一系列人物形象,内容贴近日常生活,语言简练易懂。试图从创作类型、作品中的反讽叙述、作品中的权力意识三个方面,对近年来有关刘震云小说的研究作全景式扫描和介绍,并进行综述式评价,以展示研究的概况与成果,找寻研究中的得失,以期刘震云小说研究的进一步深化。认为刘震云小说的研究,揭示了刘震云小说创作的思想内涵,肯定了语言的艺术魅力和独特的审美价值。

> **批注**:对象重要,可以看作研究的一个背景,但是没有交代课题来自前人研究的不足。
>
> **批注**:目的写得稍多。
>
> **批注**:内容部分太简略而且抽象。

这是《刘震云小说研究综述》的摘要。这里面的内容大多是综述应该承担的一般功能,没有反映这篇综述的独特内容。最后的结论也属于研究刘震云小说的看法,而这个看法的研究对象是刘震云的小说,而不是研究刘震云小说的那些文献。

病例 2

摘要：长期以来，有众多研究萧红小说的文章，作为喜欢萧红小说的一员，在总结前人研究的基础上，提出自己对萧红小说研究的观点，并形成以下几点：主题风格研究、作家人生经历与其创作关系研究、与其他作家的比较研究、女性视角研究、从地域文化角度的研究。

> 批注：主观性的表述不需要。尽可能让人相信你是中立客观的。
>
> 批注：后面的内容并不是你的观点，而是你发现的类别。
>
> 批注：Times New Roman，加粗

2. 英译

英文摘要前以"Abstract："引导。

例 11

Abstract： In the late Qing and early Minguo, the concept of "wenxue" transformed from the broad sense to the narrow one, which has long been considered to be the result of new ideas.Based on researching the transformation process of "wenxue" connotation, the article points out that concept transformation is related to the existence and shift of the episteme, and getting the narrow sense is the grafting and occupation of new meaning rather than the mixing of new connotation and old one. The two epistemes are closely combined with two meanings, so the transformation of "wenxue" connotation had to depend on knowledge transformation.

提示——①按中文大意翻译，改为英文风格，可与中文稿不一致。②重要的内容做主句，次要内容做从句，把意思叠加起来。③用 it 做主语。④论文内容用现在时，论文研究对象的活动用过去时。⑤ Moreover,furthermore,indeed 最好放在句中，这样比较自然。⑥不要以 however,for example, for instance, also 为句首。⑦运用英语的固定搭配 if a then b, this a but not that b，not only a but also b，one the one hand, a.on the other hand, b，first,…second,…third,…并列事物，最后一个 and 前面要加逗号。⑧时间词作为句首，后面加逗号。⑨分词短语做副词在句首，后面加逗号。⑩适当使用分词从句或者短语，但是主语应该与主句主语一致。⑪ 不定复数词前不加冠词，专有名词前不用冠词。⑫ 注意代词的准确搭配。⑬ 用 but, yet, although, still，而不用 however 表达同样意思。⑭ 世纪、100 以下数字的书写用英文拼写。（⑤~⑭ 规定参考了［美］迈克尔·E.查普曼：《人文与社会科学学术论文写作指南》，［美］桑凯丽，北京大学出版社 2012 年版）⑮ 英文摘要以不超过 1 000 左右字符（250 个实词）为宜。英文摘要谓语动词尽量用一般现在时或过去时。⑯ 注意正确使用 the,a,an。⑰ 主句放在前面，状语从句后置，显得更为直接。⑱ 不把阿拉伯数字放句首。如果以数字做主语，改为英文拼写形式。⑲ respectively 后置。⑳ such… 与 …and etc 不能共用。㉑ different、various 和数量词后面的名词为复数。㉒ literature,staff,faculty 本身都是复数，不用加 s。㉓ 不要按照中文的习惯，使用近义词连用。比如研究工作，译为英文 research 或者 work，这类词还有知识记忆(knowledge 或者 memory，申请结果（application 或者 results）等。㉔ 不要用 how to do… 这样的短语开头，要用 determining how to do …（⑮~㉔ 上的常见错误，参考了网上的文章《中国人写英文文章最常犯的错误总结》）㉕ 主要角色做主语，关键动作做动词。主语简短明确。㉖ 已知信息、简单信息在句子前部，新知识、复杂知识在句子后部。（㉕~㉖ 参考了【美】布斯等：《研

究是一门艺术》，新华出版社 2009 年版）

（五）关键词

例 12

吕周聚《论陈映真小说的叙述模式》

关键词：陈映真　小说　叙述模式　同构性

> 批注：关键词（也叫主题词），反映论文主题内容的最重要的通用性比较强的词、词组。是为了文献标引工作而从学术论文中选取出来用以表示全文主题内容信息的单词和术语，是未规范的自然语词。在本章中，关键词指能代表整篇综述意义的词语。

《刘震云小说研究综述》

关键词：刘震云；小说；研究；综述

> 批注：来自题目
> 批注：来自小标题，也是本文的创新点（有特征的概念）。
> 批注：全部来自题目。"综述"也可以放在第一位置。

提示——①一篇论文所列关键词之间应有一定的逻辑组合关系，通过这种逻辑组合，提示论文主题内容。②一般 3～8 个。中文关键词放在中文摘要的下面。"关键词"左顶格书写，后加冒号，接着关键词。关键词与关键词之间空一格书写或者用分号分隔。③按 GB/T 3860 的原则和方法，参照各种词表和工具书选取。④未被词表收录的新学科、新技术中的重要术语以及文章题名中的人名、地名也可作为关键词标出。关键词最好符合专业要求，可以参照《汉语主题词表》或者《CA index》，这样容易被检索，也比较符合规范。常见的方式是直接从论文中选取：（a）从题名中找。（b）从文摘中找。（c）从论文的小标题找。（d）从结论找。⑤尽可能用单纯词。⑥运用本学科的专门术语。⑦避免使用"分析"、"特性"等普通词组。避免空泛的通用词，如"研究""问题""概述"等。"综述"作为文体分类可以使用。⑧第一关键词：论文所属学科名称；第二关键词：成果名称；第三关键词：所用方法名称（综述或评论性文章应为"综述"或"评论"）；第四关键词：研究对象；第五、六关键词：便于检索和文献利用的名称。一般第一、第二两个关键词常常省略。

病例 1

关键字：萧红小说；结构散文化；比较研究；女性视角；地域文化

> 批注：改为"词"
> 批注：建议用：综述；萧红；小说；比较；女性；地域；文化

这些词都不是单纯词，应尽可能少用复合词，用复合词的话论文很可能被人遗漏，无法搜索到。

英译

中、英文关键词一一对应。词与词之间加半角的分号。

例 13

Keywords：literary; transformation of connotation; modern knowledge; episteme shift

提示——① Keywords 不要分开写；②英文词有两三个词组成一个关键词的情况。

（六）正文

1. 前言（又叫"引言"，不一定有这个小标题，但是必须有这样的部分）

在前言里简单交代早年的研究状况，引出本研究问题的合理性。包括写作目的，意义和作用，提出自己的问题，说明解决的方法，以及文章的框架或者论文的中心论点（一般论文前言的写法，详见第六章第三节第119-120页）。

> **批注**：综述前言部分，主要是说明写作的目的，介绍有关的概念及定义以及综述的范围，扼要说明有关主题的现状或争论焦点，使读者对全文要叙述的问题有一个概略的了解。

如果是综述则要交代综述问题的历史，资料来源，现状和发展动态，有关概念和定义，选择这一专题的目的和动机，应用价值和实践意义，如果属于争论性课题，要指明争论的焦点所在。

提示——篇幅一般200～300字以上，不要超过全文长度的十分之一。

病例2

纵观中国文学史，从现代文学到当代再到近代，不乏有出走女性的形象出现，从鲁迅到20世纪三四十年代的巴金、赵树理、路翎再到八九十年代的方方、陈染、徐坤等。西蒙·波伏娃在《第二性》中说道：中国女性一直处于男权压制之下，成为依附于男性的"第二性"。受易卜生"娜拉出走"的影响，五四新文化运动后，出走女性形象更是如雨后春笋般涌现。她们开始为了追求个性解放不断进行努力和苦苦地抗争，她们敢于冲出家庭，打破婚姻枷锁，追求平等自由的爱情和自主独立的人格，以求找寻失落的自我，并向传统男权主义社会提出挑战。鲁迅曾预言过，出走女性的行为后果无外乎两种：回归或堕落。在这里，我想把她们分为几种情况讨论下。有欲出走而未出走的女性，如张爱玲《金锁记》里的长安；有出走后堕落的女性，如方方的《在我的开始我的结束》；有出走后回归的女性如徐坤《厨房》里的枝子；有出走后终于貌似过上属于自己的幸福生活的如张爱玲《倾城之恋》里的白流苏。可以说以上四类女性是从此岸到彼岸的象征模式。

> **批注**：近代在前，应先说。
>
> **批注**：这句在这里比较突兀。
>
> **批注**：这句后可以讨论几句为什么你关注出走，出走到底有什么象征意义。告诉读者百年来女性自觉醒以后，其反抗的情况如何。
>
> **批注**：你选的都是女作家的写作。可以告诉读者 你是探讨女性作者内心的女性出走。（这里可以不用罗列，避免重复。只要指出你要以女作家笔下的人物为研究对象就行。）

病例3

刘震云，河南省新乡市延津县人。自一九八七年发表第一篇作品《塔铺》，至今已近三十年，他的作品无论长篇、中短篇，都引起社会的普遍关注。一九八八年一月他发表了独具个性的成熟之作《新兵连》。随后又发表《单位》《官场》《一地鸡毛》《官人》等一系列作品；到一九九零年的《温故一九四二》以及"故乡系列"的小说《故乡天下黄花》《故乡相处流传》等作品的发表，奠定了刘震云在文坛上的地位；一九九八年的皇皇巨制《故乡面和花朵》问世，使得以"故乡系列"为主的作品扩大了；之后的《一句顶一万句》获得第八届茅盾文学奖，被评论家誉为"刘震云迄今最成熟、最大气的小说",描绘出了"中国人的千年孤独";到二零一二年新作长篇小说《我不是潘金莲》问世,吸引了无数人的眼球,刘震云的作品少而精,评论界一直没有停止对他的关注,每部新作问世都会引起强烈的反响,其在文坛上的地位不断提升。

> **批注**:一般介绍可以更简略些。开头一个总的创作历程(简洁),简单提到文学史的定位,然后总括一下刘震云研究的总体判断,强调一下近期研究的总印象。记住,越早进入对研究的描述越好。这段不过是引言,引出你的研究内容。并且交代刘震云的研究方方面面,以及你为什么只选择三个方面。引导读者跟你分析三个方面,不然读者会有疑问。

病例 4

胡风在《生死场》读后记里写到:"对于题材的组织力度不够,全篇显得是一些散漫的素描,感不到向着中心的发展,不能使读者得到应该能够得到的紧张的迫力。"其实不仅是《生死场》,萧红大多数小说的叙述确实是闲散的、情节较少的,也正因如此才形成了其"注册商标式的文笔"。在萧红的小说面对众多非议时,茅盾在《呼兰河传》的序言中这样评价萧红的小说:"它是一篇叙事诗,一幅多彩的风土画,一串凄婉的歌谣。"这一评价被后来很多的研究人员引用,而茅盾写这句话是建立在别人认为萧红的小说不像小说的前提下。茅盾认为萧红的小说"在这不像之外,还有很多别的东西,更为诱人。"由此得出了以上的一串比喻。别人认为的不像小说和茅盾的这一比喻也都说明了萧红小说所具有的独特的风格,这在于萧红小说中对时间的模糊和对情节的淡化,萧红更注重的是对景物的细致的铺呈展开的描写,所以才有茅盾对其叙事诗,风俗画的评价。于茈洋在《萧红小说艺术研究》中认为萧红的小说具有"散文化结构特征""故事情节淡化""描写语言诗化"。"萧红可能更多追求的并非是创作的文体的定式,而是一种自我情感的抒发,她想到哪写到哪,想刻画某个场景,她就用过多的笔墨去描写,无详略、无粗细的对比情节的展示,而是一幅自然的画卷,突破了传统的情节表达方式。"曹海娟在《萧红小说主题意蕴研究》一文中认为"萧红的小说创作是最能代表她的文学成就和体现她的不羁才华的。小说创作贯穿了她九年的文学历程,占其创作总量三分之二之多的小说以诗的别才和散文的风韵展示了萧红才华横溢,不拘格套,其清如水,其味如诗的艺术风格,反映了萧红艺术创作的总体风貌和基本特征。"

> **批注**:综述和述评的结构是:在分出来的几个问题下面。指出对这个问题或者角度,有哪几种观点,其中最早和最有代表的观点是什么,研究的有没有道理,有什么缺陷。先大略概述,然后加上自己的评价。这个问题和角度有什么趋势,最后,在这个问题和角度有什么可以研究。各个方面或者问题都是这样组织。记住,述评的研究对象不是萧红,而是研究萧红的研究者,你要对研究的状态做出描述和评价。

这是一篇萧红研究综述。这一段把作者对于萧红的看法和前人研究的成果混在一起。其实作者的分析和看法应该是对于前人的研究成果的看法。而且,论述应该围绕关于萧红的某个方面或者问题,梳理前人的看法,并对这些看法加以分析,认为其成果如何,是否正确。因为没有这个意识,所以引文就没有明确方向,显得不够简练。建议:这段可以改为按照"萧红的小说独特文笔"来组织,然后引胡风的话,说明他误解了萧红;引茅盾的引文,肯定茅盾的看法。别人对于茅盾比喻的看法可以删去,《萧红小说艺术研究》可以放到萧红总体艺术概括的部分去谈,《萧红小说主题意蕴研究》的引文不过是一种常识性的概括，并非其分论点，未经过作者的论证，可以删去。况且，这些话也属于总体概括，更应该删去。删去一般的东西，才能使最有原创性的观点呈现出来。

2. 主体

一般论文的主体写法，见第六章第三节第121页。

综述结构方式

按年代的顺序安排——围绕某一课题，按时间先后顺序或论题本身发展的历程，分析评价其历史演变的路径，有代表性的成果和直到目前状况，并预测趋向。这种格式适合时间跨度大的，有丰富的学术史积累的课题，重在历史回顾。

按国内国外的顺序安排——对某一课题先分做国外和国内两部分，然后在每一部分中再按各派观点、各家方法、各自成就及相互关系等分别加以描述，并做横向对比，形成一种整体感。这种格式适合写现状，时间段比较短的课题，可以突出最新进展。

按不同的问题的顺序安排——按成果较多的问题来统领各种说法，便于比较研究者对问题作答的不同点。

按历史和现状结合的顺序安排——可以分为三个部分：历史发展、现状分析和趋向预测。历史发展概览课题历史流变，各个历史阶段的总概括和水平。现状分析介绍国内外的研究现状及各派观点。趋向预测在纵横对比的基础上判定研究水平、存在问题，提出不同观点和对未来的展望。这种格式适合历史与现状分量相近的情况。

提示——①选择结构方式的原则是根据这项课题的成果的情况，选择的方式必须是能最好地把重要成就包含在里面，也使其不足之处能够凸显出来，也是你预测的突破口更容易表达出来的方式。②介绍过去和现状时，对有价值的观点多提，对没价值的、陈旧的共识则少提。相关研究不必全部列举，每一个主题举2～5个有代表意义的研究即可。

病例5

萧红小说多是对社会底层人的生存状态的描写。曹海娟在《萧红小说主题意蕴研究》一文中认为贯穿萧红创作始终的主线是："表现普通人的生存状态，拷问生命的价值和意义以及对女性苦难及毁灭的历史审视与探索。"萧红在《生死场》中描写的丢了羊的二里半一家，嫁给成业之后每天忙于家务的金枝，把马拖进屠场的老王婆，生病瘫痪在床的月英，卖不出鸡笼的赵三，生产的女人。"十年前村中的山，山下的小河，而今依旧十年前，河水静静的在流，山坡随着季节而更换衣裳；大片的村庄生死轮回着和十年前一样。"萧红笔下的人物过着同样的生活，或者说活着就行。"生与死切入一切有生命体的存在状态与生命消亡……活的盲目，死的无知。"程金芝在《萧红小说原型解读》中认为萧红小说中存在两类原型，其中之一就是以卡尔·荣格的"集体无意识"为原型批评的理论基础，表现为"因循守旧，头脑僵化，成为一个愚昧的人生看客"。《呼兰河传》中东二道街上的大泥坑，五六尺深，有马掉下去过，车夫翻了车从泥坑爬出来，过路的人从这里路过时也要小心翼翼，可好不容易过去之后却觉得这不

批注：不要引用萧红的内容，除非你想以此为例来批驳某个研究者的判断。萧红只是作为背景，让你判断研究者的认识正确与否。

算什么，一辈子不走险路那不算英雄。更多的胆小的人过去之后还小腿打颤，脸色发白，但从没有人想去填这泥坑。还有小团圆媳妇，本来一个健康活泼的女孩，生病之后被开水烫，村人也不过是围观，没人劝住。曹海娟认为："群体透视着传统文化，通过对群体形象的刻画，惊心动魄的写出了中国人群体生命意识的匮乏和生命力的萎缩，写出了中国乡土文化对人性的压抑、禁锢与摧残。"杨丽丽在《人文主义视野下的萧红小说研究》中认为萧红小说中具有人文主义特点，她作品里的某些人物具有"不自由，毋宁死"的精神，《生死场》中的王婆，《看风筝》中的刘成，《旷野的呼喊》中陈公公的儿子，他们都是革命的勇士，为了理想而战。

> **批注**：同上，不要引用萧红的内容。
>
> **批注**：对研究者的观点，无须你再加证明，而需要你做出评价，例如，评价这种认识对于文学史和萧红本人的研究有何推进作用。

这是萧红小说研究综述的一部分。这一段是以问题为中心的，即"如何看待萧红小说对社会底层人生存状态的？"这里应该举出几个对这个问题的不同回答。曹海娟的论文是贴切的。杨丽丽的论文是关于人文主义的，也算是关于萧红写社会底层人的精神状态的。在评价曹海娟论文的时候，插入了程金芝的论文，但是这个论文却不能算是回答这个问题的，只不过提供了对曹文的解释，因此造成了一定程度的混乱。最大的问题是该段没有作者的分析和评价，关于他们说的对不对，只是述而没有评。建议：完全可以就这两篇文章都只关注底层人的精神，而没有关注其他这一点立论，认为此处可以成为新的生长点。

病例6

一、创作类型

二、作品中的反讽叙述

三、作品中的权力意识

这是《刘震云小说综述》的部分结构。第一部分"创作类型"明显是以刘震云本人的创作作为研究对象，而不是研究对刘震云的研究。如果写的是刘震云创作分类研究的成果，则与后面的具体分类重复，而且内容也不够撑起一节。其他两个题目看出来，都是研究对象，而不是问题，因此里面的内容很可能比较散，没有中心。大量写到反讽和权力意识的都要提到，应该用一个共同问题把重要成果统统拉进来。

病例7

刘震云小说中充满着反讽的色彩，反讽已经成为刘震云小说的一大特色。所谓的反讽是指说话或写作时一种带有讽刺意味的语气或写作技巧，单纯从字面上不能了解其真正要表达的事物，而事实上其原本的意义正好是字面上所能理解的意蕴的相反，通常需要从上下文及语境来了解其用意。

> **批注**：这段是对刘震云小说的看法，你如果同意这种看法，应该在你评价研究者的看法时再提到。这里不需要你预先提出自己的看法。

对刘震云早期作品从反讽叙述的角度进行论述的有：倪娟娟在《论刘震云小说的反讽艺术》一文中，从人物形象的反讽、人物的权力欲、政治游戏性三个角度加以阐释，认为他的反讽实际上是他对现实与历史的失望造成的。现实中人的异化、政治的游戏性、历史的偶然性与不确定性使他彻底失望，于是便采用反讽的手法；王慧敏在《论刘震云小说的反讽艺术》一文中，从语言运用的反讽技巧、反讽在叙述方式上的体现、情景设置的反讽意味、反讽作为整体结构等四个方面对刘震云的小说进行解读，认为反讽作为覆盖刘震云小说文笔构成每一层面的艺术手法，最大限度地实践了他以生活本身批判生活的艺术追求；梁鸿的《试论刘震云小说的闹剧冲动》一文，在对刘震云早期的作品进行评论时，认为刘震云小说充满了"广场语言"的游戏、荒诞意味和对现实秩序的解构和否定，民众的"群体意识"和"权利认同"心里又使"广场语言"处于一种荒诞的无意识和反讽状态，这种意义的逆转形成了刘震云小说强烈的闹剧冲动；陶敏在《刘震云小说的言语修辞透视》一文中引进叙事学理论，从语篇修辞角度，按照作者、叙事人、读者和叙事语言，语篇（文本）的结构特征两个层面来探讨刘震云小说。刘震云的小说情节模式始终属于一种否定性结构模式，可以说，在全面性系统性上，陶文是一篇迄今从叙事修辞角度分析刘震云小说比较成功的一篇；傅元峰的《一种被推向极致的反讽叙事——试读〈故乡面和花朵〉》，从反讽叙述来探讨其叙述特征，认为反讽叙述是"刘震云越来越倾向于使用的一种叙述手段，它使刘震云的作品突破直白的外倾悲剧叙述，在全新的历史叙述中表现为不露声色的戏谑而获得更为丰富的精神内涵"，而这是刘震云走向成熟的标志。也有从单篇作品入手的，如：唐云的《离析与解构——〈故乡相处流传〉叙述研究》从"故乡相处流传"话语切入，对《故乡相处流传》的反讽话语和叙述手段进行研究。唐文指出《故乡相处流传》具有两种叙述倾向，一是"突破叙述层次"，二是"人物消隐"。最后唐文认为《故乡相处流传》突破了"传统叙述理论和人物理论，显示出小说创新探索的开始"。

> 批注：后面还应该有你的评价。她说得对不对？对早先不从反讽看的弊端，有什么补救作用？第一个运用这个角度的是不是应该重视一下。
>
> 批注：闹剧冲动与反讽的联系没有解释一下。如果没有关系，或者关系不大，这里就不该提到梁文。
>
> 批注：反讽叙述与叙述学不是一回事。这篇文章不应该放在这里。

以上所列的文章主要对刘震云早期的作品进行了评论，他们从各自的角度对作品进行探讨，所得出的共同点都是认为刘震云的小说运用了反讽的手法，这种手法的使用带有戏谑的色彩，增加了文章的趣味性。小说的人物是作者塑造的主要对象，在文章中占据着主导地位，而刘震云的小说中人物的名字五花八门，几乎没有一个优雅的名字，所有人的名字都很难听，这些人的外形丑陋无比，心口不一，每个人物都有很强的权力欲望，权力欲望导致他们充满表演性的行为，这也是一种反讽手法的使用。在我们的现实生活中，这种正话反说的手法也经常使用，由此我们可以看出刘震云的作品对生活描摹的十分透彻，揭示出来社会生活的千姿百态，作品多描写底层人们的生活，赋予口语化的语言易于人们接受。

> 批注：又是脱离反讽主题的题外话。
>
> 批注：反讽的内涵不是这样的。你首先要分析一下上面用反讽这个词的时候理解是不是正确。
>
> 批注：你要判断的是研究者做得如何，而不是刘震云如何。

刘震云发表的小说有故乡系列的，也有官场系列的，在这些作品中，作者运用了一些叙述技巧，形成了表里如一、谐谑嘲弄的否定效果，给读者留下了深刻的印象。2012年8月发表的《我不是潘金莲》是一部讽刺官场的力作，故事讲述的是一位农村妇女李雪莲为了要二胎孩子跟自己的丈夫假离婚，结果自己的丈夫背叛了她，离婚后又成家，并当众说李雪莲是"潘金莲"，李雪莲为了证明自己不是"潘金莲"，弄清离婚不是真的离婚这一事件去上访的故事，上访的路途是艰辛的，李雪莲为了"寻正义"，一连串跌宕起伏的"意外"事件层出不穷。也描写了官场的黑暗，各级官员为了自身的官职不被丢弃想尽一切办法来办案。刘震云前期的作品中有反讽的手法，同样在这部作品中也运用了，此作品一经问世就引起评论界的热捧，读者和评论者开始对其进行评价。笔者认为对这部作品从叙事角度进行评价的最好的文章是金琼的《试论〈我不是潘金莲〉的官场反讽叙事及其成因》，这篇文章从叙事策略、叙述话语及其创作心理三个层面入手，剖析叙述话语的谐谑和反讽意味，并由此揭示出此种叙事策略与话语风格形成的作家创作的深层心理原因。的确，刘震云的这部作品在描绘李雪莲告状的同时，让我们看到了官场的腐化，李雪莲上访的"寻正义"与各级官员的"枉公道"形成鲜明的对比，官场上各级官员为了自己的稳定想尽一切办法解决面临的问题。比如：送礼，这样的事情也发生在我们的现实生活中，同样的事情送礼与不送礼的结果就不同，人们也会为了自己的利益牺牲别人的利益，致使别人遭受损失。刘震云的小说反映了生活的方方面面，作品里发生的事情也许正在或即将发生在我们的日常生活当中，可以这样认为：刘震云真不愧是有一种对社会发展的预见性的能力。

评论界对刘震云小说做出了不同的评价，对他的作品的分类也有独到的见解。刘震云小说在受到读者热捧的同时，也引起了研究者的研究兴趣，当代文学的发展离不开这样优秀的作家，文学的发展同样也要求每一位作家创造出能够吸引读者的作品，一经问世就产生强烈反响的作品也许会有得到不同的评价，有褒有贬，那说明这些问题的确是值得研究的，对其进行研究才是有价值的。

批注：你的笔墨要集中在研究者身上，而不是研究对象身上。所以，《我不是潘金莲》的内容不需要介绍，可以直接说这里也运用了反讽手法。下面接着讨论研究者中最好的是……

批注：不是因为她的几个方面就值得肯定，应该有超越前面分析反讽手法的地方，应该突出她的这些创新处。

批注：这段和上面一样，变成你直接对作品进行分析，而综述主要是得出对前人研究成果的评价，当然可以结合作品，但是不能止于对作品的分析，最后要落实到研究者的好或者不好，以及他们没有解决的问题。

批注：首先，对作品的评价是不能完全根据其是否得到热捧来判断的，那是以读者批评代替专家批评（这种区分见蒂博代的《批评六说》）。这样的立场有问题，需要改变。其次，这一段属于你对研究的评价，这是对的，综述必须有你的评价和判断，也是最见综述水平的地方，也是最难的地方。目前的评价似乎还不够有力，而且与反讽无关。

这是刘震云小说综述中的几段，主要是围绕反讽手法的。从中可以看出作者对反讽手法的概念认识不清，对于综述评价研究者而不太评价研究对象这个规定性不是很清楚。当然，作者可以有自己的观点，但是应在评价别人的基础上，重点在前人研究。其次，主观评价少了。最后，层次有点乱，不够集中。

提示——综述内容切忌面面俱到。综述的内容越集中、越清晰、越具体越好。

3. 结语

（1）一般论文结语的写法

①对整个论文中心观点做一个简单小结。②可能存在的闪光点、创新点（对前人有关本问题的理论做了哪些检验，做出了哪些修正、补充、发展或否定，即你的论点深刻的意义是什么？你的论点成立会改变什么通常的看法？原来的看法可以做什么修正）。③存在的问题和进一步展望（论文的不足之处，以及暂时尚难解释或难以解决的问题，你的话题下一步研究是什么？有什么回避了的东西，可供别人纠正？其他人在这个话题上怎么进一步挖掘）。

提示——①结论是在论点已经得到充分证明以后做的收尾工作，是论文要点的回顾和提高，是全篇论文的精髓，是提升论文水准的部分，要花时间写。要本着挑起读者好奇心和探索心的原则，认真问问自己,本文的论点成立的话，会对什么有所触动？还可能得出什么推论？有可能发现什么？不要只是简单做"有助于打开什么空间"这种空洞的概括，要真的刺激读者的新想法，最好立即使读者开始研究。还要交代本文没有做到的地方，指出自己的局限性。②结论部分应该只是结论，而不是大略。一个良好的结论不是逐条概述你的研究或者概述你的介绍，它应该增加一个新的更高层次的分析，应该明确指出工作的意义，不是狗尾，而是凤尾。③与"引言"从通常的东西到特殊的东西相反，结论把特殊扩展到一般。结论的实质是把观点重新放回到背景里去，对观点加以拓展，探究它的更广泛的含义或者意义。④结论是联系到大问题的地方。为什么大问题很重要？因为每个课题都是具体的对象和个人兴趣的点，但是这个点和兴趣如果不能变成改变他人的总体看法，就不能有益于其他人。影响的人越多，意义越大。⑤措辞严谨，结论清晰，杜绝浮夸，杜绝含糊。不能用抽象和笼统的语言。⑥不作自我评价。诸如"首次提出""重大突破""重要价值"等最好不用。⑦篇幅不大，字数一般为正文字数的3%～5%。

病例8

结语

徐志摩是我国伟大的诗人，其诗歌艺术的突出成就不仅在于诗人通过近乎完美的诗歌形式和表现技巧，营造出出神入化的优美意境，更在于其诗歌准确而又深刻地表达了诗人那浸润着社会理想和人生理想的诗歌情感，使诗人的情感抒发达到了一个无与伦比、具有高度美学价值的新境界。

批注：结语中不能提出新观点，应该讨论你的论文观点，即徐志摩的诗具有美，对于理解徐志摩有什么更大的意义。应指出你的问题的解决对于更大问题的解决有实际的帮助。

题目是《论徐志摩诗歌的形式美》。这个结语空洞，因为这个看法是对正文观点的引申，属于未经证明的新观点。语言也显得夸张。结论中的引申应该紧紧贴着正文的看法，合理地引申，而且引申出的是问题，而不是观点。

批注：结语由顾全文+观点的意义讨论（改变了我们什么观点）+没有解决的问题或者因为你的问题得到解决带来的新问题等几部分组成。

病例9

四、结语

阎连科，用荒诞的形式为我们当代的世道人心书写了一部史志。阅读小说的同时我们会看到熟悉的描述，如：胡乡长为了城市化强迫、利诱村民做出各种牺牲的故事，与《受活》中柳县长为了"购列款"让受活村的残疾人去赚钱如出一辙；城市化过程中因金钱至上的观念导致的种种乡村乱象，也可以小说中找到。他们都有一个共同的母题：为了快速发展，乡土中国发生的种种荒诞故事。虽然这些情节会让我们感到熟悉，但阎连科懂得每个作者都有固定的读者群，读者已经习惯了作者的描写方式。"你的读者需要你对文学时时有新的感悟，有每一部作品不一样的写作，才能对你感到一种满足。你的下一部作品必须和上一部作品，从内容到形式都有不一样的地方，这才能让你的读者满意。这种不一样，这种差异越大，读者的满意度就越高"。显然阎连科已经意识到了自身存在的不足，在以后的作品中会逐步改善。《炸裂志》的构造既让我们熟悉，又为我们呈现了一个超现实的乌托邦世界，那里的人们为了快速发展的城市化，寻找各种发财致富的门道，人情、道德、良心在那里失去了意义，换来的是殷实背后的毁灭。作者运用浪漫主义和超现实主义的梦幻般的触感使这部作品具有了史诗般浑然天成的感觉。

这个结语比较混乱。想说很多东西，都是点到即止。而且，在结语中还用了例子，似乎还在论证某个观点。记住，在一般论文的结语中不要再论证任何观点，所有论证都在正文中完成，结论只总结正文和引人思索新问题。

(2) 综述的结语写法

①概括主体部分所阐述的主要内容。②重点评议某些重要的观点。③形成具体的评价（最好是提出自己的见解，并提出赞成什么，反对什么）。④对于总体研究的未来提出宏观的预测。

例 14

十年来的张爱玲研究无疑是取得了突破性的进展。但由于种种历史的原因，包括客观上时空的障碍，资料的匮乏以及主观上一些观念的束缚，张爱玲研究还有待深入。

要准确、全面理解张爱玲，首先要把她放在20世纪40年代抗战时期沦陷的上海这一特定环境中去，正如柯灵所说，中国现代，"偌大的文坛，哪个阶段都安放不下一个张爱玲；上海沦陷，才给了她机会。"这是由多种因素构成的一段历史，研究张爱玲不能脱离这一具有特定时空背景的历史。而中国现代沦陷区文学的研究正是一个薄弱环节，也许对张爱玲等作家的重现认识会进一步推动沦陷区文学的研究，反过来说，恐怕只有对抗战时期沦陷区文学全面而深入的研究，才能更好地理解和评价张爱玲。

在深入研究张爱玲的文学创作的同时，对她的生平思想的研究也有待加强。她的家庭、出身、沦陷时期在上海的生活思想及后来在海外的经历，研究者大多语焉不详。对于张爱玲的出生年月和出生地也有多种说法。至于她在抗战时期沦陷区的生活，抗战初期对她曾有过"喧闹一时的指责，"她本人亦曾在1946年《传奇》出版增订本时，对所谓"文化汉奸"问题进行辩白。而台湾学者刘心皇认为，她在抗战时期沦陷区的上海的所作所为，"从政治立场上来看，不能说没有问题。国家多难、是非要明，忠奸要分。不能因为她有天才、有文采，便可以对如此的大事，也予以曲谅。现在的青年，没有经过抗战时期的熬煎，对人物的评论，或许忽略了这一点。"笔者认为，这些问题都应引起研究者的注意。事情不论大小，作为对张爱玲全面而深入的研究，都是不能忽略的。

——胡德才《近十年张爱玲研究综述》

这是一篇20世纪的旧文，但是格式尚算规范。结构上基本是总结+未来方向。在结论中引用前辈和海外同行的评论作为自己观点的支持，这个属于论证，但是这个论证不是论证"十年的突破性进展"，那个在正文中已经结束了。这里论证的不过是自己指出的未来方向：结合沦陷区文学，以及正确对待张爱玲的历史问题。注意：综述的结语中可能有对自己看法的简单论证，所以存在论证的痕迹。

例15

本次会议为来自五湖四海的学者提供了展示学识、交流意见的舞台。大会论题很有代表性和启发性，抓住了目前文学理论研究的核心问题，正如党圣元研究员在闭幕式上代表嘉宾致辞时所说的那样，这次会议对于促进中国文学理论研究的学术创新必将产生积极意义。

本次会议不但回顾梳理了文学理论的发展历史，而且及时地提出了许多新问题。哈尔滨师范大学副校长傅道彬教授代表主办单位在闭幕式中热情洋溢地说：文学理论总是在不断地建构范式和解构范式中发展的。不过我们尚需注意，第一，理论的转换总是从传统出发的，所有转身如何华丽多彩，都是以历史为依据的。第二，理论的转换总是互相联系的，文学理论不可能独立地转换，必须依赖于哲学、宗教、艺术、政治、经济等社会生活的整体转换。第三，理论的转换总是以建构为目标的。

——于苗、汪树东整理《"文学理论范式及其转换"国际学术研讨会综述》

这是一个会议的综述，写作起来更加困难。写作大型会议综述的往往不是大学者，所以主体性不够强，不得不借助于名人的话来表达。本文在结构上也是总结其意义+未来研究需要注意的方面。

病例10

综上所述，刘震云的整个研究现状及多元化的发展趋势，大量研究者的不断加入，新的学术视角和方法不断地被运用到其作品的研究之中，也使刘震云研究取得了切实的研究成果。评论界对刘震云小说的研究主要集中于语言风格、叙事话语、权力意蕴、创作动机等方面，研究已相当全面，并且取得了丰硕的成果，尽管这些研究成果层次不一，有的分析的相当精辟透彻，相当中肯，有的还有一些欠缺，有的只针对单篇作品进行研究，有的针对部分作品进行研究，没有进行系统的分析。但无论从哪个角度进行研究，研究者都提出了独特的见解。笔者在收集材料的过程中发现，从语言学角度对刘震云的小说进行研究的只有两篇，分别为《"拧巴"的口语——论刘震云小说的语言特色》、《刘震云小说语言风格研究》，尤其是后者分析的比较透彻，但对刘震云后期几部作品没有进行分析，由此我们可以看出，对刘震云小说有价值的研究大多是文学评论性质的，从语言学角度进行研究是比较零碎的，不成系统的，没有严谨科学地进行比较分析和说明的成果，这就为后来

批注：这样的评价不能推动研究工作。

研究者提供研究的机会，后来研究者可以以此为研究话题，从语言学的角度深入挖掘小说的语言特色。

不是总括和预测，不符合综述的写作要求。

病例 11

"著名女作家弗吉尼亚·伍尔夫曾说：凡是以自我为中心，受自我限制的作家都有一种为那些气量宽宏、胸怀扩大的作家所不具备的力量。它能把他们心灵所熔铸的形象原原本本的描摹出来，而且还具有自己独特的美，独特的力量，独特的敏锐。"萧红小时候的经历使她有一种独特的个性，在那个年代就能坚持自我，她孤傲独立，而她小说中的文字就是她性格的呈现，小说散文化，被别人认为不像小说，像自传。萧红独特的人生经历，越轨的笔致，吸引很多人对这位传奇作家进行研究。笔者从地域角度出发，探究萧红小说中的地域文化。从主题风格展现其小说特色，从她的人生经历更好的理解她的作品，从与其他作家作品比较体现其历史地位，从女性视角出发了解底层女性生活悲剧，给当代女性以警醒。

这是《萧红小说研究综述》的结语部分，不符合综述的要求。在结语里面写到自己将来要做的，也是不合适的，这种方式应该属于小综述的体例。（具体写法参阅本章第二节）

（七）参考文献

1. 参考文献的通用格式

[序号]主要责任者.文献题名[文献类型及载体类型标志].其他责任者.版本.出版项.文献出处或电子文献的可获得地址.文献起止页码.

（详细规则，请查阅中华人民共和国国家标准《文后参考文献著录规则》UDC025-32 GB7714—87）

2. 常用参考文献标注规范

（1）论著

[序号] 作者.论著名[M].出版地：出版者，年份.

[序号] 作者.论著名[M].出版地：出版者，年份：起止页码.

例 16

[1] 陈建华.革命的现代性：中国革命话语考[M].上海：上海古籍出版社，2000.

[2] [美] 韦勒克，沃伦.文学理论[M].刘象愚.北京：三

批注：结语应该是从正文中的分析得出的结论，对前面分析的延伸。不能在结论中分析其他方面的问题。结论是正文分析已经结束后的总结，以及放回到你的问题中的讨论，不能再节外生枝。现在属于脱离主线，不是结论应该采取的形式。

批注：结论不能落在萧红身上，而要落在萧红研究状况身上。如果是你谈对某个问题的看法，应该针对别人的观点，不能另起炉灶。你可以把它当作可以研究的未来预测提出来。你应该指出有哪些问题可以做，而不是你自己来解决这个问题。

批注：作者、论文集主编、学位申报人、专利申请人、报告撰写人、期刊文章作者、析出文献作者等）。多个责任者之间以"，"分隔。参考文献的主要责任者只列姓名，其后不加"著""编""主编""合编"等责任说明（个别刊物有特殊要求除外）。

批注：根据 GB3469—83 的规定，各种参考文献类型以单字母方式标识：专著[M]，期刊文章[J]，论文集[C]，标准[S]，报纸文章[N]，学位论文[D]，报告[R]，专利[P]，汇编[G]，档案[B]，古籍[O]，参考工具[K]。对于专著、论文集中的析出文献，其文献类型标识建议采用单字母[A]；对于其他未说明的文献类型，建议采用单字母[Z]。

批注：译者、校注、校点、校勘者等

批注：初版省略

批注：出版地、出版者、出版年

联书店，1984.

[2] [美]韦勒克，沃伦.文学理论[M].刘象愚.北京：三联书店，1984：234-456.

(2) 论文集中的文章

[序号]作者.文章名[A].论文集名[C].出版地：出版者，年份.

[序号]作者.文章名[A].论文集名[C].出版地：出版者，年份：起止页码.

例17

[3] 严复.原强[A].严复集：第1册[C].北京：中华书局，1986.

[3] 严复.原强[A].严复集：第1册[C].北京：中华书局，1986：123.

(3) 期刊文章

[序号]作者.文章名[J].刊物名，年份，卷（期号）. 批注：卷号可以不写。

[序号]作者.文章名[J].刊物名，年份，卷（期号）：开始页码—终止页码.

例18

[4] 郭英德.元明文学史观散论[J].北京师范大学学报（社会科学版），1995（3）.

[4] 郭英德.元明文学史观散论[J].北京师范大学学报（社会科学版），1995（3）：102-144.

(4) 学位论文（包括学士学位论文，硕士论文，博士论文）

[序号]作者.论文名[D].学校所在地：学校学院名，年份.

[序号]作者.论文名[D].学校所在地：学校学院名，年份：开始页码—终止页码.

例19

[5] 卢毅."整理国故"与中国现代学术转型[D].北京：北京师范大学社会学院，2003.

[5] 卢毅."整理国故"与中国现代学术转型[D].北京：北京师范大学社会学院，2003：12-23.

(5) 报纸文章

[序号]作者.文献提名[N].报纸名，出版日期（版次）.

例20

[14] 白烨.文学阅读的裂变[N].人民日报（海外版），2015—09—26（8）.

(6) 档案

[序号]主要责任者.文献题名：原件日期[B].收藏地：收藏单位（收藏编号）：起止页码.

例21

[15] 陆陛云.江苏省吴江县陆陛云控告柳亚子发起新黎里报宣传社会主义的文书（附新黎里报劳动纪念特刊）：1923—07—09[B].南京：中国第二历史档案馆（1001（2）-1157）.

(7) 古籍（1911年以前出版、无现代版本但有据可查的善本）

[序号]主要责任者.文献题名[O].其他责任者（包括校、勘、注、批等）刊行年代（古历纪年）及刊物机构（版本）.收藏机构.

例 22

[16] 纪昀. 纪文达公遗集：卷十六 [O]. 清嘉庆年间刻本.

[17][唐] 李复言. 续幽怪录 [O]. 明抄说集本. 朱文钧藏.

（8）电子文献

[序号] 作者. 电子文献提名 [电子文献/载体类型标识]. 出版地：出版者，出版年 [引用日期]. 获取和访问路径.

> 批注：电子文献载体类型采取双字母方式标识。各种文献代码如下：数据库 [DB]，计算机程序 [CP]，电子公告 [EB]，载体类型标识：磁带 [MT]，磁盘 [DK]，光盘 [CD]，联机网络 [OL]。
>
> 电子文献类型及其标识：联机网上数据库 [DB/CD]，磁带数据库 [DB/MT]，光盘图书 [M/CD]，期刊 [J/OL]，网上电子公告 [EB/OL]，网上图书 [M/OL]。

例 23

[18] 万锦坤. 中国大学学报论文文摘（1983—1993）. 英文版 [DB/CD]. 北京：中国大百科全书出版社，1996.

（9）各种未定类型的文献

[序号] 主要责任者. 文献题名 [z]. 出版地：出版者，出版年.

> 批注：现在对文学作品一般作为专著论，其实不太妥当。因为专著是系统论述的著作（古籍中的史志论著可以算），作为创作的文学作品，并非作者的论述，但是它作为研究对象的确属于参考的文献。本书作者建议将文学作品标注为"未定类型文献"。

例 24

[19] 张永禄. 唐代长安词典 [z]. 西安：陕西人民出版社，1980.

（10）外文文献

例 25

[20]JONES R M.Mechanics of Composite Materials[M].New York：McGraw Hill Book Company,1975.

[21]ROSENTHALL E M. Proceedings of the Fifth Canadian Mathematical Congress, University of Montreal, 1961[C]. Toronto：University of Toronto Press,1963.

[22]GUO Ai-bing.Auto Show Revs up Customers' Desire[N]. China Daily,2002—06—07（1）.

[23]GREEN D H,WALLACE M E. Mantle Metasomatism by Ephemeral Carbonate Melts[J].Nature（S0028-0836）,1988,336：459–462.

[24]CALMS R B. Infrared Spectroscopic Studies on Solid Oxygen[D].Berkeley：Univ. of California,1965.

[25]MAJDA A J. Numerical Study of the Mechanism for Initiation of Reacting Shock Waves,AD-A232432[R].1990.

[26]ISO 4, Information and Documentation-Rules for the Abbreviation of Title Words and Titles of Publications[S].

[27]KRAMER D P. Hermetic Fiber Optic to Metal Connection Technique；USP,5143531[P].1992.

> 批注：各类外文文献的文后参考文献格式与中文示例相同；为了计算机检索方便，建议题名的首字母及各个实词的首字母大写，期刊的刊名等可用全称或按 ISO 4 规定的缩写格式。为了减少外刊名引用不规范所造成的引文统计及链接误差，建议以（SXXXX-XXXX）格式在刊名后加 ISSN 号。人文科学领域，尤其是语言、文学和艺术领域遵从国际著录规范 MLA Style（美国现代语言协会体例）。详见《MLA 学术论文写作者手册》（高中生和大学本科生）和《MLA 体例手册和学术出版指南》（研究生和学者）。

[28] Scitor Corporation Project Scheduler[CP/DK].Sunnyvale,Calif：Scitor Corporation,1983.

[29]TURCOTTE D L. Fractals and Chaos in Geology and Geophysics[M/OL]. New York：Cambridge University Press,1992 [1998-09-23]. http：//wwwsegorg/reviews/mccorm30.html.

提示——①每条文献只与一个序号相对应；当文献题名等内容相同而仅页码不同时，可将页码注在正文中的指示序号后。②引用文献标示方式应全文统一。③按文中引用的先后顺序编码，用五号宋体上标的形式置于正文中所引内容最末句的右上角，紧跟文字，而不是标点符号。④所引文献编号用阿拉数字置于方括号中，如："…××[1]"。当提及的参考文献为文中直接说明时，其序号应该用五号字与正文排齐，如"由文献[8，10—14]可知"。⑤不得将引用文献标示置于各级标题处。⑥单篇论文要列出在正文中被引用过、正式发表的全部文献。毕业论文或论著的参考文献需要把你参考过的所有文献都列出，可以与正文不对应。专著和长篇学位论文后面的参考文献排序，各篇文献首先按文种集中，可分为中文、日文、西文、俄文、其他文种五部分；然后按著者字顺和出版年排列。中文文献可以按姓氏汉语拼音字顺排列。⑦尽量不用教科书、数据手册作为参考文献；⑧引用参考文献中的观点（间接引用）可以只标出序号或者序号与页码同时标注（如：生产力决定生产关系[3]，生产力决定生产关系[3]185）。⑨参考文献中的标点符号用英文半角。每一条目的最后均以实心点结束。内部的点号也应采用英文半角为宜。⑩以"参考文献："（左顶格）或"[参考文献]"（居中）作为标识。英文文章后的参考文献表上以"References："（左顶格）作为标识。⑪中文文献在以英文书写的论文中可以中文格式表达，也可译为英文格式表达，但应在该条参考文献最后加注"（in Chinese）"。如：[55]DAI Shu-sen,FEI He-liang,WANG Ling-ling, et al. Reliability Test and Statistical Analysis[M].Beijing：National Defense Industrial Press,1983．（in Chinese） ⑫如果不按照以上规范，按照其他可以使用的方式（如具体刊物和学校的要求），请统一。⑬参考文献的列法一定要规范，规范参阅本书第七章第一节。

批注：有人以为在中文出版物上出现的参考文献应该使用中文的全角和中文标点，比如逗号和冒号。其实这种说法并不合适。理由是：首先，参考文献本来是外来的形式，最好依从外国标准；其次，既然最后的句号不用中文的，中间的其他标点自然采用西文的比较统一。

3. 综述的参考文献标注

标注方法与一般论文一致。

提示——①参考文献虽然放在文末，但却是文献综述的重要组成部分。因为它不仅表示对被引用文献作者的尊重及引用文献的依据，而且为读者深入探讨有关问题提供了文献查找线索。②写综述应有足够的参考文献，这是撰写综述的基础。③尽量取得一次文献，不要从别人的综述里面或者其他二次文献里面直接援引。必须是亲自阅读原文，不能相信任何人的理解。④引用文献不要总把标注放在句子结束的地方，要放在作者的观点后面，或者作者的姓名处。⑤对于一些常用概念的引用可以不要标注。⑥参考文献要兼顾国内外，兼顾论文和专著，兼顾过去和近期的。⑦要有权威性，本领域的最重要的文献都应该提到。

四、小综述的写法

见本章第二节"开题报告"综述部分。

批注：小综述，又叫"文献综述"，是专著、硕博士论文、开题报告书和项目申请书中都少不了的内容。是论文中的一个重要章节。文献综述的好坏直接关系到论文的成功与否。

第二节　开题报告——如何说服导师？

批注：开题报告是论证选题可行性的文字说明材料。是确定选题之后，有了整体设计了，必须写的说明性文件。有助于作者梳理文献、整理思路、廓清方向，是作者以后进行论文写作的依据，也是导师和相关权威人士判断选题能否实施的依据。按照学位论文的写作要求，通过开题答辩后，才能撰写初稿。做好开题报告对论文写作的顺利进行十分重要，质量低的开题报告即使侥幸通过了开题答辩，也常常会使论文写作一波三折，甚至会出现前功尽弃、推倒重来的情况。首先要自己检验自己的选题。但是，还需要别人的评论，特别是老师和专家的论证。

开题报告通常以表格形式出现，也有标题式。

一、初定论文标题（中英文对照）

参阅本书本章第一节第 70-71 页。

提示——注意标题中的概念是否严谨、科学。

二、署名

参阅本章第一节第 71-72 页。

三、研究目的和意义（有时叫"选题背景和价值"）

格式

研究目的分研究对象重要性，预期目标（即问题）及其影响。选题意义（价值）分为理论意义（价值）与实践意义（价值）。

例 1

研究目的和意义

1.《新青年》杂志因为在新旧交替时期对中国政治、思想、文化、文学的转型做出了贡献，被称为新文化的经典，成为思想史、政治史、文学史的重要研究对象，具有长久的阐释

批注：回答"为什么要选这个问题？"一般分两方面撰写：一是明确指出具体的研究对象，（必要性，对象重要）现在不选题就会有不足（紧迫性，时机来临）；二是指出研究的预期目标，即"要

解决什么问题"。想要对何种问题有所启发？影响什么实践？为什么要做这个研究？我们为什么要关心此研究的结果？此研究为什么值得做？分三种：个人目的（包括实现改变现状的热情、满足对特定现象的好奇心、从事某一类型研究的渴望、为了得到成绩或为了学术生涯的升迁。出于未来工作机会的考量，也可能影响学位论文题目的选择）实践目的或者社会、政治目的（为了改变社会现况、达到某目标，或满足需求。）研究或学术目的（了解并对社会现象产生见识。研究在学术环境中进行，我们要问这个研究可能有理论与方法上的创新、是否填补某个研究领域的空缺等。）

批注：对于认识有什么影响。

批注：对于行为有什么影响。

魅力。围绕在杂志周围的《新青年》同人在中国现代化转型进程中发挥巨大作用。

2. 引入知识社会学视角，考察《新青年》同人的知识人身份及其文学思想，突破传统的思想史惯性，并且在知识转型的背景上理解新文学的传统，为新文学发生研究拓开新思路。

这是研究课题《知识转型与新文学发生》的申报书的"目的和意义"。学位论文的开题报告与课题项目的申报书原理是一致的。这里因为是基础研究，所以主要意义是理论意义。如果有现实价值的话，应该还有一条说明其实践价值。

病例

《某某研究》论文开题报告

选题意义

简介某某——别人的评论——某某的著述颇丰，所涉领域甚广——与选题相关的一些情况——有什么贡献——目前的研究状况

本人认为有哪几方面的意义，一是清理某某学术道路，研究其学术成就及学术思想和方法，更好地继承和发扬……的优良学术传统；二是将其作为学术史上的一个个案，细致考察其学术渊源和时代变迁对其学术研究及诗文创作的影响，明确某某……学术史上的地位，并进而探讨某某年代的……学术和心态等。

这里第一条是意义，第二条是研究方法的介绍。

提示——①选题与专业培养方向要一致。不要犯本科生常见的错误，把落脚点放到激励精神文明和社会风气的改良上。或许这点可以作为社会实践价值，但是起码有一个意义是学科范围内的，也就是学术价值。②研究目标应该较为单纯，提出的问题不宜过多。③研究目的表述清晰、明确，切忌空泛和不切合实际。④目的和意义相互对应，有时可以融合为一。

四、选题依据（国内外研究现状——小综述）

（一）选题依据的写法

总体上概括地说一下，然后快速开始梳理与你的问题一致的研究成果，说说他们的观点，他们的方法，最后总结到他们的方法和成绩，以及错了或者忽视或者遮蔽了的某一个面向，以至于造成了什么不好的效果。而要纠正这一弊端必

批注：这部分是对原文的简略改写，这部分内容应该删去。其中有不少是开题报告其他项的内容。开头的简介没有必要，是因为你的导师一定会知道你的研究对象，至少你应该默认导师是了解你的研究对象的。

批注：选题依据与意义有联系。

批注：这样，一方面可以使我们避免进行无效的、重复性的研究工作。选题重复的现象在国内外各个学术研究领域中，是普遍存在的，浪费了大量的人力和物力。有些选题重复现象是相互保密造成的；而大量的选题重复现象，则是没有选题检验意识，没有选题检验习惯，未作选题检验工作，或者说不会作选题检验工作造成的。另一方面，又可以开阔我们的研究视野、拓展研究领域。通过广泛查阅国内外的文献资料，我们就可以从中发现以往研究的不足，或从中受到启迪，继而确定自己的研究目的和切入点。

批注：小综述的目的是梳理前人研究的状况，从中引出自己的问题。这个问题必须是来自前人没有解决的问题或者前人没有提出来的。将来这个部分将成为硕博士学位论文的一部分。方法类似于大综述（参阅本章第一节），唯一不同的是不做全面的综述，重在找到适当的范围，确定文献的数量，然后从中引出自己的问题和角度。因此，它并不需要面面俱到，重点在找到突破口。要有一种意识就是往自己的论题上引。

须关注某一方面,这个方面只有用你的问题和角度才能揭示出来。由此你采用某种方法来解决那个问题就变得有合理性了。

(二)结构

总体上研究现状是某几个方面。——与自己选题有关的那个领域的情况。(按照选题的几个创新点来选择要分析的文献,从最大的创新点开始,诸如问题创新点,理论创新点,方法创新点,材料创新点等选择其中创新从高到低加以一一分析)——有什么空白?意义何在?为什么重视这个空白(必要性)?为什么从这个角度(有方法的创新的话)?——总括然后迅速正面表述你的角度和方法。

故事

荣升管家的汤玛斯要带一位客人进入唐顿庄园。进庄园古堡的路有很多条,汤玛斯没有跟客人打招呼,汽车直接从小路拉到后门。客人满腹狐疑,虽然下了车,但是不肯进入后门,因为这有损英国绅士的尊严。但汤玛斯坚持要走这个门,最后客人终于勃然大怒,然后拂袖而去。其实,不走大门的原因不过是玛丽女士因为难以忍受对丈夫的怀念,正安排工人装修前厅和大门。本来,汤玛斯应该预先告诉客人原因,而且应该告诉客人从仆人走的后门进,是因为这个门离大路最近,而玛丽女士急着要接见客人。

小综述就像带客人进古堡,需要告诉客人,有而且仅有这条路这个门是我要领你走的。

例2

国内外相关研究的学术史梳理及研究动态

本课题属于《新青年》杂志的思想研究。陈平原认为《新青年》的意义,首先在思想史,而后才是文学史、政治史等。这个研究角度从很早就开始而且曾经非常兴盛。所谓"曾为中国真革命思想的先驱"(《新青年》季刊第一期《新青年之新宣言》),所谓"中国近五年的思想变迁史"(《〈新青年〉第一、二、三、四、五卷合装本全五册版》《新青年》7卷1号,1919年12月)都是从这个角度立论的。另外,胡适(上海亚东图书馆重印的《新青年》卷首题语)、思想史学者郭湛波(郭湛波著《近五十年的中国思想史》山东人民出版社,1997年)也把《新青年》放到思想中衡量。

此后无论启蒙思想的特色把握,还是五四运动的政治思想史,都属于这个领域成果(彭明、萧超然、周策纵、微拉·施瓦拉、李泽厚)。对《新青年》进行分期也是按照其思想特征的变化,从激进主义到社会主义(李龙牧),以五四为界也是根据其思想变迁(张静如、王汎森)。这种思路主要是根据刊物上宣传的主要观念,选取其中最重要的争论和现象,总体把握思想情况,特别是主要人物的思想状况来把握理路,属于"内史"方法,是宏观的看法。这属于纯粹思想史。近期的成果主要是张宝明选择个人、社会与国家之关系这一思想史的基本命题,兼及人道主义,社会主义等(张宝明,《现代性的流变》2005,《多维视野下的〈新青年〉研究》2007)。

20世纪90年代以后,因为《新青年》研究的多元化,思想史更为丰富。出现结合早期研究新文化思想来源结合社会成分解读新文化思想渊源的研究(陈万雄,1997)。新世纪初则有研究《新青年》文学思想史的考察(陈平原,2002)结合社会与思想加以研究。属于内史结合外史的方式了。还有人通过社会环境因素考察《新青年》在知识领域中的思想史地位成因（笔者，《知识转型与新文学发生》），解决《新青年》社会影响与历史作用问题。

21世纪以后，绝大多数研究者都集中在《新青年》的边缘研究上，关注一些个案，关注关注《新青年》在思想上与其他刊物的联系。如与《甲寅》的联系，关注《新青年》的妇女问题，多数研究者都认为，《新青年》的分裂是思想的分裂（杨建辉2006，张宝明2007，叶宗宝2001）。

总体上目前的《新青年》研究出现散射化和碎片化状态，对于原初的思想史意义倒忽略了。《新青年》横空出世，执文学界和思想界牛耳整整百年，其思想流变的秘密尚未破解，在思想史研究角度也存在"尚限于粗线条的考察或大而化之的意见"，"没有展开充分的讨论"的情况（董秋英，郭汉民.1949年以来的《新青年》研究述评[J].近代史研究，2001（6））。

> 批注：前面是按照时间顺序安排。分了几个时期，对于重要成果加以举例，并分析其角度和方法。下面对于目前的研究状况进行总评。
>
> 批注：评

总体来看思想史研究还是孤立地关注《新青年》的思想流变，而对于这些思想的背景没有很好地理解，无论认为《新青年》那些思想是西方思想的输入，还是本土传统思想的承续，都忘记了两者之间的互动关系；要了解《新青年》思想的真实状况，不能满足于解释刊物上术语，而应该掌握当时的理解和偏重的方面，以及为什么要偏重这个方面。比如社会主义这个词，固然接受了国外思潮的影响，但是也要看到其历史性。现在人们更多重视《新青年》思想对于时代的影响，而对《新青年》本身受到的影响又主要认为是来自国外。斯金纳："作为我们研究与理解的对象，光有文本本身是不够的。"从互文性概念来分析，《新青年》的思想与周围时代的思想是相互的，因此还须关注《新青年》思想的语境。

> 批注：对整个研究中的思想史研究方法加以评论。因为作者准备从思想史角度入手，所以特别关注思想史的情况。

语境概念是现代社会生活中广泛使用的一个概念，它涉及文学、艺术、科学、哲学、宗教、社会人类学等多个领域。可以说，在有说明和解释的地方，就会有语境概念的使用。在科学哲学发展的今天，语境分析已经成为一种重要的分析方法。目前在思想史领域使用这个名词，在它前面加上限定词，社会语境，文化语境，历史语境，但是主要是作为一种隐喻性的说法，可以替换为视野，领域，视域等似乎，语境的本身考察没有深入。

> 批注：引出作者的新角度新方法。
>
> 批注：解释方法的内涵。
>
> 批注：确立方法的趋势意义。

已经有学者关注此问题。耿云志指出中国近现代思想史"应当探讨思想家的思想与大众观念之间的互动关系"（耿云志，2003）沈卫威从语境关联的视野兼顾《新青年》为代表的新文化运动与《学衡》之间的关联（《彼与此》）。研究者研究《新青年》内部的杂多声音，比如"通信"中的杂音（李宪瑜，2002），不纯的思想史。本课题准备按照语境分析方法来分析《新青年》的思想及其流变。把《新青年》放到其产生消失的前后中国思想状况中来衡量，并把语境分为"内语境"和"外语境"两个部分来分别考察，还原《新青年》话语生成的历史语境，在此语境中展开观点和转换的生成逻辑，旨在挖掘《新青年》

的现代旨趣。

批注：亮出作者的方向。

  提示——①研究现状陈述不要过于简略，要有研究情况和发展趋势的综合性评述。②与自己选题有关的领域应该大小适中，有相当多的文献，有一个较大的问题，你的问题是它的一个子问题。③不能老是列举"张三发现××，李四认为××，王五主张××"，要瞄准自己的选题，为自己的选题找合理性。④对前人的研究用语要包含尊重，应意识到自己的研究需在肯定前人成就的基础上，推进问题的解决。⑤阐述时，一方面应避免"宏大"、空洞、泛泛而谈，另一方面应避免烦琐和不得要领。⑥不仅陈述前人的空白，即前人没有做的工作，还要解释为什么这个工作重要？为什么应该有人关注？你在思考这些问题的时候，会抛弃那些不重要的论题。

● 名言金句

  "科学发展是一条长河，应该是长江后浪推前浪；它又是接力跑，应该是后辈以前辈已有成绩的基础为起点，接着往前跑。前人已经解决的问题，我们不必再花力气去作重复劳动；我们应该吸取前人已有经验，去解决前人没有解决的新问题。我们了解了前人所遇到的疑难的焦点，再去解决它，就可以少走不少冤枉路，事半而功倍，对科学发展做出新的贡献。"①

——王世德

五、主要研究内容（论文**主要研究方法和基本框架**）

批注：研究内容指的是对确立的问题，从哪几个方面来加以解决。如果是研究内容（有时候叫"研究方法"，参阅第二章第五节）就是展示你实际研究过程中从几个方面下手来解决这个问题；如果是基本框架，就列上前面的大纲。

  第一部分　概括研究的内容和自己的中心问题。怎么研究（收集什么资料，分析什么），即如何解决问题。

  第二部分　有的报告需要"论点陈述"，即关于中心问题的回答，可能将来会改变（因为还没有完成研究工作，现在的观点只是假设），但至少这个观点本身是有新意的。一般使用陈述句，在内容上紧扣主题，不怕具体，要把谓语具体化（能够看得出想得深不深，新不新）。又要涉及抽象的内容，有一定高度。

  第三部分　设计基本框架（初始提纲），将中心问题分解为几个小问题，来一一展开，至少展开两层。各层的关系其实就是论证方法（详见本书第四章第三节，以及第六章第一节）。

例3

《论李贽的小说文体观》

引言

一、关于小说文体的观念

二、对小说本质的思考

---

① 王世德. 怎样写学术论文［M］. 北京：北京大学出版社，1981：23.

（一）小说是现实生活的反映

　　（二）小说是真实情感的流露

　三、对小说艺术的探究

　　……

　　这是硕士论文《论李贽的小说文体观》的提纲。论题是"李贽的小说文体观是什么？"为解决这个问题，可以分解为"李贽对小说本质的看法是什么？""李贽对于小说艺术的看法是什么？"等。小说本质和小说艺术等都在概念上从属于文体范畴，解决"李贽对小说文体的看法是什么"这个问题，于是这个问题可以转换为解决"李贽对小说本质的看法"和"李贽对小说艺术的看法"等问题。第二节"对小说本质的思考"下面又分为两个部分，从小标题上看是两个观点，其实观点对应的是两个问题："小说与现实生活的关系是什么？""小说与作者主观之间的关系是什么？"就"李贽对小说本质的看法是什么"这个问题，作者把它分为小说与世界和作者的关系来解决。因为小说的本质按照马克思主义的看法，可以体现在它与其他事物的关系之中。

　　提示——①研究框架只要在前面设计的提纲基础上加工一下就可以了。②可以使用标题式，可以是论点式，也可以用描述式（提纲不必要像论文目录那样详细，因为后面会调整）。③提纲应该具有可行性，反映逻辑关系。没有缺环，具有完整性，没有前后脱节、重复或矛盾。④不要用通用的大框架，要有课题的个性（如不要用"引言→理论→分析→结论"）。⑤要注意同级至少要有两项才能存在，单独一节或一小节不能进入分级编号。

六、研究方法

　　从本书第二章第五节或其他书中选择研究方法。

　　提示——再次强调，研究方法要服从研究目的。

七、预期成果和可能的创新点

批注：创新点和突破都与文献综述和研究现状有联系，从后者而来。

　　按照以下三个方面寻找自己的创新点。

　　问题创新（提出了被忽略的重要问题）

　　理论创新（用最新理论来解释旧问题）

　　方法创新（研究手段与众不同）

　　提示——①创新都是与人比较的结果。②创新点应与研究意义和研究价值尽可能相呼应。③对于创新点的阐述必须精准、明确。④不能对论文创新过于拔高。

八、重点和难点

　　重点：问题分为几个小问题，其中最有创新的地方。

　　难点：材料难找，理论有歧义，对于报告人的学力来说构成难度的地方，需要别人协助的地方都是。

九、研究进度和完成时间

"课题进度安排"填写应该按照学校的统一规定，结合自己的具体情况，写出自己的研究步骤，与时间节点相对应。

十、主要参考文献

主要参考文献是指撰写"研究现状"时参考的主要文献。具体写法请参阅本章第 85-88 页。

提示——①开题报告的参考文献可以按文献的重要程度（作者的权威性；刊物、出版社的权威性；对课题的重要程度）由高到低排列，也可按出现的顺序排列。②参考文献数量不宜太少也不宜太多，关键是重要的参考文献都列出。③参考文献要平衡，中外兼顾，新旧兼顾，论文与论著兼顾。④参考文献需要与课题直接相关，真的有用，不要随便罗列，不要与论题缺乏相关性。

十一、导师审核意见

由导师完成审核意见，导师可以按照上面各项内容逐项评价：选题的意义如何？对国内外文献了解情况如何？框架是否合理？研究方法是否得当、可行？创新性是否可信？参考文献的选择是否存在问题？开题报告的各项外在形式是否规范？最后决定"同意参加开题答辩"，还是"建议重新撰写开题报告"。

例 4

本选题符合专业方向，难度适中，对相关主题的现有文献资料收集齐全，整体思路清楚，研究方法得当，研究计划可行，开题报告书填写符合规范。同意参加开题答辩。

名言金句

"有了命题，但是这个命题有没有价值，别人做过没有，基本上可以得出一个什么结果来，这也许自己很不清楚。这就要同师友商量，也要检查文献。"[①]

——程千帆

练习与作业

1. 修改以下参考文献格式：

【参考文献】

【1】 崔焱 美国梦的破灭——《了不起的盖茨比》解读 聊城大学学报 2008 年第二期

【2】 严峰梅幻灭了的美国梦——论《了不起的盖茨比》 西安社会科学 第 27 卷第五期

【3】 姚乃强译《了不起的盖茨比》 北京：人民文学出版社 2004.7

【4】 聂珍钊《20 世纪西方文学》 武汉：湖中大学出版社 2001.12

【5】 邓年刚《再论美国梦》 湖北民族学院学报 1997 第 15 期

---

① 程千帆. 治学小言[M]. 济南：齐鲁书社，1986: 32.

2. 试判断下面综述提纲有没有不合理的地方：

　　一、作家人生经历与其创作关系研究

　　二、与其他作家的比较研究

　　三、女性视角研究

　　四、从地域文化角度的研究

　　五、结语

3. 请任选一个题目做一篇综述。

4. 请为你的选题填写一份开题报告。

第六章 Chapter 6

按部就班堆文字——如何写作初稿？

第一节 写作还要知道些什么？

一、意义的单元

是什么——情况、特点、问题。

为什么——原因、理由、经验、教训。

怎么样——成绩、收获、做法、措施。

怎么办——希望、要求、号召。

提示——①按照以上四种意义单元构造意义构件。从论文整体到层次到段落再到段和句，意义都只有这四种。②前三者在论文中更常用。③每一个意义单元都对应于一个问题。

> **批注**："意义构件"是以一个中心意义统领的相对完整的文字块。包括句子、段落和层次。论文整体由这些大小构件相互嵌套而成。几个句子由一个中心意义的句子（主旨句）引领，一切组成一个段。一个或几个段按照某种结构一起组织成段落。几个段落按照某种结构一起组织成层次（"逻辑段""部分""意义段"），几个层次又组织起来构成论文整体。

二、意义的组织结构

按照以下两种基本结构组装四种单元：

并列（归纳关系、对比关系）

递进（时间关系、推扩关系、演绎关系和因果关系）

提示——所有文章及其各部分都是由四种意义单元按照两大类结构嵌套而成。

因此，基本的层次结构大体可细分为下列六种：

1.归纳并列（具体的甲乙丙到抽象的丁，部分的甲乙丙到整体的丁，其中甲乙丙属于并列关系）

例1

艺术特征由三个方面：思想是什么特征？结构是什么特征？语言是什么特征？

> **批注**：三个都是"是什么"，艺术特征就表现在思想、结构和语言等方面，属于部分与整体的关系。

病例

思想是什么特征？网状结构如何造成的？语言技巧为什么娴熟？

> 批注："什么特征"（是什么）与"结构如何造成"（怎么样）和"语言技巧为什么娴熟"（为什么）不属于一个层面，不能并列。

提示——①各个单元本身都可以并列。②并列的层次必须属于一个层次。

2. 对比并列（正——反）
3. 时间递进（过去——现在——未来）
4. 推扩递进（个案——一般，观点——例子——分析——观点，特点——评价，是什么——怎么样）
5. 原因递进（现状——对策，什么——怎么办，现象——原因，什么——为什么）
6. 演绎递进（大前提——小前提——结论）

三、段旨句的位置

为了使写作的人和读者都保持头脑清楚，无论你多不喜欢这样做，请将主要段落的段旨句放在段首。

> 批注：表示一个段落中心意思的句子叫"段旨句"，又叫"主旨句"或"主题句"。

提示——①段落是由句子形成的第一个完整构件，它又可以组成层次，因此掌握段落非常重要。②本书介绍的模式其实就是从段落到全文都是以主旨引领的结构。从整篇文章的引言揭示中心主旨，到各节的开头揭示分论点，再到段旨句引领整个段落。③过渡段落可以稍微灵活。

> 批注：段落就是按照段旨句的展开，与它有种种关系。段落类型按照段旨句与后面部分的关系来划分。可以把段落分为述与论两大类，下面又分诸多类型。为简单起见，下面举例时主要举独段构成的段落。

四、段落的类型

（一）述的段落

1. 述事

> 批注：承接上段，过渡句。

例2

> 批注：主旨句，中心是办杂志。

与秋瑾的归国办报不同，燕斌创办《中国新女界杂志》之际，正在东京早稻田同仁医院留学。除为此刊主编、主笔外，时年三十九岁的燕斌还同时担任了中国留日女学生会对外书记。加以1905年冬留学之前，燕斌自称已"奔走遍十二行省，名媛贵妇，订交论学，相追随而莫逆者，颇不乏人"。以其在国内、尤其是留日女界中的资历与声望，《中国新女界杂志》既吸引了诸多留学生特别是女生参与其中，出刊后，也获得了广泛的关注，第三期的发行量便"已及五千余册"。然而，由于内地代销报费多有拖延，致使该刊"经济异常困难"。先是自第四期起开始延期出版，至第六期印行后，杂志终于

> 批注：围绕主旨句，说明办杂志轰动及其原因，展示其兴起的情况。

> 批注：用一个转折词，引出陷入困境的情况及其原因。

被迫停刊。

——夏晓虹《晚清女报中的国族论述与女性意识——1907年的多元呈现》

围绕主旨句的中心词"不同",介绍燕斌在日本办报的过程,与秋瑾的情况隐隐对比。

2. 述状态

例3

文学院中文系的保守势力却是相当大的。1928年之前,中国语言文学系(国文系)有黄侃、胡小石等注重国学的保守势力,新文学作家郁达夫因与黄侃冲突而很快离开。1928年之后黄侃、胡小石到了南京的中央大学,武汉大学中文系的领导权长期在刘颐(博平)、刘永济(弘度)手中。前者为黄侃高足,长文字、声韵、训诂;后者为"学衡派"成员,吴宓的清华同学,长古典文学的词曲、文论,平时会"借题发挥,大骂五四以来的新派"。实际上1931年以后,在中国语言文学系任教的新文学作家只有苏雪林,陈源、凌叔华、袁昌英主要说在外国语言文学系授课。苏雪林虽开"新文学研究"的课程,但她自知自己"只知写写白话文,国学没有根柢的人",面对着"中文系几位老先生由保守而复古",她也逐步转向古典文学研究与新文学批评并重。苏雪林在后来回忆说:"大凡邃于国学者,思想总不免倾向保守。武大中文系几位老先生都可说说保守份子。"

> 批注:通过时空的变化展开段落。以时间先后为序展开段落,来表述同一时间里不同地域、方位的情况。这种展开段落的方法类似于中国画中的"移步换形"技法。
>
> 批注:主旨句,重点在保守势力大。下面写1928年前后的状况。
>
> 批注:围绕保守势力大,略写1928年前的一个例子。
>
> 批注:继续写1928年以后的概况,写保守势力大。
>
> 批注:接着反过来写趋新势力弱小,详写苏雪林。

——沈卫威《新文学进课堂与中国现代文学学科的确立》

有详有略,有点有面,按照时间顺序,通过写过程充分展示了保守势力大的状态。

3. 述分类

例4

古代文论,作为一个研究方向或者学科分支,与中国古代文学,与文艺学,都有内在的深刻的关联。所以,古代文论的研究主体,也就有两类学者,两大学术群体。一类是站在中国古代文学学科立场的,一类是站在文艺学学科立场的。相应地,也就有两种研究路径和研究范式、研究风格。我这里不完全是从研究者在大学里或者在科院院所里的行政归属来划分,不是从他们是在古代文学教研室,还是在文学理论教研室来划分,而是从他们各自的研究视角、各自所运用的研究方法,从他们的学术思路和学术习性来划分。这两种研究路径的区分,早在20世纪三四十年代就已现端倪,而在近

> 批注:通过分类展开段落,即依据同一标准对事物分类。
>
> 批注:这是一句过渡句,过渡句与主旨句的关系是因果。
>
> 批注:主旨句,中心是两类学者。
>
> 批注:具体分列分类。
>
> 批注:围绕分类,交代分类的标准。

三十年日渐分明。罗根泽早就提出，文学批评史研究的态度主要有两种，一是要写出"事实的历史"，一是要创造"功利的历史"。前者是所谓纯粹的史家，就是以忠实地记述过去为目标；后者是要以古为鉴，找出根据，用以指导未来。前者重在"求真"，后者重在"求好"。他所谓"事实的""求真的"文学批评史，约略近于我们所说的从古代文学立场对古代文论的研究；他所说的"功利的""求好的"文学批评史，约略近于我们所说的从文艺学立场对古代文论的研究。回顾八十年来的轨迹，不难看出，古代文论这一学科分支最先是由文学史家开创，而近三十年来，文艺学家在古代文论研究领域中的声音逐渐变得比以前更加响亮。

批注：围绕分类，交代历史上的类似分类。

批注：过去的分类与现在分类的关联。

批注：从分类展开，指出两类在历史上的表现，为下面的论述导引方向。

——王先霈《三十年来文艺学家的中国古代文论研究》

这个例子有分类，有深入分析，有引用，有并列，有递进，结构很复杂，但是对于主旨句来说，都是围绕分类，先说明分类是什么，后面追溯其历史。有起点的详细说明，有八十年总体概况，还有趋势的认识，使得现在的分类法非常有历史感和底蕴。

（二）论的段落

1. 举例说明

例5

北宋词风之转变，实以教坊新腔，为最大枢纽。而柳氏以"薄于操行"，一扫卑视里巷歌谣之心理，不惜士大夫之唾骂，转为乐工填词。于是盛行士大夫间之令词，始渐为流传四方之慢曲所压倒。惟其易取悦于俗耳，故其发展乃有不可遏抑之势。柳永之外，以慢曲擅长者，如张先、秦观，莫不受其影响。盖慢词之创制，必倚新声，而教坊官妓，与倡馆酒楼，则新声之策源地，而歌词之传达所也。《后山诗话》称：

批注：用举例来陈述、证实、说明主旨句（有的用具体事例，有的用概括性例子）。

批注：主旨句，总论北宋词风，包括北宋词风及其转变，以教坊新腔为中心。

批注：举北宋的柳永为例，突出转变和教坊新腔。

批注：再举两个北宋词人为例，以表示广泛。

批注：这几句分析为下面的引文做好准备，引导读者从这个方面来解读。当然也可以先引两段引文，在加这几句分析。

张子野（先）老于杭，多为官伎作词。

《避暑录话》又云：

秦少游亦善为乐府，语工而入律，知乐者谓之作家。元丰间盛行于淮楚。

——龙榆生《两宋词风转变论》

作者列举两个例子，注意区分方法，前面一个用自己的话，后面则用他人的话，顺序上先举最典型的，以明其义，再补充几个次要的例子，以说明这在北宋是普遍现象。有重点有次要，先重点后次要。当然也可以倒过来，但是不如这个说服力强。

2. 比较关系

例 6

在元人杂剧中，《公孙合汗衫》是这种倾向的一个显著例证。剧作者主观制造他的情节，不是根据观察或者体会得来的时候发展规律，结合戏里的事件，深入正常现象，因而获致惊人的必然变动。和这相反的，却是杂剧《陈州粜米》：包拯在第三折给妓女笔驴，已经是一种有趣而又意外的收获，接着就见远道出迎的放粮赃官把被迎的长官吊在十里长亭的槐树上。这位佚名作者未免想入非非，然而细一想来，却又十分合理，因为泼辣笔墨在这里结合着人物的性格。包拯在这出戏里，有胆量，有机智，尤其难得的，有幽默，而又那样平易，我们从他身上意会到了农民创造的包拯的严正而又可爱的形象。他要两位大少爷赃官把他吊起来。因为只有这样，赃官才能慑服。剧作者要这位清官被吊，因为只有这样，才能显出赃官平日何等作威作福，草菅人命。奇突的转折在这里说明戏剧性的作用。

——李建吾《从性格上出戏兼及关汉卿创造的理想性格》

围绕的观点不一样。但是观点都是从材料中出来的，牢牢抓住两者的差异，集中写好一个新的方面，两者比较，有主有次。重点在后面。

3. 解释、说明和阐述主句

例 7

王充思想之特征，在于反抗时代潮流之批判精神。西汉学术主于解经，惟王充不囿于经生之见，不囿于阴阳五行之说。西汉文学重在辞赋，而王充不染赋家习气，不玩雕篆小技。王充之在东汉，诚为一卓然特立之思想家。《论衡》所载，有《九虚》《三增》《问孔》《刺孟》等篇。书虚、儒增指出经、传、纬书、古籍记载，常多不符事实。《问孔》《刺孟》认为孔孟之言亦时见前后矛盾。其于圣贤经传做出大胆怀疑与毫不留情之批判，在一千八百多年之前，诚属难能可贵而勇敢过人。

——黄孟驹《王充〈论衡〉与刘勰〈文心雕龙〉》

段中展开部分从正反两方面概说了批判精神表现在哪里。

4. 转折关系

例 8

解放以后，由于我们国家的社会主义的性质和正确的民

批注：即通过比较事物的差异或说明事物的相同点。

批注：主旨句。正说《公孙合汗衫》。

批注：对正面倾向的概括。

批注：主体却是主旨句的相反方面。

批注：结合具体内容，围绕"奇突的转折说明戏剧性的作用"来分析。

批注：这句是对应前面对正面倾向的概括，这是对反面倾向的概括。可以直接接在"和这相反的，却是杂剧《陈州粜米》"的后面。这里作为前面情节介绍的总结。

批注：即具体对主句提出的概念、定义、主张或观点进行解释和阐述，以展开段落。为论证做准备的。

批注：主旨句。核心是批判精神。

批注：说明批判精神的一个表现。

批注：说明批判精神的第二个方面。

批注：前面两个是反面说明。这里为正面的表现。

批注：对批判精神的评价。

批注：即通过前后意思的转变展开段落。

批注：以正面的叙述开始，但是并不是本段的中心。

族政策，对众多兄弟民族的历史、文化，作了许多工作，取得不少资料。但因为太偏重于为当前的政治服务，因而相对地忽略了对各民族历史、社会、文化的广泛调查和深入研究。至于对过去这方面文献的整理工作，就更少动手了。这使我们学界在建立以马克思主义为指导的、具有中国特点的民族学（包括民族志）及发展各种文化科学（包括神话学）的工作上，都受到一定的损失！这种"负"的经验，是值得我们认真给以总结，作为今后工作的借鉴的。

——钟敬文《论民族志在古典神话研究上的作用——以〈女娲娘娘补天〉新资料为例证》

> 批注：这个才是中心，突出"做得不够"，这才是主旨句。
>
> 批注：更深一层展开中心，展示"做得不够"的另一方面。
>
> 批注：前面是"做得不够"的原因，这句是"做得不够"的结果。
>
> 批注：前面是现状，后面是未来。

也可以把第一句看作主旨句，但并不笼盖全段，而是为后面内容提供范围和靶子。

5. 通过递进关系

例9

《文心雕龙》和《诗品》等名著之后，中国传统文人对诗词的评论，多用诗话词话的体裁写出来。这些著述，内容丰富而驳杂，诗学理论、作家逸事、品鉴评骘等都有。近人如郭绍虞、刘若愚等先生，对诗话词话中诗学理论部分的整理疏释，不遗余力，成绩亦可观。对诗话词话中品鉴评骘（即今人所谓实际批评）的手法，却罕有析论。纵使偶有涉及，则多以印象式批评称述其品评手法，语焉不详，且言下颇有轻蔑之意。中国印象式批评的特色，是笼统概括、好用比喻、评语简约。若言精密详尽，自以现代西方的新批评（The New Criticism）为是。不过，谈艺之士，如能博观约取，洞鉴深微，则心领神会之余，寥寥数语，反得要言不烦之妙。中国传统批评家，雅好摘句为评。这种方式，乃印象式批评手法之一端。本文缕述摘句为评手法之特点，追溯其渊源，析论其与中国诗学之关系，并以与英人安诺德（Mathew Arnold）的"试金石"（touchstones）法比较。所据材料，自北宋欧阳修《六一诗话》至清末王国维《人间词话》，计二十余种，颇能代表近千年来诗话词话的批评传统。

> 批注：即由浅入深层层推进，逐步深入，说明事物本质属性或事理，以展开段落。
>
> 批注：先是说古人的诗话词话成绩，后说近人的成绩。
>
> 批注：指出前人的不足，以上相当于文献综述。
>
> 批注：指出前人的看法，即只提印象式评论并认为不如西方新批评，并从中提出自己的研究对象——摘句为评。
>
> 批注：落到自己文章的对象及采取的做法。
>
> 批注：交代自己选用材料的特点以及合理性。

——黄维樑《诗话词话中摘句为评的手法——兼论对偶句和安诺德的"试金石"》

这一段是典型的开头写法。几个层次有递进，从对象到前人研究的概括和评价，到自己的做法。因为前人的不足，所以本文才有必要和角度，才需要交代做法。还适当运用一些关联词语，使层次的递进关系更为清晰。

6. 因果关系

例 10

> 下个世纪的中国学界，重新界定学科并划分疆域，将是当务之急。近、现、当代的重叠，使得其必须"删繁就简"。若如是，现有的"现代文学"思路，将处于相当尴尬的位置。比如，晚清被"近代文学"包容，左翼及解放区文学又为"当代文学"所喜爱，鲁迅、胡适等作为思想史、学术史的对象，张恨水们又成了通俗文学的样板，所谓的"现代文学"，还能否自成体系，实在很难说。对于具体学者来说，不必画地为牢，尽可穿越学科边界，从事综合研究；但作为与教育体制密切相关的学科建设，却必须有相对确定的对象、思路与方法。
>
> ——陈平原《学术史上的"现代文学"》

批注：即主旨句与展开的部分为原因与结果的关系。

批注：主旨句，对21世纪现代文学学界做出一个判断。

批注：原因是现代文学的尴尬处境。

批注：具体例子说明原因。

批注：主旨句中判断的具体做法。

可以主旨句为因，后面是果，也可以主旨句为果，后面是因。

7. 演绎关系

例 11

> 从生物学的观点看来，人类的异性之间的互相吸引，互相爱悦，以至要求结合，也不过是受了自然的法则的支配，也不过是为了延续种族。然而人到底和其他生物不同。人类用自己的手创造的文明把人的物质生活和精神生活都大为提高，大为丰富了。男女的互相爱悦和要求结合，在一个文明人看来，并不仅仅是为了生育子女，却首先是和个人的生活、个人的幸福密切相关的事情。而异性之间的爱情，这种本来是基于性的差别和吸引而发生的情感，到了后来竟至升华为一种纯洁的动人的心灵的契合，好像性的吸引反而不是最重要的原因了。人类的生活里面出现了这种感情，就不能不在观念上和实际上都对于两性生活发生了很大的东西。然而，正如恩格斯所说，在所有历史上统治阶级中间，婚姻都是由父母来安排的，中国的封建婚姻制度也是男女结合必须经过"父母之命，媒妁之言"。《红楼梦》第五十七回，薛姨妈对林黛玉和薛宝钗讲了一个月下老人的故事。她说这个月下老人是专管男女婚姻的。如果他用一根红丝把两个人的脚拴住，凭你两家隔着海，隔着国，或者有世仇，也终究会成夫妇。如果他不用红线拴，尽管你本人愿意，或者经常在一起，都不能结婚。这个故事在过去是很流行的。它反映了封建社会的婚姻制度的特点，它是那样盲目，那样不能由自己选择。《红楼梦》不仅通过许多激动人心的故事诉说了这种婚姻不能自主的痛苦，而且它对不合理的封建婚姻制度作了更深刻的暴露。它写出了这种婚姻制度的牺牲者

批注：按照三段论式安排的关系。

批注：这是主旨句，是高度抽象的人类的规律。

批注：对主旨句的阐释和分析，但是仍然属于一般的结论。

批注：用名言来对主旨句换一种说法，以增加其说服力。

批注：列出《红楼梦》中描写的婚姻不能自主的痛苦。演绎推理的小前提。

主要是妇女。它写出了这种婚姻制度容许公开的多妻制，容许各种各样的公开的和秘密的淫乱，然而它却不能容许花一样开放在这不洁的家庭中间的纯洁的痴心的恋爱。

——何其芳《论〈红楼梦〉》

开头部分人类的一般情况是大前提，揭示真实的两性婚姻状况。下半段是小前提，指出《红楼梦》中描写了这个状况。隐藏的结论在本段中没有出现，这个结论应该是：《红楼梦》真实地反映了人类生活，为它是现实主义伟大作品的判断做分论点。

8. 问题和具体分析关系

例 12

作者"张铭"为何许人，抑或是林纾的托名，在林纾3月11日所写信中也可以找到答案。所谓"经敝徒性甫作论辩驳"，《林纾诗文选》亦注出："性甫，即张汤铭，号烟樵，画家。福建闽侯人。"《林氏弟子表》记林琮言，称其"为先公画弟子中佼佼者"；张氏挽林纾词亦有"侍笔砚有年"，"病榻弥留，遗属丁宁传画册"等语。后者乃指林纾病重时，书《遗训十事》，亦特意交代"四王吴恽画，送性甫。"显然，其人为林纾爱重的绘画弟子，形同子弟，故于专言家事安排的遗嘱中也不忘道及。

——夏晓虹《一场未曾发生的文白论争——林纾一则晚年佚文的发现与释读》

批注：即主旨句为本段要解决的问题。后面用材料来解答这个问题。

批注：主旨句提出问题：张铭是谁？

批注：以信中的一句话，补充《林纾诗文选》中的注，揭示出张汤铭（张铭）并非林纾托名，而是另有其人，乃学画弟子。

批注：用另一条材料印证张铭另有其人。

批注：补充揭示材料的背景，进一步用其他材料说明张铭与林纾的关系。

这种段落形式更常见于综合式和考证类展示思维过程的论文，关于综合式论文和考证类论文参阅本书第八章第二节。这种形式具有良好的导向感，提出问题，接着给予答案，是非常顺畅的思路。

9. 总说与分述关系

例 13

文学作品的题材总是和特定的历史时代相联系的。它首先是和作家所生活着的时代相联系。其次，如果作家写的是过去的生活，是属于历史上的人物和事件，他就必须仔细研究和分析那个和自己有了距离的时代，才能使那个时代的社会面貌、人物性格在艺术中复活。而且，这种研究和分析，又不可能是客观主义的。作家只有对准备写在他作品中的那些事件、历史人物感到了强烈的爱憎，并且还感到了有把一些正面的东西推到人们面前使大家也爱它，把一些反面的东西推到人们面前使大家也恨它的必要，作品才有孕育和产生的可能。因此，即使是在以历史为题材的作品中，我们所看到的，也就必然地并不仅仅是某些个历史人物在活动，同时也是

批注：即先综述后分说，实质上是总分思路在段落中的体现。综述要概括、准确，分说要善于辅陈。必要时可用序号，使分说条理更清楚。

批注：主旨句，总说。

批注：分说与作家的本身生活的联系，这个方面比较显而易见，所以从略。

批注：详论历史题材与历史时代的联系。

作家自己的思想感情在活动。只有当作家的思想感情渗透在作品里的时候,只有当作家把自己的命运和作品中的人物的命运联系在一起的时候,这个作品才会是动人的。

——程千帆《陆游及其创作》

例段中,主旨句特别用了"特定"一词,下面将这两字展开为"与作家相关的"和"远离作家生活时代的"两种情况分别陈述,而且有详略之分。

五、段落类型的综合运用

例14

少数民族民间诗人创作(演唱)中的"交织"频频出现,主要是由于:第一,对于大多数兄弟民族民间歌手来说,由于这些民族长期没有书面文学,旧社会歌手们大都是文盲,因而,民间文艺是题目唯一的民族艺术宝库。创作与演唱,只能从这个宝库里直接地、简捷地索取养料。这样编唱、"翻造"或创作出来的作品,其中固然不乏民间诗人、歌手个人创造的因素,但较多的则是属于民族民间传统的东西。这种作品的"交织"现象自然非常明显。第二,不少的少数民族民间诗歌,大多以一种(或二、三种)形式为其最主要的样式(或由于广大群众最喜爱,或由于普遍使用,有的则是最足以表现民族的特点,有的则是难度最大而充分显示该民族人民驾驭艺术的才能高超,如藏族的"谐",壮族的"欢",傣族的赞哈调,蒙古族的好来宝等),这些民族著名的民间歌手往往就是这种主要的民族形式的成功运用者或卓越革新者。其"交织"也就不难理解了。第三,有些少数民族至今仍然在口头上流传着一些篇幅浩瀚、内容古老的史诗、古歌、叙事长诗,这些世代传承、不断锤炼的长篇巨制,大多以职业的民间艺人(如柯尔克孜族专唱史诗《玛纳斯》的玛纳斯奇,藏族专唱史诗《格萨尔》的职业艺人,赫哲族擅长于长篇说唱"伊玛堪"的职业或半职业艺人等)或优秀的民间歌手保存得较为完整,演唱得最为生动,他们在长期传承(大都有师承)、发掘、演唱这些珍贵的民族文化遗产中,一方面致力于保存民间长诗的全貌,另一方面又以自己的艺术才能去丰富它锤炼它。前者,是他们演唱中的共性;后者,则是他们自觉地渗透于作品的个性。因此,同一史诗、古歌,在不同的优秀的民间艺人、民间歌手的传播中,必然会出现"交织"现象。第四,兄弟民族民间诗人、歌手,一般地说,受书面文学影响较少,他们的作品里,天然地保持民族色彩、保持民间文

批注:上述各种展开段落的方式常常不是单纯的一种方式,往往是以一种方式为主,几种方法综合运用。

批注:主旨句是结果,后面是原因,这层是因果展开。

批注:原因部分又按一系列假言三段论展开。

批注:回到主旨句。

批注:三段论的小前提:民族形式只有很少种类。

批注:小前提:民间歌手是民族形式的成功运用者和革新者。

批注:回到主旨句。但是,省略了大前提:民族形式较少的情况下民族歌手必定在运用和革新的时候将个人的个性与民族的形式交融在一起。

批注:述现状

批注:分类

批注:分别说明

批注:与前面构成因果联系,通过因果推理,回到主旨句。

批注:原因

批注:结果。但是本句并没有回到主旨句,只是主旨句的一部分:有民族传统的成分。没有写"交织"的状态。

学传统更浓郁、更淳厚一些。

——巫瑞书《民族风格与创作个性的交织——民间诗人创作特点初探之一》

本段具有复杂的关系，但是基本是原型的组合，最外层是因果关系。原因分述四个，分别从歌手文盲、形式单调、长期过程和受书面文学影响少等方面来分析。可见，第一和第四有点重复，第四点与主旨句关系并不是非常紧密，第二点省略的大前提是不是合适也值得商榷。这段本身存在问题，但是可以用来说明一个长长的段落都不过是简单几个原型的组装。注意：本书不鼓励写这种复杂的段落，因为段落以单纯为上乘，更便于读者获取信息。

例15

另外一个也许是更重要的原因，则是各人的方言背景。本来"我手写我口"，只能指向方言写作。但在黄遵宪、裘廷梁、梁启超等人当年看来，采用白话文原本就是要达到通行全国、启蒙大众的目的，如果只限于方言区一隅，便折损了写作的意义。因此，官话成为必然的选择。潘璇为《女学报》所作序中，已经把这层意思说得十分清楚：

我中国通行的，有这官话。"官"字是公共的字，"官话"就是公共的话了。我们如今立报，应当先用官话，次用土话。为什么呢？因为土话只能行在一乡一村的，不能通到一县一州；行在一县一州的，不能通到一省一国。本报章定用官话，乃是公共天下的意思。这也是《无锡白话报》改名《中国官音白话报》的缘由："以报首表明'无锡'二字，恐阅者或疑专为无锡而设，尚虑不足以号召宇内。"当然，随着白话启蒙运动的深入，日后对于以官话统一人心、增强国力一类政治层面的意涵有更多的论述。

——夏晓虹《作为书面语的晚清报刊白话文》

这段也是多层组合的，但层次清楚，请自己分析，仔细体会。

提示——①段落组合为层次，也无非是顺、逆和平三种方式。顺的有：因果（现象原因），递进（提出问题、分析、解决）。平的有：时间先后（并列），空间移动（并列），不同方面（并列）；逆的有：转折。平顺组合的有：总分（从总到分是顺，因为从抽象到具体，从分的来看又是平）。②必须一个意思在一个段落里讲完，使段落有头有尾。段中句子的文意（包括概念）不能矛盾。（参阅第八章"修改"）③一个自然段只能表示一个中心意思。几个自然段一起组成一个只含一个意思的段落。

窍门

虽然科技论文以长段落来实现逻辑严密和材料丰富的论证，但是尽可能让段落短。尽量使一个段落不要太多主语，一到两个为宜，最多三个。为了保证与主旨相关，试着按与主旨相关性递减排序，删去排在尾部的句子。检验每段中每句的角度是否一致。

> 批注：所谓"角度"，就是叙述、说明和论理时在你我他之间站的位置。动作的发出者应该一致，感情色彩也要一致。

名言金句

"至于什么地方多讲，什么地方少讲，要看读者对象。如果写教科书式的文章，给青年学生看，要写得很浅，很多知识都要讲清楚。这是普及性的文章，大学教材也是普及性的。要是写科学论文给同行看，给本行的人看，就要假定读者在这一方面已经很懂，因此就得很简单，单刀直入。"①

——王力

六、过渡句过渡段

> 批注：过渡主要是层次的衔接

1. 序数可以衔接各层次——首先、其次……最后；第一、第二……。

2. 连词可以衔接各层次——因此……（因果，递进）；然而……（转折）。

3. 过渡段可以衔接各层次。

4. 意思可以衔接各层次——用意思衔接几乎都是顺的，比如先说现象，后面直接说原因。另外，也可以用问句来过渡。

提示——①过渡句和过渡段是意义构件的粘合剂。②形式比较自由，只要能自然地联结上下两个构件，怎么做都是可以的。

七、论证方法

论证就包含在意义的组织结构中，如表 6-1 所示。

表 6-1 论证方法与各级构件的对应关系

法式	句子	段落	篇章	说明
举例法		"举例说明"	个案法	
引证法		"演绎关系"	理论+对象	因为长论文使用演绎论证会造成眉目不清，所以尽可能不用
因果互证法		"因果关系"	现象+原因 原因+结果	可以使用假言三段论表达
归纳法		"总说与分述"	几个方面	不能只举一个例子，样本需要代表性，拷问出现的概率。归纳要有本证，从有逻辑联系的地方来选证据，还要有旁证。发现例外，需要有合理的解释
比较法		"比较关系"	正论+反论	
类比式	喻证法			类比论证在科技论文中不太适合。在不重要的地方可以偶尔使用。最没有说服力。最好不在科学论文中使用

> 批注：用典型的事例作论据来证明论点的方法，即"摆事实，讲道理"的方法。

> 批注：一部分对一个典型案例具体分析，来获得结论的方法。

> 批注：用人们公认的事理（包括科学上的定义、法则；经典作家的言论等）来证明论点的方法。如人们常讲的按照什么或根据什么，就可以看出什么，就是引证法的具体运用。

> 批注：即用已知的原因（论据）来证明结果（论点），或由已知的结果（论据）来证明原因（论点）。

> 批注：一个具体事例因为相似而推出另一具体事例的特性。

提示——①显而易见的事实和公理不需要论证，而是论证的起点。②得出新论点，必须经过论证才能说服人，因此论文

---

① 王力. 怎样写学术论文 [M]. 北京：北京大学出版社，1981: 10.

必须论证，而不是描述。③论证需要满足充足理由律，比如，不要认为"在此之前，因此之故"。④不要相信孤证。⑤文学论文很难做到处处都使用严格的推理形式，但是如果你使用这些逻辑单元写论文，逻辑性就强了，而且会增强理论色彩。⑥所谓分论点就是许多前提和推论。⑦保证术语前后一致和清晰。⑧保持主旨（中心论点和各个分论点）不发生偷换。⑨观点与材料联系不明，可能因为论证不充分。⑩不要停止论证去讲故事。一旦以人物为中心去介绍了，你就走上了歧途。人和事都是用来供你分析，从中得出抽象看法的。

> **批注**：论证一定要加强分析。观点加例子之所以令人生厌，就是因为没有分析，分析就是展现推理过程的地方。

八、分析

(1) 可以是探寻具体材料的原因分析，并且这个原因就是观点。各种法式如表 6-2 所示。

表 6-2 因果分析的各种法式

法式	特征	说明
归谬式	假定非 p，则 q——q 是错的——因此 p	从错误原因推出错误结果，证明正确原因
肯定前件式	如果 p，那么 q。——现在 p——因此 q	从原因推结果
否定后件式	如果 p，那么 q——非 q——因此，非 p	从原因推结果
选言三段论式	p 或者 q——非 p——因此，q	从原因推结果
二难推理式	如果 p，那么 r——如果 q，那么 s——因此，r 或者 s	从两个原因推出不确定的结果
假言三段论	如果 p，那么 q——如果 q，那么 r——因此，如果 p，那么 r	从远因推出远结果
科学归纳法	对事实作详细的分析，只要对事实的分析是正确，即使事实不多，也可以对一类对象做出可靠的一般性结论。	因果与举例法的结合

> **批注**：也叫外展推论。

> **批注**：在"分析式"论文中，这个部分也应该用展示思维过程的方式。（关于"分析式"论文，参阅本书第八章第二节）

(2) 可以是正反两方面的比较分析。比较分析的法式如表 6-3 所示。

表 6-3 比较分析的法式

法式		特征	说明
比较法	求异法	ab 同时出现，ab 同不出现	比求同可靠
	求同法	每次出现 b 都出现 a	可靠性不强
	同异并求法	先求同，再求异	不一定正确，需要验证

例 16

这种属于思维过程，而在分析时只需要看作因果就行了。比如传奇与人生并非简单而直接的衔接，文学与社会的关系同样也是复杂的，是经过一番的转折而后才产生的。因此在探讨原型的分析过程，如一味加以简化，而不详考其中的介入折衷因素，结果往往有失传奇与人生并非简单而直接的衔接，文学与社会的关系同样也是复杂的，是经过一番的转折而后才产生的。因此在探讨原型的分析过程，如一味加以简化，而不详考其中的介入折衷因素，结果往往有失之简陋之虞，甚至与原作的精神相去甚远。

——周英雄《结构主义是否适合中国文学研究》

本例的因果联系是通过求同比较法获得的。

（3）分析可以分成几个角度来看。

例17

传奇可以说是科举制度下的产物，多数都为"温卷"而作，因此形式必须要叙事、议论与诗词并重，而内容也必须符合道统的思想。换句话说，传奇与人生并非简单而直接的衔接，文学与社会的关系同样也是复杂的，是经过一番的转折而后才产生的。因此在探讨原型的分析过程，如一味加以简化，而不详考其中的介入折衷因素，结果往往有失之简陋之虞，甚至与原作的精神相去甚远。纯粹的民俗作品情形可就稍有不同了。就以乐府而论，所谓"劳者歌其事"，所谓"饥者歌其食"，却显示出文学与人生直接的关系，所以透过民俗文学的形式分析人生的基本问题，实践起来要方便多了。此外民俗文学的形式通常较为简单，分析时只有化少为多，或是"望文生义"的危险，不至于患上"化繁为简"的毛病，也不致于患上只重分析,不重解释或鉴赏的问题。结构主义的分析应用在纯文学与俗文学上面，后者无疑效用比较宏著。

——周英雄《结构主义是否适合中国文学研究》

批注：原因，小前提。

批注：结论。隐藏了大前提："科举制度下的产物"在内容上符合道统，形式上叙事议论和诗词并重。

批注：一个过渡词，与"因此"相当。

批注：新结论。暗含一个假言三段论：如果传奇受道统影响，它反映生活就必然歪曲了。如果受到歪曲了，它与人生的关系就不是衔接的。因此如果传奇受道统影响，它与人生的关系就不是简单而直接的衔接。

批注：与前面一句是并列的，从另一个角度表述。

批注：转折连词，后面是结果。

批注：原因

批注：结果

批注：深一层的结果。

批注：缩小论题范围。因为民俗作品很多，缩小才有具体的对象。可以看作举例法。

批注：举例说明分论点"民俗作品与人生直接相关"。

批注：前句为原因，此句为结果。

批注：并列关系，对比另一个观点——关于如何分析的问题。

批注：原因

批注：结果，与传奇正好不同。

批注：这是一个省略了的三段论，此句是结论。省略了大前提："结构主义在分析接近生活的直接的东西上更为有效"。前面那些话是小前提："纯文学（传奇代表的）没有俗文学（乐府代表的）接近生活而且直接。"

全段为对比排列。第一句少了一个主旨句:"传奇与民俗作品有很大不同"。前面一半主要论点是分析传奇与人生并非简单直接的衔接,分析"不能一味简化"。后半部对比纯粹民俗作品的情况。最后一句既是引申,同时也是下面推理的开端。由此例子可见,在论证的过程中因果是非常重要的因素,同时在文字中会省略很多前提和环节。

提示——分析是非常重要的。不分析,在举例的材料与观点之间其实是没有必然联系的。不分析从论据就推不出主旨,这属于逻辑错误。

第二节 何时进入撰写阶段?

一、不断地整理分析材料

逐个考虑每个项目的下位论点,直至段一级,写出段旨。不断考虑这段、这节、这篇文章的中心是什么?写的东西与中心有关吗?与其他材料相比,关联是更大,还是更小?选择关联性大的,典型的材料,最终追求达到类似金字塔的结构,如图6-1所示。

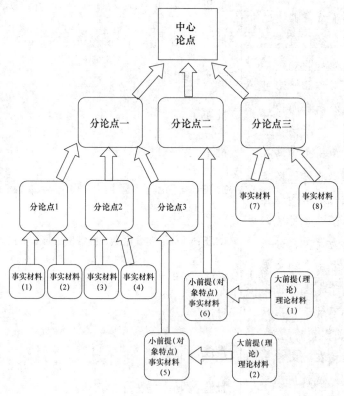

图6-1 金字塔结构

说明——该图第一级的逻辑关系是归纳的。第二级的逻辑关系有并列,也有演绎的,也可以有因果,如事实材料(7)和事实材料(8)与分论点三之间的关系,可以是一因两果的关系，也可以是一果两因的关系。所有属于一个上一级论点的下属分论点之间应该按照任何一种组织结构来组织。直到每个段落中事实材料和理论材料都经过分析而与段旨建立牢固有力的联系。几个段旨按照组织结构组成层次，层次又按照组织结构组成更高的层次，直到中心思想。每一个论点都是对大纲各级问题的回答。参阅第四章第三节。

例1

呈现在 mindmanager 中的大纲可能是这样的，如图 6-2 所示。

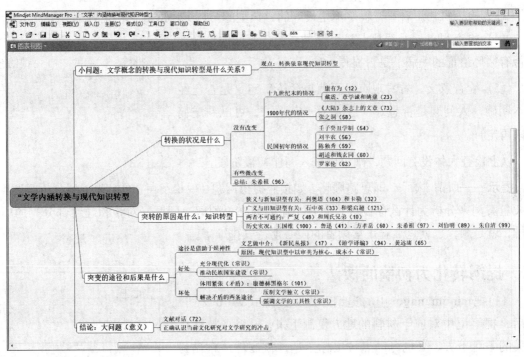

图 6-2　《"文学"内涵转换与现代知识转型》的金字塔结构

说明——①这个金字塔结构最右边的观点都标注着相关材料，材料后面括号中的数字对应于笔记中相应的材料标号。每一节点的分支都是有逻辑关系的（按组织结构组织），比如大前提和小前提，或者并列归纳等。②这个表非常清晰。从上面到下面的调整原则是：尊重材料、亮点和意义。——每一个点应该有充足的材料支撑，每个论证的点应该是亮点，那些点应该组织成一个逻辑的体系，最后的问题应该是有意义的（创新点要和有意义的问题结合起来）。

提示——①依次考虑各个段的安排，把准备使用的材料按顺序编码，以便写作时使用。②不是罗列所有材料，收集材料为了形成观点，写成论文是为了说服别人，只要选择典型的就行。有的材料写入论文，有的不写入论文，仅仅帮助作者形成观点。③一般情况下，本领域所皆知的常识，不要再介绍。④中心论点下面一级的层次，往往使用小标题。如果有小标题就每节都有，要么都没有，只标序号。⑤应该估量一下，保证同级部分的体量大体相近，每一小节的内容不要太少。⑥好好检查金字塔最末端的各种材料，它们像山上的溪水，还要检查每一层的逻辑关系，它们像河道，检查其逻辑强度就像检查河道通畅的情况与否一样。只有溪水充沛、河道通畅，进入大海的水才会澎湃有力。

二、最终检查

(1) 检查整体思路。看看思路有没有中断和跳跃，还要看看是不是"顺"。

(2) 检查结构。看看金字塔结构的每一层次是否都有紧密的合理的逻辑联系，各章节内容是否大体匀称，金字塔最下面的"神经末梢"是否都有具体材料支撑或者有常识支撑（与事实材料相比，应少用经典观点即理论材料，那可能成为你论点的"软肋"，你相信的观点可能别人不相信）检查论证中的特例是否都得到解释了。

(3) 检查材料。看看材料是不是最好的，典型的。从旁协助的材料是否都有了。

(4) 检查观点。看看观点是否都是新的，正面的论断，是否有循环论证的毛病，是否显得无须证明。

> 批注：即你的中心观点就在你的出发点的理论之中，或者就在你的预设里。

(5) 检查意义。看看观点是否值得争论，意义是否已经基本明确，大问题是否想好（这点不一定强求，可以到定稿之前再定）。

以上检查大体没有问题，则可以进入写作初稿阶段。

提示——所谓"顺"，即思路顺畅。如按照提出问题（现状及存在的问题）到分析问题（引用大量案例来分析为什么存在这些问题，原因何在再到解决问题（对策和建议部分）的顺序安排，就是顺，也就是顺着正常读者的内心期待安排顺序。

三、提纲转化为初稿的做法

(1) 把 mindmanager 中的提纲导出为提纲式 word 文档。然后，把笔记中对应于材料的地方复制下来，一条条粘贴在相关的条目下方。（也可以点拉鼠标全选，复制然后粘贴到文档中）

> 批注：看起来就像给一个框架填充物料，类似雕塑家的事情，即在一个框架的每一个钢筋上裹上黏土，然后把一团团的黏土形塑到要求的形状上去，把胳膊的泥土按照胳膊来塑，多的删除，少的补充。

(2) 增加衔接和过渡，使得各部分顺利地连接起来。

(3) 对粘贴在分论点后面的材料进行压缩或者展开，根据详略主次的要求加工，更重要的是在材料与你的观点之间建立联系。

提示——①如果是纸质笔记也要在笔记上标出序号，务必不要搞混了对应关系。②不要在剪贴的过程中，失去材料的各种信息。③如果在材料分析的过程中发现论点需要修正，或者写作过程中发现结构存在不集中的情况，请重新建立提纲，建议在进入正式写作初稿以后，重新打破提纲至少三次。④全面检查，做必要的增删。

化为目录形态：

例 2

《论新生代作家小说创作的个人化倾向》

一、新生代的崛起

> 批注：因为新生代是新概念而且内涵复杂，所以要先做介绍。如果是已经熟知的现象不必这种介绍，或者与下面一章合并。

二、个人化写作：新生代小说创作的标志　　　批注：这是真正的研究对象，这部分是界定什么叫个人化写作。

　　三、新生代个人化写作的特征

　　1. 个人感觉经验和隐秘经验的书写　　　批注：这是论述的重心，回答特征是什么的问题。下面按照总体与部分的关系归纳式论证。

　　2. 非代言人的作家角色

　　3. 欲望的解说

　　四、新生代个人化写作的意义与局限

　　第一层结构为递进关系，前三章从现象到特质，第四章是怎么样评价，在高度上是递进的。第三章内部为并列式，通过三个角度的归纳构成总体。

批注：个人经验角度。

批注：作家角色角度。

批注：进行评价。

病例

　　《论巴金小说抒情方式的变化——以〈家〉和〈寒夜〉为主要研究对象》

　　一、抒情形式

　　二、抒情内容

　　（一）人物形象塑造　　　批注：这不属于抒情内容。抒情内容应该指抒发的什么情感。人物形象肯定不是情感。

　　（二）人物心理描写　　　批注：这也不属于抒情内容。

　　三、抒情语言

　　四、情节设计　　　批注：情节本身不是抒情的要素。

　　五、环境描写　　　批注：与抒情没有直接关系，可以改为"环境描写与情感抒发"。

　　（一）独赏诗词　　　批注：这三节与主旨全然无关。

　　（二）我说散文　　　批注：与抒情也没有直接关系。

　　（三）感受戏剧

　　（四）再析小说　　　批注：与巴金和抒情都没有直接关系。

　　（五）文学与非文学

　　这个大纲典型反映了不围绕中心展开论证的常见病。

第三节　论文主要部分怎么写？

一、题目

（一）单标题格式

　　单标题格式只包含研究对象（或者时间段+对象），如果研究方法特殊可以加上方法，为了增加论文题目的区别度可加独特角度。其他都是一些辅助词,其中的动词就是与"研究"类似的词语。

提示——①标题必须是暗含着动词的名词短语或者动宾结构的短语,绝对不能是句子,因此也不表达作者观点;②力求明确、简短,在确保明确的前提下尽可能不超过20个字。

例1

《尼采与鲁迅的比较研究》

批注:研究对象是尼采和鲁迅。

批注:方法采取的是比较法。

《明末文人结社研究》(或者《关于明末文人结社的研究》)

批注:研究对象是明末的文人结社现象。

《九十年纯文学阅读接受的实证研究》

批注:研究对象是九十年代的纯文学阅读接受情况。

批注:采用的方法是实证的,将采取读者问卷等手段。

《论新文化运动的语言问题》(或者《新文化运动的语言问题论》)

批注:与"研究"相当的词,类似的还有"分析""浅析""探析"等。

批注:研究对象就是新文化运动中出现的语言问题。

《心理学视域下关于贾平凹小说的研究》

批注:理论来源是心理学的相关研究成果。

《从〈……〉看……创作风格的转变》

批注:研究对象是贾平凹小说。

批注:角度和对象。

病例1

《论马克思主义文论具有超越性》

批注:这是一个判断,表达了作者的观点。这种旗帜鲜明地标明作者观点的标题属于新闻标题,在报纸上常见。

改为:《论马克思主义文论的超越性》

《从"出走"的女性形象看女性解放》

批注:这个概念太大,改为女性解放上的某个问题,比如女作家如何表现女性反叛?这个似乎与文学关系更直接,女性解放是个政治学、社会学话题。我们文学论文的结论应该对文学有帮助。

改为:《论"五四""出走"女性形象背后的观念》

《小说作品与影视作品利弊》

批注:这个题目是写什么?是不是影视改编的成败?如果是,那么这个与上面两节的内容没有逻辑联系。

改为:《论小说作品影视改编的得失》

批注:这属于格式变体。文学类论文的研究者因为受过很深的人文教育,所以对于带有强烈科学色彩的题目格式有些反感。因此不止大学本科生,就是有些大学教授也不喜欢千篇一律的题目。他们更爱用模糊的暗示的调调,这就需要副题了。

(二)带副题的题目格式

正题用某种模糊的句子来

暗示论文的角度和中心论点。副题按照单标题的规则来确定（暗示法）。

例2

《心有灵犀一点通——论李商隐诗歌的抒情性》

批注：用李商隐诗句暗示李商隐诗歌的抒情性。

《怎可如此颂秦皇——从〈大秦帝国〉看当下历史叙事的危机》，

批注：暗示作者的评价。

《孑然远行的流浪者——鲁迅与余华创作思想解读》

批注：暗示作者的看法。

副题比正题具体，标明了对象，是作者为了调整研究角度，或者限制研究范围，或者突出研究重点（限制法）而添加的。

例3

《身份认同与"变脸"叙事的双重裂合——论〈角色无界〉兼及〈尘埃落定〉》，

批注：人格精神被放在关键词中，应该是一个名词，但是，人格和精神是两个概念，如果是新名词，有必要简单解释一下。不如说精神分析，里面使用弗洛伊德的人格理论。或者只写"人格分析"。

病例

《曹七巧和司猗纹的人格精神分析——比照〈金锁记〉和〈玫瑰门〉的一个视角》

改为：《曹七巧和司猗纹的人格分析》

批注：文字表述不完整。"解读"没有标明对早期研究的认识。

《心灵的缺憾——从自卑情结解读〈茉莉香片〉》

改为：《心灵的缺憾——从自卑情结角度重新解读〈茉莉香片〉》

批注：目的不是要扩大研究范围，而是考虑到某一项内容与本文有较密切的关联，顺便予以论述。因此，超出正题范围之外的仅是某一章、某一节，并且，这一小部分在整个论文中居于次要的地位。如果删去这部分，并不损害论文的完整性。

提示——①副题要比正题的范围窄，不能比正题范围大。这一规则的例外是，副题：兼论……②题目应与内容相符。两者要相互配合，直到题目是最新的，内容又是题目所涵盖的。③越是具体的、特定的标题，就越能反映文章独特的内容，有效信息量就越多。④尽可能在题目上体现出角度。要确定一个研究的最佳角度，将自己的研究限定在一个适当的范围，选择一个最好的切入点。⑤题目应一目了然。⑥不使用修辞手法。⑦没有语病，应避免使用非标准化的缩略语。⑧尽可能删去多余的词语；避免将同义词或近义词连用。⑨避免像《关于……的几个问题》这类不明确的题目。⑩题目一般居中排列。题目较长时，题头4格，如一行写不完，另起一行，空6格。副标题另起一行，比主标题退两格加破折号。⑪推荐设置字号字体：小二，黑体。

批注：题目一般化，甚至千篇一律，千人一面，不可给读者和答辩委员会成员、评定论文的专家以好的第一印象。题目本身不要炫奇弄巧，新颖性最好体现在角度上，或者是理论方法的新颖，或者是问题的新奇。

例 4

《"文学"内涵转换与现代知识转型》① >> 批注：这种方式是专著的方式，属于省略的方式，也可以改为《论现代知识转型背景下的"文学"内涵转换》。

二、署名

写法见第五章第 71-72 页。

例 5

火源

三、工作单位

写法见第五章第 71-72 页。

四、基金项目

基金项目名称应按照其正式名称填写，在圆括号内注明其项目编号；多项基金项目应依次列出，其间以分号";"隔开。中文文章以"基金项目"引领，英文文章以"Foundation item："引领。 >> 批注：如果论文受到基金项目资助，应注明基金项目名称。

例 6

基金项目：本文系陕西省教育厅科学研究计划项目"知识转型与新文学发生"（2013JK0259）和陕西理工学院2013年校级人才启动项目"知识视野中的《新青年》同人研究"（SLGQD13-41）的阶段性成果。

五、目录和小标题

章节编号方法采用分级数字编号方法。 >> 批注：博硕士毕业论文等长篇论文或者专著需要目录，目录中包括章节和小标题，期刊文章没有目录。

例 7

第一级"第一章""第二章""第三章"等。

第二级为"第一节""第二节""第三节"等。

第三级为"一、""二、""三、"等。

第四级为"（一）""（二）""（三）"等。

第五级为"1.""2.""3."等。

第六级为"（1）""（2）""（3）"等。

第七级为"①""②""③"等。

提示——①各级的顺序不能颠倒，但是中间可以减少若干级，不一定要连续。②单篇论文一般从第三级开始编序。

小标题的格式：

---

① 该文发表于《西南民族大学学报》（人文社会科学版）2015年第5期。

1. 话题

2. 分论点或暗示出分论点

提示——①比较活泼的专著可以稍微错落，单篇论文尽可能格式较整齐。②小标题也不能有的有，有的没有。

六、摘要（内容提要）

写法见第五章第一节第72-73页。

例8

内容提要 在清末民初，"文学"概念发生了从广义到狭义的转变。一直以来这次转变被看作概念更新和观念发展的结果。通过对"文学"概念转换过程的梳理，可知"文学"概念转变从举步维艰到迅速实现都与知识型的存在和转换有关。其实，"文学"狭义的获得是新词义的嫁接和占领，并非新旧含义的自然融合，更不是旧义的自然发展。新旧知识型与新旧"文学"含义紧密相连，"文学"内涵转换不得不借助于知识转型才得以实现。

批注：论题的背景。

批注：前人文献的总括和不足。

批注：做法。

批注：此处没有按照中心论点和分论点一一罗列，而是重新组织成一段连贯的表述。对文章第三部分没有详细写出。重点说明的第一和第二两部分，文学概念转换如何发生，以及与知识转型的联系。如果要改，应该补充加上"如此转换的结果是中国新文学更为重视娱神性，并通过强调工具性和压抑文学独立性来协调内在矛盾"。

病例3

摘要：萧红以其注册商标式的文笔和独特的艺术风格记述着中国女性的人生，用带有自传性色彩和充满细腻感情的笔调描绘社会底层女性的生活困境。通过探讨萧红小说中的女性人物，分析其小说中女性悲剧意识的形成原因和体现，主要从萧红不幸的人生经历所导致的内心煎熬这一方面论述。

批注：开头有背景有角度是对的，需要再简练一些。重要的部分应该是论文的观点，但是这条摘要恰恰没有直接写出自己的具体观点（包括中心观点和重要的分论点）。

病例4

摘要：严歌苓作为新时期移民作家中的代表人物，她在过去近三十年的创作中，取得了丰硕的成果。严歌苓人生阅历丰富，对待创作的态度严谨、认真，作品中对女性人物的描写尤其令人赞叹，她对笔下的女性人物倾注了自己对历史，时代，人性的见解，独具魅力让人印象深刻。这些个性鲜明的女性在文中独特的时代背景下被命运操纵却又不甘懦弱，虽不堪波折与痛苦，但又坚韧自尊充满了人性的光芒。严歌苓的创作是一种异域文化语境中关于"她"的写作，她执着地以女性为主人公，从女性经验出发，进行女性言说，揭示出人性的复杂，她力图在小说的虚幻世界中通过女性特有的母性与宽容达到一种对人性的宽宥。本文分三个章节，试图通过对严歌苓笔下的女性人物形象分析，从小说中的具体人物入手，分析其所体现出的女性主义和意识。

批注：这些属于常识，并非本文的独特观点，不要在摘要中出现。

批注：以女性做主人公是女性作家常见现象，不足为奇。建议改为"从自己的女性立场和"。

批注：不知其意，因为用词不当？

批注：在摘要中写全文框架，只有在硕士博士论文中出现，本文为单篇学士学位论文，应删去。

第一章通过对严歌苓作品中的女性所处的时代背景和生活状况的研究概括和总结，描述她们在苦难严峻的环境中坚强的生存，并且还实现了对男性的救赎。第二章总结这些女性身上所具有的人性的美好品质，比如女性的善良淳朴、母亲的慈爱、强烈追求的爱情。第三章通过与其他女作家的作品的对比，而从分析严歌苓在她独特的创作方式和视角下的人物所表达出的独特的女性意识。

病例 5

摘要：《废都》曾一度引发文界的热烈讨论。对于《废都》的解读可以说是众说纷纭，但是对于其与原始主义关系却鲜有研究。"废都"和主人公"庄之蝶"都有特定含义。"废都"，"废"，颓废，废墟。"都"，都市，都城，古都。书名《废都》就是西京称为废弃的国都的意思。本书的主人公庄之蝶的名字让人联想到李商隐的"庄生晓梦迷蝴蝶，望帝春心托杜鹃。"这本就带有丝丝迷茫困顿之意，在废都里的种种犹如一场梦，真真假假，恍恍惚惚。这就奠定了故事的基调。西京的破败，都市文明对人性，真情的腐蚀，人本身的感觉就是迷茫的困顿的。小说寄托了贾平凹的原始主义情怀，表达了对都市文化泯灭人性的批判。本文从《废都》的原始主义视角，剖析都市文化对人性，真心的泯灭，并进一步阐释这种原始主义在贾平凹身上的独特性，即原始主义与魔幻现实主义紧密相连，在此基础上剖析原始主义对贾平凹魔幻现实主义因素的影响。

批注： 摘要由多段构成的情况，只有在硕士博士论文中出现，单篇论文摘要只能是独段，应删去。

批注： 摘要中不要论证，只说研究背景，角度，方法和结论。

批注： 国标规定摘要不用"本文"这类词。

批注： 这些话仅仅是角度，研究的具体结论要在摘要中明确表达出来。

批注： 应为摘要。

批注： 这类背景写得太多了。

病例 6

【内容概要】：审美能力是大学生的基本素质之一，是通向成功之路的桥梁，更是大学生自我发展的需要。在现实生活中大学生就业压力大，他们把大部分的精力都放到专业学习和各种可以给就业带来优势的"考级""考证"上，这势必影响了其审美素质的发展，对其人生观和价值观的树立也起到了阻碍作用。孔子以为："兴于诗，立于礼，成于乐"在他看来，一个君子的培养，需要通过学习文学作品得到知识的启发，要通过礼仪制度的学习塑造人格品性，掌握行为道德规范，最终才能成为合格的大学生。通过对文学中的诗词曲赋、散文、剧本、小说等体裁的作品达到了一定的审美境界，才能帮助我们更好地去感悟文学作品的精华。

批注： 摘要中不要论证和引用。摘要先写选题的背景意义，接着就是方法和角度，具体结论。不是孔子怎么看，而要说你怎么看。

病例 7

【摘要】：美国著名小说家菲茨杰拉德将自己一生的经历和感情熔铸于一炉，创作了蜚声文坛的小说《了不起的盖茨比》。这部小说反映了从第一次世界大战之后到1929年资本主义的经济大危机爆发之前，美国青年的美国梦想遭遇到打击和世间无情讽刺的悲剧遭遇。虽然这里有无数追寻着相同"美国梦"的同类，但是却各自

批注： 虽然这个可以作为论文的观点，但是稍微浅薄了些。

自私着、贪婪着、孤独着。在这个狂乱的时代里，盖茨比只是孤独的"寻梦人"。而这正是他悲剧人生的真正原因所在。

批注：这一句的情感色彩影响了摘要的客观性。

改为：《了不起的盖茨比》反映了一次大战到1929年资本主义的经济大危机爆发之前的青年生活。成为美国文学的经典文本。通过对盖茨比孤独寻梦的过程的梳理，可以认为盖茨比的悲剧在于他没有意识到他一生追求的"美国梦"的虚伪。其悲剧人生隐喻了"美国梦"的虚幻及其不可企及性，揭示了"美国梦"破灭的必然规律。

病例8

摘要：近年来，青春小说的电影改编十分火热。《左耳》是2015年4月24日上映的青春题材的电影。《左耳》是由苏有朋执导，根据著名作家饶雪漫畅销小说改编的青春情感电影，这也是苏有朋导演生涯的处女作。《左耳》的改编无论是人物的形象塑造还是情节都与原著大相径庭。青春电影改编也具有身世的可悲性，欲望对爱情的干扰破坏性，结局的悲伤性和青春回忆的共鸣性的模式与技巧。

批注：这类知识性的话不要出现在摘要里，摘要需一字千金。

七、关键词

写法见第五章第一节第75页。

例7

关键词 文学；内涵转换；现代知识；转型

病例

关键词：大学生 文学作品的审美 人生观和价值观 文学与非文学

批注：一般字体应该有区别，按照需要选择字体。

批注：关键词应该尽可能单纯，除非联系紧密，不可分。少用复合词组。

批注：中文也可以用空格间隔关键词。

改为：关键词：大学生；审美；人生观；价值观；文学；非文学

八、正文

正文的结构实际上是摘要的展开。引言交代背景，主体论证中心论点并形成各级分论点，结论加以引申。正文呈沙漏型，如图6-3所示。

说明——整篇论文其实就像沙漏，从广阔的研究背景开始逐渐收缩到观点，然后进入论证，加以扩展分析，最后是结论，仍然是推开到广阔的背景中去。

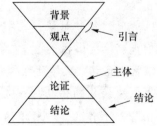

图6-3 正文的沙漏型示意图

批注：①如果你的摘要和引言写得不好，别人看到五百字的时候，就不看你的文章了。如果你不重视这些，你的研究可能就产生不了它应有的社会价值，所以一定要重视，甚至可能需要花很长时间来写引言。②长文的引言就长些，短文的引言就短些。③不好的现象是没有引言。

批注：按照芭芭拉·明托的金字塔写作结构，需要从故事开始，当然不是有人物的，而是有背景，冲突，问题，答案（观点）。

（一）前言（又叫：引言、引子、绪言或绪论）

做法——从对象目前的研究状况中出现的问题出发，引出自己论文的问题，进而确定解决问题的角度和方法，接着直接提出本文的答案（中心观点）；如果结构是并列的几个方面，则可以在提出问题后，揭示几方面的确定方法。

第一部分，研究的理由、目的和背景——暗含一个问题：研究对象很重要，以及前人研究得不够（说明这项研究的意义）。前人研究的状况——研究史的简单回顾，突出与你的问题角度相关的方面，指示前人研究中的不足，最后的不足要与你的论题和角度有关，而且有较大的危害性，造成了不良的后果，你所要的做的就是为了纠正这个缺点（说明你的研究的必要性紧迫性）。

> **批注**：如果文献评论不是很长，你可以把它简单地放在引言部分。如果比较多，可以把最主要的、最经典的、最有意义的放在这里，突出你研究的重要性和创新。引言中最少要引用2篇以上的参考文献，说明选题的缘由。

> **批注**：你理论角度如果太复杂，需要建立框架，因此篇幅较长，也可以放在正文中的第一节加以理论工具的梳理。

第二部分，你研究的方法、角度、理论或者观点——对以上不足，你打算怎么办，你的理论、方法、角度是什么？你经过研究后的结论（观点）是什么？

第三部分，论文的结构概览——介绍论文包括哪些部分，以及每一部分的主要内容，这样会给读者一个论文整体印象（长篇文章和专著才需要这部分）。

提示——①写论文绝不是写到哪儿是哪儿，而是应该设置一系列符合读者心理期待的而且又有逻辑关系的问题，对这些问题的回答连接起来，就能达到思路通顺的效果。这些问题就是本章第一节所讲的意义单元。②直奔主题，不要铺垫太远，不要绕个大圈子才进入主题。③简洁明快。去除诸如"如有不对，请批评指正""可供……参考"这类套话。④为了介绍背景，可以从危险问题、错误的概念、奇怪的现象、一句有趣的话或者一个比喻类比等开始，总之既要引出作为你研究背景的大问题，又要吸引人。⑤文献评述部分为了简洁，文献名称可以用脚注加以提供。不要把引言写成小型综述，参考文献要尽量少，写一些特别重要的，新的文献；文学论文属于人文学科论文，不一定要社会科学论文那样专门在第二部分做文献综述，可以在论证的过程中，对反面的意见给予批驳，述并且评价。⑥单篇论文的引言尽可能压缩到三五百字，硕博士论文的则可以更长。⑦较短的论文可用小段文字起引言的作用，而不书写"引言"作为小标题。⑧不要自我吹嘘。⑨因为引言内涵如此丰富，与摘要一样浓缩了文章的精华，所以应反复写，直到定稿为止。

例8

已经有很多学者在讨论文学观念现代化的时候，追溯过汉语"文学"一词的发展历程。他们正确地指出古代的"文学"是"学问"、"学术"之意，构成现代汉语词"文学"的广义。而"文学"的狭义则是"专指诉诸感情的美的作品"，"专指诗歌、戏曲、小说之类"[1]的语言艺术作品，即所谓纯文学或美文学，现在狭义已成为通常意义。

可惜他们常常无意中预先认定："文学"因为接受外国新观念的人增多，所以自动发生意义转变，仿佛新含义是西

> **批注**：非常简短地交代论文的背景，已经有的学术状况，也就是关于你的大问题以前是如何回答的。问题是"文学观念如何现代化"。

> **批注**：前人研究中问题不足（你的论文就是从这里出来的）。

120

方观念与传统含义的融合,甚至期望从"文学"广义中生成"文学"的狭义。如果仔细辨析"文学"内涵变化的过程,会发现情况并非如此。从古代的"文学"到现代的"文学"的转变背后有整体知识转换的作用。文学(在本文中文学这个词用"文学"表示,文学的狭义则用黑体文学表示。)占据"文学"一词的核心地位是知识转型的结果。

> 批注:本研究的做法,做法或者角度是从前人不足中出来的。不足是没有注意文学内涵变化过程中整体知识的变动情况。

> 批注:提出自己的观点——作为问题"如何理解文学占领文学"及"文学观念如何现代化的"的答案。

(二)主体

主体的第一部分(如第一节)可以做"文献综述"。围绕自己的论题和创新点,讨论一下前人的研究不足,问题所在,评论一下前人的相关研究。这部分要尽可能简练,不影响自己的论述。与前人对话,提供自己的创新性,如果可以的话,也可以不要这个部分,而把驳论的部分到相应的部分再稍加论述。

提示——①如果主体中有综述,则引言中的综述部分可以取消或者简化为一两句概括的话。②我国人文学论文很多没有文献综述的意识,需要逐渐培养起来。

写法参阅第五章小综述部分第90-93页。

主体部分就是按照大纲的设计,安排各个细节的逻辑层次,从大层次到段落内的小层次。用过渡句和过渡段加以衔接,使之成为整体。

> 批注:这个"唯一"指的是中心论点是唯一的。其他论点都是它的分论点,用来支持和推导出中心论点。

提示——①一篇论文的质量主要取决于这一部分,要集中论述自己的创见,不要重复一般性的常识。②论点应明确而唯一。③论据充分而必要(有材料、有说服力),选取论据要真切,有可靠性、正确性、权威性,要充实、具体、典型、有来源出处。最好掌握第一手材料。④层次清楚,结构合理,逻辑性强。人文学科不会像社会科学或者自然科学那样,提供方法来让同行做实验复制科研过程。人文学科的方法就是逻辑,是思维实验,让我们合逻辑地在思维中复制你的研究。从这个角度说,传统的写法展现思维过程,也有一定合理性。⑤分析时与主旨无关的文字统统删去。贴着具体例子中与观点有联系的部分展开分析。贴着中心写。⑥贴着自己论文的亮点(创新点)写。⑦各部分之间应有过渡。⑧大小标题间应有引言段。做法与引言相同,不过更简单,带有过渡段和概括说明的性质。

例9

一

为学术分类时,戴震、章学诚等人的分法中包括"词章",姚鼐的分法包括"文章"[2],曾国藩的分法则有包括"古艺文及今世制义、诗赋"的"辞章"[3],这些都只有小部分属于文学,说明清中叶文学尚寄身在孔门四科的"言语科"中。到清末,汉语"文学"一词仍然泛指一切"学问",根本没有自动从广义向狭义转变的迹象。甚至到19世纪的最后几年,

> 批注:可以数字标示,也可以列小标题。

> 批注:清中叶的主旨句。

> 批注:清末的主旨句,与清中叶的主旨句合并作为本段的主旨。

受日本影响以后也没有很大触动。[①] 1898年康有为将日本出版的西学书籍分为15门，文学分在"文学""教育（教育小说）""小说""美术和文字语言"等门中，而"文学"门包含的子目有"文学""作诗及诗集""诗集""新体诗""歌学及歌集""歌集""俳书及俳谐集""俳人传记""俳谐集""戏文集""唱歌集""俗歌集""戏曲""谣曲本""脚本""习字本""习字帖小学校用""往来物"等18类，[4] 虽然分类无序，但大体上都属文学。表面上似乎中国学者受国外图书分类的影响，出现一些概念窄化的新苗头，其实康有为只不过抄袭了日本出版社、书肆的图书目录，字句间时常流露出对文学的误解，[5] 也就是说康氏对日本来的"文学"新义并无心得。

在19世纪最后十年，大概是受到日本学人的影响，[6] "文学"的词义成为"人文学科"，比如1899年宋恕对俞曲园赞扬日本"经史诸子各置专科"，他所说的"文学"是文科之意，其中包括哲学、史学。[7]《大陆》杂志1903年第3期发表《论文学与科学不可偏废》，其中"文学"与科学相对，在格致之学的挤压下指的也是人文学科。在大学学科设置方面最为明显。1902年，张百熙制定的《钦定京师大学堂章程》仿日本学制，将大学分为政治、文学、格致、农业、工艺、商务、医术等七科，其中"文学科"，既包括经学、史学、理学、诸子学、掌故学、词章学等；1904年张之洞的《奏定大学堂章程》也明显受到日本学制影响，在这个文本中将文学科分为9门，"文学"也是人文学科之意。

在西洋学科分类的挤压下，"文学"变为人文学科，并没有造成大的词义变化。此时"文学"的外延的确是缩小了，但是内涵仍然是广义的。"文学"仍然对应于人文学科的大量文献，而文学本身依然处于边缘。张百熙的方案中，文学包含于词章学，其余则分散在史学、诸子学等科目中。张之洞的方案中，涉及文学的仅有中国文学门主课中的"历代文章流别""古人论文要言"和"周秦至今文章名家"[8]。

直到1913年教育部颁布"壬子癸丑学制"分"文学门"为国文学、梵文学、英文学、法文学、德文学、俄文学、意大利文学、言语学等8类，[9] 以国别立文学，才比照外国Literature的狭

[①] 此时日本的"文学"一词也是暧昧不明，也仅是在涉及西学时有狭义，比如西学书籍分类以及大学分科。后者体现在明治十年（1877）新成立的东京大学设立"文学"部，其中的"英文学"科对应的就是英语世界的狭义"文学"。参阅［日］铃木贞美：《文学的概念》，中央编译出版社2011年，第151页。

义确定自己的内涵。这次变革却不是自动的概念更新，而是政治革命和新型知识人掌握教育部门的结果。

> 批注：这一段的主旨。分论点："壬子癸丑学制"的改变并不是自动概念的变化，而是新型知识人带着西方概念进入教育部门的结果。

与此前不久的日本一样，此时的"文学"也是在涉及外国文学时才表达狭义，至于"中国文学"本身还是变化有限，更重要的是没有形成稳定的"文学"概念，学者心目中的"文学"仍然意义不明。文学革命之初，新文学提倡者心目中并没有统一的"文学"狭义。胡适把"文学"当作一切文献，有时也当作 Literature 对应的"文学"狭义；[10] 陈独秀则主要看重 Literature 的新含义。[11] 与此同时，刘半农《我之文学改良观》，接受西方影响，把"作物"分为"文字"和"文学"（文学为狭义，包括诗、随笔、小说和纯文字）。[12] 刘半农的观点没有得到胡适的赞同，胡适在 1920 年曾明确表示自己"不承认什么'纯文'与'杂文'"①。1919 年，罗家伦在《新潮》上提出包括自己在内的新文学者普遍存在的疑问，即"文学"究竟指什么？钱玄同看了朱希祖讨论"文学"的文章，也看了罗家伦的文章，感到更加疑惑，于是向胡适请教，而胡适的解答也算不上完整意义的文学。[13] 新文学提倡者讨论的无论是"白话文学"还是"文学"，都置于杂文学的概念之下，包含应用文在内，因此与"一切学问"的含义相仿。这就很好理解，为什么胡适仅仅把"文学"当作"明白清楚"和"明白之至"的语言文字了。[14] 由以上梳理可见，在新文学运动发起的时候，"文学"的狭义并不普遍。

> 批注：承接上一段，说明此时不是整体的改变。引出新文学学者心目中的"文学"如何意义游移。
>
> 批注：主旨句。下面并列胡适、陈独秀、刘半农、罗家伦、钱玄同的看法。
>
> 批注：重写主旨句。
>
> 批注：把例外交代清楚，并给予解释。蔡元培属于新文化运动同人，他比胡适他们更早，他的情况比较特殊。王国维和周氏兄弟早年就有关于"文学"狭义的文章。

也不是说没有学者在认识上有较大进步。② 较早以美和感性定义"文学"的是 1901 年蔡元培受日本人井上甫水的学科分类影响，把"无形理学"中的"文学"作为十科之一，包括音乐、诗歌骈文、图画、书法、小说，并指出"文学者，亦谓之美术学"，是"文致太平"的"文"，承接的是《肄业要览》所谓"玩物适情"的意思③，其实就是"艺术"，虽然仍然属于广义，但可喜的是小说已经与"文学"发生联系，使"文学"一词与文学更加接近。较成熟的表述者是王国维。王国维的文学观受德国哲学影响是众所周知的。1904 年他在《红楼梦评论》中有："《红楼梦》，哲学的也、宇宙的也、文学的也"，[15] 与"政治的也，国民的也，历史的也"对举，所以"文学"与"历史"相反，是"虚构的""幻想的"。[16] 同年，王国维批评当时"文

---

① 胡适的反对意见是针对朱希祖的，但是实际上也可以看作对刘半农的回应。参阅胡适：《什么是文学》，《胡适文集》（2），北京大学出版社 1998 年版，第 151 页。

② 艾儒略《西学凡》（1623）中的"文科之学"和艾约瑟《西学略述》（1895）中与哲学史学并列的"文学"（参阅朱立元、粟永清：《试论现代"文学学科"之生成》，《文学评论》2008 年第 5 期），比在中国土出现的相似概念要早很多，但是这是直接从外国移植过来的。他们的用法影响很小，与英汉字典中的意义一样，对国人来说在当时的环境下是不重要的。

③ 蔡元培：《学堂教科论》，《蔡元培全集》第 1 卷，中华书局 1984 年版，第 144-145 页。日本明治前期的"小文学"（美术）从"大文学"中脱离成为分离（见[日]柳田泉：《明治初期的文学思想》，转自[日]铃木真美：《文学的概念》，中央编译出版社 2011 年版，第 13 页），蔡元培也接受这种脱离的过程。

学"的弊端:"不重文学自己之价值,而唯视为政治教育之手段"[17],这是初步提出了文学自律的要求。1906年王国维在《文学小言》中使用的"文学"一词不仅指游戏的、无关于功利的,而且包括诗、词、小说和戏曲,几乎已经现代意义的文学了。1908年,周氏兄弟同样是在外国学者的启发下较早掌握了"文学"的新概念。他们考察各种关于"文章"的见解,最后选择了美国学者宏德(Hunt)的定义:"文章者,人生思想之形现,出自意象、感情、风味(Taste)。笔为文书,脱离学术,遍及都凡,皆得领解(Intelligible),又生兴趣(Interesting)者也。"并指出"文章中有不可缺者三状,具神思(Ideal)、能感兴(Impassioned)、有美致(Artistic)也。"①他们所说的"文章"就是"文学"②,其中的"纯文章"包括四体。文学顶着一个"纯"字,虽然说明文学完全占领"文学"还有一段路要走,但是"文学"狭义已经若隐若现。

批注:回到本节的主旨:"文学"的狭义没有自动确立。四个反例要把他合理解释。下面举出两个理由:第一他使用的并不是纯粹的狭义,第二他们的个人见解不能作为词义转换的表征。

批注:这个不是经典观点,而是常识,只不过大家没人这样想过而已。这一句为上面结论的大前提,小前提是某些狭义的苗头只是少数人的见解。

以上新苗头当然不说明"文学"已经以狭义为核心词义。一方面这些先驱的概念里还有种种广义的遗迹,另方面回到历史现场会发现他们的思想在社会上影响并不大。衡量一个词汇是否转变不是以个别人的认识为标准,而是以大多数人的认识为标准。当时的情况是,固然接受西洋思想的人渐渐增多,但是就个人来说,接受西洋新观念的人常常要借助于顿悟才能打破旧有观念的束缚。以朱希祖为例,在1917年新文学运动发起前后,他还抱持老师章太炎的观点,认为"凡著于竹帛者皆谓之文学",两年以后他突然产生怀疑,接受太田善男的观点,认为"纯文学"主情,主张文学独立。[18]说明在1919年,朱希祖尚面临"文学"旧义的压制,接受"文学"狭义仅仅是个人行为。也就是说,新知识概念进入并没有带来"文学"内涵的转变,只不过带来疑惑和矛盾,没有实现概念核心的转移,至少没有获得社会的普遍认同。

批注:下面证明小前提,后面以朱希祖的情况作为例证。

批注:这句既是对小前提情况的总结,也是对于第一节的总结。

批注:第一节以历史顺序为线索,用几个代表时期的代表人物思想中的状况,并列式地说明(归纳)清末民初时期,新知识进入没有造成概念的自动转换。第一节的主旨、分论点在最后点出。

二

转移词义一般是修辞的结果,[19]要经过长期的融合过程,[20]因此表面看来仿佛是自然的转变。但是清末民初"文学"内涵的转变并不是缓慢的,而是发生了突变。这表现在"文学"

批注:承接第一节的主旨。将时间进一步推延,不过不是罗列的方式,而是从肯定方面立论,与第一节否定的立论一致。这是第二节的"引言段",交代了现象和背景,引出问题,三十多年里发生的事情与词义转移之间的联系何在?探求突变的原因。

---

① 独应:《论文章之意义暨其使命因及中国近时论文之失》,《河南》第5期。考虑到早年周氏兄弟文章署名情况的复杂性和随意性,故此把署名"独应"和"周逴"的文章看作周氏兄弟共有的看法。

② 该文把泰纳《英国文学史》译为《英国文章史》,"文章"在英文中的对译词也是"Literature"。

新旧含义的冲突在 1930 年代后期突然消失①，体现在当时的《文学概论》和文学史一起终止了对"文学"内涵的讨论，仿佛已经无须讨论了，而在此前，自《文学概论》和文学史这些写作形式出现以后，罗列"文学"纷繁的定义就是标准形式。与此同时，《新文学大系》也在 1935—1936 年间采用了四体分类，标志着文体类型的基本确立。

从王国维 1904 年把"文学"用于幻想的、虚构的语言文字到 1935 年后"文学"狭义成为共识，在三十余年中究竟发生了什么？

其实无论起初的转换艰难，还是后来的快速转变，都与知识体系及其转变有密切关系。台湾思想史专家张灏描述了"转型时代"，即"1895—1925 年初前后大约 30 年的时间，这是中国思想文化由传统过渡到现代、承先启后的关键时代。在这个时代，无论是思想知识的传播媒介或者是思想的内容均有突破性的巨变。"[21] 这段时间的确是重要的转变期，其实这个时期发生的就是整个知识体系的转型，也就是所谓"知识转型"。[22]

"文学"转换与知识转型几乎同步并非偶然，原因在于"文学"内涵与知识型直接相关。首先，旧"文学"与古代知识型有天然联系。"古代知识型"是中国学者根据库恩和福柯等人的提法②而总结出的一种知识范式，指那种使人陷入纯粹思辨和权威崇拜之中的知识。[23] 清末中国的主导知识体系即所谓"中学"，可以笼统地归于古代知识型。"文学"广义实际上是古代知识型的产物。"中学"以经学为知识核心，特点是以圣人之道为追求目标，以修身为基础，推扩到齐家、治国、平天下。因此修习大道的人通常把文学这种娱乐性的"骈俪之章，歌曲之作"，视为"小道"，或者以为"容易溺志，只能偶一为之"[24]。而把高等知识的学问称为"文学"，文学虽然在"文学"之中，但是受到压制。抒发个人才情的文学只能居于边缘，例如小说，虽然深受读者喜爱，但"致远恐泥"（《论语·子张》），所以在知识序列中处于低级层次，与戏曲一起在历史上时常遭到禁毁。这使得"可以娱官神耳目，而所接在感情，不必关于理"的"美术"在中国没有得到充分发展。[25]

另外，"中学"是"熟人社会"的产物，重传承，重共享，因此个人独创因为违背共同美学追求所以受到很大限制。[26]

> 批注：第一节的内容。
>
> 批注：第二节开头的现象。
>
> 批注：这是第二节的主旨句。
>
> 批注：对主旨句定义稍加说明。下面来论证转换含义与知识转型的密切关系。
>
> 批注：第一个分论点，主旨句。
>
> 批注：次级分论点。
>
> 批注：解释主旨句。
>
> 批注：从经学对于狭义文学的压制，以及非狭义文学的反独创等特点说明广义文学概念与中国传统的知识体系和社会形态有天然联系。

---

① "而 1930 年代以后的中国文学史著作，往往都不再辟出篇幅去对'什么是文学'做热烈的讨论，也似乎能够从另一方面证明有关'文学'的认识，确实已经稳定和合乎时尚，已经无须花费力气再加辨白。"（戴燕：《文学史的权力》，北京大学出版社 2002 年版，第 11 页）
② "范式转移"和"知识型"，参阅 [美] 托马斯·库恩《科学革命的结构》（金吾伦、胡新和译，北京大学出版社 2003 年版）和 [法] 米歇·傅柯《知识的考掘》（王德威译，台湾麦田出版有限公司 1993 年版）。

相反,"文学"狭义与现代知识型相适应。"现代知识型"就是代替古代知识型的新知识型。在欧洲它形成于启蒙运动时期,福柯《词与物》中提到的18世纪末到19世纪初所谓"人的时代"的来临就是这种知识型建立的表征。与"中学"不同,现代知识型是超越的、理性的知识型,以科学为其最精致的部分,是在纯思维的哲学统领之下各学科分别发展的知识体系。根据利奥塔的研究,现代知识型具有两大元叙事:以综合性思考见长的德国思辨叙事和倡导人类平等、自由的法国政治叙事(又称解放叙事)。[27] "文学"狭义中所包含的"审美"和"感性抒情",就来自这两种规定性:解放叙事要求情感的刺激和对人性的唤醒,思辨叙事把文学归入美和感性的知识领域。

> 批注:第二个次级分论点,主旨句。
>
> 批注:解释主旨句。
>
> 批注:换一种说法重述上一句主旨句,这一段继续论述上一个主旨句。
>
> 批注:从狭义文学与现代知识之间的联系,与现代哲学美学之间的联系来说明。

狭义"文学"就是在这种知识背景下产生的。根据卡勒的《文学理论》,英语的 Literature 这个词也有"文献"的旧义,作为富于想象的作品的文学在西方是从18世纪末德国浪漫主义理论家那里开始的,[28] 它的源头在德国理性哲学。康德之前的哲学家就已经对应于人类思维能力知、情、意三者划出诸多学科。比如鲍姆加通创建"感性学"(即"美学"),因为美对应于"知情意"中的"情",以感性为特征。随着科学日益精密化,对文学本质的追寻使 Literature 越来越明确指向感性,隶属于美的领域。到19世纪末20世纪初,"文学"的学科规定性越来越明晰。

正是在这个背景下,文学随着外国输入的现代知识而逐渐进入中国,出现蔡元培、王国维、周氏兄弟等先驱。不过,因为这种新知识与旧知识型不能融合,所以"文学"的转变显得步履维艰。

> 批注:解释了第一节说的文学转换艰难的原因。

当时人就意识到知识体系之间以及文学观念之间的不可通约性。1902年,严复在反对"中体西用"时说过:"体用者,即一物而言之也。有牛之体,则有负重之用;有马之体,则有致远之用。未闻以牛为体,以马为用者也。……故中学有中学之体用,西学有西学之体用,分之则并立,合之则两亡。"[29] 严复虽然把这种对立极端化了,但是他正确地指出了某些观念与知识体系之间的内在联系,不能任意地杂配,同时意识到中西知识体系之间难以通约。对于旧"文学"观念来说,其中压抑个性的一面就很难与现代知识型中的民主叙事相容;压抑"娱魂性"[30]的一面也与现代知识型中的科学叙事相抵触。1907年前后,周氏兄弟对比中西,认为"泰西诗多私制,主美,故能出自由之意,舒其文心",而中国"文章与教训,漫无畛畦,画最隘之界,使勿驰其神智",并认为中西文学观念不同,所以成就相差巨大。[31] 他们在肯定文学美的重要性的同时,也体悟到两种观念之间的对立,以及旧文学观念对个人的压抑。

> 批注:引证当时人的感受和看法来佐证。
>
> 批注:这就是分析,要把严复的中西体用的说法变成支持本文第二节主旨的材料,需要分析其中与知识体系的联系,再引周氏兄弟为例。

历史的实况也的确是这样。狭义的"文学"输入中国的开始一二十年没有很大进展。再以"文学独立"观念为例，从1905年王国维较早提倡以后，1907年鲁迅又曾主张："文章为美术之一，质当亦然，与个人暨邦国之存，无所系属，实利离尽，究理弗存。"[32] 到1917年，《新青年》同人方孝岳也在对比中西文学差异时提到"于自身有独立之价值"[33]的文学。1919年朱希祖还把高张"文学独立"大旗作为自己的独特见解。[34] 1920年，留学归来的教育家刘伯明也参考温彻斯特（Winchester）的观点，认为："文学者，不惟有至理存乎其中，且自体不朽者也。"[35] 这种崭新的概念仅仅是某些新学者的私见，距离成为公认的概念还是很遥远。狭义的"文学"仍然支离破碎。

> 批注：这一主旨与第一节一致，不过此处不作为现象的描述，而是作为找出其原因——知识转型未发生的由头。所以下面主要选择"文学独立"这个在第一节仅仅点到的一点，此处加以详细论述。下面的例子也说明的是第一节一样的观点，不过简单点一下，重点在下面（说明知识转型这么抽象的概括性的看法，没有具体的例子和细节会显得空洞，说服力不强，所以此处以"文学独立"观念这个狭义文学观念为例，分析其原因。重点在分析原因。作为现象在第一节已经描述过了，不注意的话很容易变成重复）。

原因在于，清末民初的"文学"概念虽然因为翻译的中介作用涵容了现代意义，但是旧概念的惰性力阻碍着进一步转变。如果没有新的契机，很可能狭义"文学"仅仅作为字典中的一个义项，在指代西方意义时候才会使用。但是经历过"五四"新文化运动、"整理国故"运动，以及1923年到1924年的"科玄论战"以后，中国业已树立了科学主义意识形态，通过所谓"全盘西化"的矫枉过正之举建立了现代知识型的统治。在现代知识型统治之下，人们的心理发生扭转，彻底认同新的狭义，于是，旧含义土崩瓦解，新含义占领"文学"的核心内涵，人们开始使用"文学"指称抒情的、虚构的、美的文字作品。

> 批注：现在看来，这一段写得并不好。因为没有紧紧围绕"文学独立"观念——即文学本身有自己的价值，而不需要服务于其他目的。如果改，应该增加一部分内容，即对比地分析几个代表人物，说明他们的文学独立观念在现代知识发生了变化（科玄论战）以后得以确立。

当然，广狭义的对立并非消除了，而是仍然存在，在个人的心目中体现为私下的疑虑，比如1925年朱自清在《文学的一个界说》里赞同 Long 先生的界说，[36] 但是1946年在北平《新生报》上，他又觉得"也许根本就不会有定论"，他还指出："我们说文学是抒情的，但是像宋代说理的诗，18世纪英国说理的诗，似乎也不得不算是文学。又如我们说文学是文学，跟别的文章不一样，然而就像在中国的传统里，经史子集都可以算是文学。"[37] 说明，对于曾经确定的"文学"概念此时还会有保留，只不过这个疑惑变得次要了，这种疑惑是在确定"文学"是"抒情"和"跟别的文章不一样"的前提下的疑惑，已经不足以动摇这个见解了。

> 批注：为了把论点表达得准确，此处进一步说明，使现象更符合历史真实，举了朱自清的例子。

三

当前，欧洲语言中还会有人用 Literature 表示"著述"，[38] 但是现代中国已经没有人再使用"文学"指代一切著述了。字典中的广义不过是古典词汇的遗留，仅仅保存在"文学院"

> 批注：揭示文学含义转换的结果（现象）。

这个机构名称里（指人文学科）。"文学"一词的旧义消失得如此彻底，都是因为发生了那场知识转型。

"文学"的现代化有没有可能不借助于知识转型来实现呢？应该说历史也总是倾向于以最低的成本实现意义转换的，也的确是这样做了。它的做法就是强调"文学"中与古代的文学有衔接之处的"艺术性"和"娱神性"。

在现代知识中，文学是艺术的一部分。在古代被压抑的文学也被认为是一种艺术。"艺术"由"艺"和"术"合成。甲骨文的"艺"，是一个人开垦种植的形象，引申为才能技艺。"术"是古代城邑中的道路，引申为手段方法。拉丁文 art 也有生产技术之意。欧洲中世纪 art 分为文科艺术（包括修辞、逻辑、格律、语法）、高级艺术（包括算术、几何、音乐、天文）；文艺复兴时恢复高超技巧的观念，艺术家常为科学家、技术家；17 世纪成为美学；18 世纪法国百科全书中 art 包括绘画、雕塑、建筑、诗歌和音乐，后分为优美艺术（fine arts）和实用艺术（applied arts）。在日本，曾把"技术科"称为"艺术"，江户时代末期的佐久间象山还有所谓"西洋艺术东洋道德"的说法，后来中国的西方传教士以"艺术"译 art，日本幕末仿效《英华字典》使用"艺术"一词，去除了技术之意，专指审美创造的东西，与理性的科学相区别。清末，借黄遵宪的《日本国志》又重新回到中国。[39] "Art"在欧洲发展，以及"艺术"与之结合的整个过程中，艺术都有技术的一面。当人们要寻找现代知识与古代知识的结合部时，自然会发现文学在古代是"逞才"之具。

> 批注：这是一个过渡问句，目的是提出上述现象是如何实现和进一步深化，为什么突变的问题，细化对突变过程的认识。
>
> 批注：这是常识——可以直觉到的规律。它来自一般事物发展的规律。
>
> 批注：这是对本节问题的回答。
>
> 批注：为了说明知识转型也会投机取巧，所以现在讨论两种知识型的共性。
>
> 批注：追溯深层的历史原因和历史状况。
>
> 批注：表现之一是用文艺来称呼文学。下面是举例说明这种现象的存在。

当两种知识型胶着的时候，不能立即实现文学与"文学"的结合，可能也是在日本的影响下①，国人采取了折中方式，选择"文艺"来称呼文学。如《新民丛报》把"文苑"称为"文艺"栏；1902 年留日学生创办的《游学译编》也有类似用法："日文曰艺，自其字面上视之，不过诗词歌赋"，并且说："后之人徒见夫 19 世纪民族主义之发达，种种事业之进步，辄为骇目咋舌，而不知文艺之力实足以左右之。"[40] 该章名为"学术和文艺"，可见"学术"和"文艺"是分开的。从民国初到"五四"文学革命之间的几年，仍然是这种状况。1914 年的《夏星杂志》有"学艺部"栏目，包括文选、诗选、学说、文录、词、词话、诗话、笔记、小说、撰录（日记遗稿）；1914 年夏创刊的《文艺杂志》有文录（信，碑文）、诗录、词录、随笔、笔记、解颐新语、中州见闻录、香艳诗话、蓉城闲话、小说丛谭、短篇小说、谐文、谐诗、酒令等栏目。这两个刊物都把诗文归于"文艺"或"学艺"名下，注重施展才华的一面，因此也指向文学。1915 年前后，黄远庸在《释言》里提到"浅近文艺"[41]，指的是文学，在

---

① 日本人在 19 世纪末也把文学称为"文艺"，参阅 [日] 铃木贞美：《文学的概念》，中央编译出版社 2011 年版。

同一篇文章中出现了"新文学"是这个词较早出现的地方，但是这里的"文学"恰恰表达的是广义。适夷在解释《学艺》（1917年创刊）刊名的来历时说："学"就是科学、知识；"艺"即美。[42] 无疑"艺"涉及文学。鲁迅后来也是从这个意义上理解和运用"文艺"一词，他在回忆1907年从仙台回东京打算改变国人灵魂时说："善于改变精神的是，我那时以为当然要推文艺"①。可见，在"文学"这个词还在文献学意义中纠缠的时候，"文艺"就已经指文学写作了，更清楚地指称文学。在左翼文学时期以后，"文艺"这个词更频繁被用来指代文学，与"文学"混杂使用。所以总的来说，"文艺"比"文学"这个词流传的更广，时间更长。

在现代知识中，艺术是以审美为核心的，因此作为艺术形式之一的文学也突显了其"娱魂性"。虽然古代知识型认为文学比践行较为次要，但却从来不忽视它的"娱魂性"，认为"言之无文行之不远"。古代要利用的是"娱魂性"，怕的也是这个"娱魂性"。现代知识进入中国的时候，在时代的要求下，为了让文学发挥解放作用，时人也看中了文学的"娱魂性"。当时人羡慕西方文学发挥的巨大解放作用，于是希望提升文学的地位。很自然的途径就是强调它的动人的魅力。梁启超肯定清末时还不算文学的小说具有"熏""浸""刺""提"[43]的功能，得到当时人的一致赞同，以为小说有"促社会之发展，深性情之刺戟"[44]，具有大魔力，可以觉醒人心，塑造"新国民"，因此成为"合理想美学、感情美学，而居其最上乘者"[45]。也就是说，当时人为了按照现代文学知识型的要求提高小说的地位，肯定和强调了文学所具有的"娱魂性"。

> 批注：另一个表现是中国顺应现代知识型和古代知识型之间的共性，以减小转型阻力，选择了娱魂性。

强调文学的"艺术性"和"娱魂性"可以减少与旧知识型的抵触，又能满足救亡的目的，以及达到推动现代知识型建立的目的。说明"文学"观念也打算平稳地过渡。之所以最后变成突变，是因为这样的如意算盘很难实现。"文学"狭义与现代知识型之间有着较强的关联性。现代的"文学"为现代知识型的传播和确立服务，同时现代知识型又保证了现代"文学"的合法性。两者具有相辅相成的关系，比如1907年周氏兄弟提出"文学独立"的观点就是从现代知识型中内涵的"个性解放"角度出发的；朱希祖主张"文学独立"则是认为："文学不以少数高等读者为主，而以多数群众读者为的。"[46] 白话文学自清末以来大行其道以及"五四"文学时期出现的"平民文学"和"人的文学"的提倡就是现代"文学"的应有之义。2000年有西方学者明确讲到："在西方，文学这个概念不可避免地要与笛卡尔的自我观念、印刷技术、西方式的民主和民族独立国家概念，以及在这些民主框架下言论自由的权利联系在一起。"[47] 因此，舍本求末根本无法实现内涵转换，只能得到很小的进步。三界革命的无果而终就是明显的证据，民初的言情小说现代性比较薄弱也可以作为佐证。

真正的改变只有等待现代知识型的建立，才能使得"文学"概念现代化的彻底实现。实际上，"文学"概念的意义转换不过是现代知识转型的一个表征。"文艺"这个词与狭义的"文学"意思非常接近，而且一直存在，但是现代汉语一定要借用"文学"一词的"身体"来"还魂"，可见在废墟上建立统治才算真正的胜利，其占领旧知识的象征意义不是非常明显了吗？

---

① 鲁迅：《呐喊·自序》，《鲁迅全集》第1卷，人民文学出版社2005年版，第439页。1907年，周氏兄弟接受法人戈克勒观点，认为"文章为言词之艺"（独应：《论文章之意义暨其使命因及中国近来论文之失》，《河南》第4期）。

这种占领和突变带来的好的结果是："文学"充分现代化，有明确的审美追求，文学概念在理性知识方面得到稳固的确立，即使是受到"意识形态说"的袭击，也只是改动了一个特点，其他特点，诸如虚构性、反映真实、文学体式等则没有变动；其次，在推进民族国家建设、民主建设和民族振兴方面发挥巨大作用。

> 批注：下面讨论突变的结果，以便理解我们后来的文学发展状况，这里先说好的后果。

　　至于坏的后果也不少。其中最值得一提的是造成"文学"概念"体""用"之间的紧张，也即"文学"本质要求与"文学"功用之间的脱节。

> 批注：下面分述坏的后果。

　　主要体现在两个方面：第一，新"文学"的"体"要求文学独立，但是由于现代知识输入中国所依赖的动力是救亡，因此其现实之"用"就在于对现实的干预。最终很难实现康德所谓"无目的的合目的性"的要求（参见《判断力批判》）。第二，就"文学"的狭义看，"文学"的"体"是感情和美感。遗憾的是，由于文学需要发挥社会功能，教育民众，所以从"文学"的"用"一面更偏于输送"思想"，难以达到黑格尔所说的"理念的感性显现"（参见《美学》）。

　　这两个矛盾说到底源于输入的现代知识与现实之间的差异。现代知识本身的超越性使它天然具有改造现实的可能和需求，作为借助新知输入现代性的国家，中国实现现代知识转型更加看重现代知识改变现状的功能，因此现代知识天然地与旧思想、旧传统之间存在差距，隐伏着理想与现实的矛盾。又由于输入新知时强烈的救亡意图，使"用"的方面总是更有力量。于是造成这样的结果："文学"在理论上说是一种理性知识，而在功能上是一种改造现实的工具。

　　因此，第一方面矛盾的解决依靠压制文学独立的本质，使得文学独立服从于解放和救亡，认定"走入象牙之塔"是一条邪路。但是因为"文学独立"观念与现代知识型的深刻联系，从此留下了文学的自主论的隐线，时不时浮出历史地表。在抗战时，还有理论家批评家提出"文学归文学"的主张，要求"文学家及其作品，应以文学本身的尺度去估量，不需夹杂别的主观成见。"[①] 这种文学脱离人生的腔调，终于因为救亡的强大压力而沉沦，直到20世纪80年代才重新引起重视，很快又再次受到质疑。

　　第二方面矛盾的解决靠的是对文学工具性的强调。本来现代"文学"对应于现代知识的两个叙事，存在并列的两个要求：一个是科学的理性，一个解放的热情。这两者的紧张在现代知识型中内在地存在着，到了中国变得更加尖锐。为了满足个人解放、阶级解放以及民族解放的要求，这对矛盾最终变成了解放人民和教育人民的斗争，使得理性与感情相互纠缠。有时偏于感情，有时偏于理性。鼓动民众时就强调感情，教育民众时就强调理性。因此不是感情泛滥而浅薄，就是思想过"硬"而概念化（后者更是"顽疾"）。

九、结论（结束语、结语）

　　写法见本书第五章第一节第82-83页。

> 批注：结论是学术论文的结束部分。它是作者经过逻辑推理而得出的最终结论，是对本论部分的主要观点所做的讨论，而不是正文中各段小结的简单重复。

---

① 转引自胡风.胡风评论集（中）[M].北京：人民文学出版社，1984：302.

例 10

 虚构的、抒情的文学在古代之所以不能发展为现代"文学"是因为经学的核心地位没有变，因此文学新概念的生成依靠的就是知识体系的现代化。有学者已经指出，"文学"不仅是国人翻译 Literature 的结果，更是"中国现代教育兴起、传统知识谱系遭遇重新结构的大背景下"发生的，并指出"其背后交织着两种（多种）文化模式、知识谱系之间的对立、冲撞、交流与磨合"[48]，这是他们从现代教育体制视角看问题产生的洞见，但是并没有具体解释是如何发生的，也没有从断裂的方式来理解知识谱系；还有学者提到新概念与古代概念的"决裂"[49]，但是没有充分展示决裂如何发生以及产生什么结果。

> **批注**：换一种角度和表述方法概括全文内容。
>
> **批注**：这种文献综述式的文字本来应该在文章开端，但是在这里是作为引出本文创新点的由头。
>
> **批注**：正面阐释本文方法方面的意义或者创新。

 把文学内涵的转变看作"断裂"，其意义在于：如果看到"文学"内涵的转变对于现代知识的依赖关系，那么就能打破一直以来有关现代"文学"观念的改变是量的积累的潜在认识，说明从"文学"的用法变化来梳理文学现代性是一厢情愿。认识到"文学"不是从古代"文学"这个词转变过来的。从 Literature 变为现在的 Literature 是转变，而从"文学"变为现在的"文学"却是嫁接。另一方面，可以帮助人们认识到这个"文学"的内涵与现代知识型之间存在紧密关系，"文学"的合法性来自于现代知识型。20 个世纪末以来，"文学"含义又产生了扩大的倾向，文化研究几乎代替了文学研究，其原因恰恰是知识型方面的动荡。面对这种变动，有学者表示肯定，有学者表示否定，有学者则表示相信文化研究不可能代替文学研究，无论如何最终"文学"概念会不会再次转换不取决于态度和信心，而是取决于被认为是现代知识型的"掘墓者"的后现代知识型是否成为建设性的，以及现代知识型终结的历史时刻是不是已经来到。

> **批注**：这是认识方面的推进，即理论方面的意义。
>
> **批注**：第二个理论方面的意义。
>
> **批注**：第三个理论方面的意义。

 提示——①在提纲里，论文结论表述为一系列短句子。②不要重复主体中已有的东西，除非一定要加以特别强调。③结论部分应该只是结论，而不是大略。④它应该增加一个新的更高层次的分析，应该明确指出工作的意义。所有这些意味着什么？哪些假说将被证明或是推翻了？我学到了什么？为什么产生区别？还有哪些不足？未来可以向哪个方向努力？

十、参考文献

（一）中文文献格式

格式见第五章第一节第 85-88 页。

例 11

[参考文献]

[1] [日] 长泽规矩也. 序说 [A]. 中国学术文艺史讲话 [M]. 胡锡年. 上海：世界书局，1943：11.

[2] 姚鼐. 述庵文抄序 [A]. 惜抱轩诗文集（1）[M]. 北京：商务印书馆，1935：52.

[3] 曾国藩. 劝学篇示直隶士子 [A]. 曾国藩全集（14）[M]. 长沙：岳麓书社，1986：442.

[4] 康有为. 日本书目志 [A]. 康有为全集（3）[M]. 北京：中国人民大学出版社，200：419.

[5] 沈国威. 康有为及其《日本书目志》[J]. 或问（WAKUMON），2003（5）.

[6] [日] 铃木贞美. 文学的概念 [M]. 北京：中央编译出版社，2011：130.

[7] 宋恕. 上曲园师书 [A]. 宋恕集（上册）[M]. 北京：中华书局，1993：599.

[8] 奏定大学堂章程（附通儒院章程）[A]. 中国近代教育史资料汇编·学制演变 [C]. 上海：上海教育出版社，1991：349-357.

[9] 教育部公布大学规程 [A]. 中国近代教育史资料汇编·学制演变 [C]. 上海：上海教育出版社，1991：698-699.

[10] 胡适. 文学改良刍议 [J]. 新青年，1917，2（5）.

[11] 陈独秀. 文学革命论 [J]. 新青年，1917，2（6）.

[12] 刘半农. 我之文学改良观 [J]. 新青年，1917，3（3）.

[13] 钱玄同. 致胡适 [A]. 钱玄同文集（6）[M]. 北京：中国人民大学出版社，1999：95-96. 胡适. 什么是文学 [A]. 胡适文集（2）[M]. 北京：北京大学出版社，1998：149-151.

[14] 胡适. 什么是文学 [A]. 胡适文集（2）[M]. 北京：北京大学出版社，1998：149-150.

[15] 王国维. 红楼梦评论 [A]. 王国维文学美学论著集 [M]. 太原：北岳文艺出版社，1987：10.

[16] 王国维. 文学小言 [A]. 王国维文学美学论著集 [M]. 太原：北岳文艺出版社，1987：24.

[17] 王国维. 论近年之学术界 [A]. 王国维文学美学论著集 [M]. 太原：北岳文艺出版社，1987：108.

[18] 朱希祖. 文学论 [J]. 北京大学月刊，1919，1（1）.

[19] 王力. 汉语史稿（修订本）[M]. 北京：中华书局，2006：564.

[20] 葛本仪. 现代汉语词汇学 [M]. 济南：山东人民出版社，2004：201.

[21] 张灏. 中国近代思想史的转型时代 [A]. 幽暗意识与民主传统 [M]. 北京：新星出版社，2006：134.

[22] 火源. 知识转型与新文学发生 [M]. 北京：中国社会科学出版社，2013.

[24] 梁启超. 万木草堂小学学记 [A]. 梁启超全集（1）[M]. 北京：北京出版社，1999：115.

[25] 严复.《法意》按语 [A]. 严复集（4）[M]. 北京：中华书局，1986：988.

[26] 火源. 用典、心理转型与新文学革命 [J]. 内蒙古社会科学（汉文版），2008（2）.

[27] [法] 让·弗朗索瓦·利奥塔尔. 后现代状态：关于知

> 批注：自引：作者引用自己已发表论著的行为。自引为了说明学者研究的连续性，也为了避免重复论证，但是不要过多，会给读者造成不良印象。

> 批注：自引。

识的报告（第9章）[M]. 车槿山. 北京：生活·读书·新知三联书店，1997：69-79.

[28] 乔纳森·卡勒. 文学理论[M]. 沈阳：辽宁教育出版社，2005：22.

[29] 严复. 与《外交报》主人书[A]. 严复集（3）[M]. 北京：中华书局，1986：558-559.

[30] 梁启超. 万木草堂小学学记[A]. 梁启超全集（1）[M]. 北京：北京出版社，1999：115.

[31] 周逵. 序[A]. 红星佚史[M]. 上海：商务印书馆，1913：2.

[32] 鲁迅. 摩罗诗力说. 鲁迅全集[M]. 北京：人民文学出版社，2005：73.

[33] 方孝岳. 我之改良文学观[J]. 新青年，1917，3（2）.

[34] 朱希祖. 文学论[J]. 北京大学月刊，1919，1（1）.

[35] 刘伯明. 文学之要素[J]. 学艺，1920，2（2）.

[36] 朱自清. 文学的一个界说[A]. 朱自清全集（4）[M]. 南京：江苏教育出版社，1990：166.

[37] 朱自清. 什么是文学？[A]. 朱自清全集（3）[M]. 南京：江苏教育出版社，1990：160.

[38] [美] 乔纳森·卡勒. 文学理论[M]. 沈阳：辽宁教育出版社，2005：22.

[39] 冯天瑜. 新语探源：中西日文化互动与近代汉字术语生成[M]. 北京：中华书局，2004：368—370.

[40] 19世纪欧罗巴历史之壮观·第8章学术及文艺[A]. 游学译编（第12册）. 中华民国史料丛编·游学译编[C].1968：1347.

[41] 黄远庸. 释言[J]. 甲寅，1915（10）.

[42] 适夷. 说学艺[J]. 学艺，1917，1（1）.

[43] 梁启超. 论小说与群治之关系[A]. 梁启超全集（2）[M]. 北京：北京出版社，1999：884—886.

[44] 觉我. 余之小说观[J]. 小说林，1906（9）.

[45] 觉我. 《小说林》缘起[A]. 二十世纪中国小说理论资料（1）（1897-1916）[C]. 北京：北京大学出版社，1989：235.

[46] 朱希祖. 文学论[J]. 北京大学月刊，1919，1（1）.

[47] [美] 希利斯·米勒. 全球化时代文学研究还会继续存在吗？[J]. 文学评论，2001，（1）.

[48] 朱立元，粟永清. 试论现代"文学学科"之生成[J]. 文学评论，2008，（5）.

[49] 余虹. 文学知识论[M]. 北京：北京大学出版社，2009：32.

病例

[1] 戴新民，蒙有"灰尘"的"金子"——析陈奂生的形象[J]. 开封教育学院学报，1989年（01

批注：半角的点号。

批注："年"是不需要的。

批注：年份与卷（期）之间应该有半角的逗号，即使卷号不标，逗号还应保留（01

改为：[1] 戴新民. 蒙有"灰尘"的"金子"——析陈奂生的形象 [J]. 开封教育学院学报，1989（01）.

[23] 参阅石中英《知识转型与教育改革》[M]. 第3章。

改为脚注。

附：注释

（1）注释方法：脚注，尾注、夹注。

（2）标注位置：脚注和尾注的标号（右上标）标注在正文中引文后（双引号或者转述他人意思的文字最后）。夹注在正文的引文后加括号，在括号中列出出处。

（3）引文的状态：引文外加双引号，或者用自己的话转述他人文献内容。

（4）引文的样式：

句式引文（随文引用①）——引文内容只是句子，将引文置于行文之中。前面用某某说，等引导语。

段式引文（方块引文或独立引文②）——整段的引文，可以在文中以段落形式表现。引导语后面引文另起一段，空两格，然后整段左边整体缩进两格，可以加双引号，也可以不加双引号，而采用变化字体的方式。

多段式引文（相关的言论并列排列）——引文超过两段的，多段排列，整体左端缩进两格。如果使用双引号，则只在第一段引文的开头加左双引号，在最后一段的末尾加右双引号。

提示——①脚注将注文放在加注页稿纸的下端，可每页重新编号，也可全文统一编号。word 中可自动设置。一般中文文献格式：序号（①、②、③……）/ 作者名 / 文章名或书名 / 出版者 / 出版时间 / 页码（如果有的话）。具体格式见例12。②夹注适用于较少注释条目的论著中。古代文学的论文也会经常采用夹注标注。③也可按出版社和期刊的要求采用格式。

> **批注**：这条应该属于错误的参考文献，最好使用脚注来处理比较好。

> **批注**：脚注就是当页的被注释的条目放在当页正文的下端，编好条目序码，便于及时对照着注释来明确阅读中的具体问题，省去翻页寻找之苦。尾注就是将文章中全部需注释的条目统一编好序码，然后放到全文之后。夹注（文中注）即紧跟着被注释的条目之后注明出处，对出处加上小括号，以示区别。

例12

①鲁迅：《呐喊·自序》，《鲁迅全集》第1卷，人民文学出版社2005年版，第439页。

⑧转自胡风:《关于抽骨留皮的文学论》，《胡风评论集》(中)，人民文学出版社1984年版，第302页。

（二）外文文献的格式

专著

序号　作者. 书名（斜体，主体词首位字母大写）. 出版地点及出版机构，出版时间，页码.

引用期刊中的析出文献

序号　作者. 文章名. 刊物名（斜体）， 卷期号，出版时间，页码.

---

① 林庆彰. 学术论文写作指引 [M]. 北京：九州出版社，2012: 156.
② 林庆彰. 学术论文写作指引 [M]. 北京：九州出版社，2012: 157.

引用文集中的析出文献

序号　作者. 文章名. 编者（eds.）. 文集名（斜体），出版地点：机构，时间，页码.

例 13

① Ku,Tim-hung（古添洪）. "Toward a General Poetics of Chinese-Western Carpe Diem Poetry." *East-West Comparative Literature:Cross-Cultural Discourse.* Ed. Tak-wei Wong. Hong Kong：Department of Comparative Literature, University of Hong Kong, 1993,pp253-268

② M. Polo, The Travels of Marco Polo. William Marsden（trans.）. Hertfordshire：Cunberland House,1997,pp.55, 88.

③ Schwarcz, Vera. *Bridge Across Broken Time:Chinese and Jewish Cultural Memory.*（New Haven：Yale UP），1998.

④ T.H.Aston and C.H.E. Phlipin（eds.）The Brenner Debate.Cambridge：Cambridge University Press,1985,p.35.

⑤ Engels, Friedrich. "Letter to Margaret Harkness, April,1888." *Literature and Art: Selections from Their Writings.* By Karl Marx and Friedrich Engels.（New York：Internatinal Publishers,1982），pp.76-109.

（三）夹注配合参考文献方式

这是一种外国的标注方法。即正文中引证方式为"（作者，出版年）"或"（作者，出版年：页码）"。文末附引用的参考文献，按拼音排序，同一作者在同一年发表多篇文章或多部著作，用"出版年 a、b、c"表示。

例 14

正文中标注为：

（勒内·韦勒克，1997）

（勒内·韦勒克，2017a：21-22）

（勒内·韦勒克，2017b：165-168）

参考文献中对应标注为：

[1]［美］勒内·韦勒克. 近代文学批评史（全八卷）[M]. 上海：上海译文出版社，1997.

[2]［美］勒内·韦勒克. 批评的诸种概念（全译本）[M]. 罗钢、王馨钵、杨德友. 上海：上海人民出版社，2015a.

[3]［美］勒内·韦勒克. 辨异：续《批评的诸种概念》[M]. 刘象愚、杨德友. 上海：上海人民出版社，2015b.

提示——①英文脚注、尾注要标注页数时，只引用一页以内时，用 p.；引用两页以上，用 pp. 注明起止页码。引用期刊文章时，如果提供卷数（要用斜体），卷数后接逗号，直接注明页码，不需要用 p. 或 pp.。如果引用的期刊没有卷数，刊名后接逗号，然后以 p. 或 pp. 注明所引用页码。②参考文献与注释不同,两者同时出现应有分工。参考文献标注引文出处,注释则是对论著正文中某一特定内容的进一步解释或补充说明(释义性注释),或者各种不宜列入文后参考文献的引文和个别文后参考文献的节略形式(引文注释),如:"①日本人在19世纪末也把文学称为'文艺',参阅[日]铃木贞美:《文学的概念》,中央编译出版社2011年版。"③因为脚注没有统一规定。尚有其他标注方法,比如史学常用的标注方法,或者某些期刊出版社有特殊要求,读者可以根据情况采用,但是务必记住,全文保持格式的统一。④注释中纯系英文,句末用英文句点,如中英文混用,句末用中文句点。

十一、论文英语标题

见本书第五章第一节第 70-71 页。

例 15

MODERN EPISTEME SHIFT AND TRANSFORMATION OF CONNOTATION

Modern Episteme Shift and Transformation of "Wenxue" Connotation

Modern episteme shift and transformation of "wenxue" connotation

十二、英文工作单位

直接翻译中文,并在省市名及邮编之后加列国名,其间以逗号分隔。

例 16

(Literature Department, Shaanxi University of Technology, Hanzhong 723001, China)

十三、作者姓名英译

写法见本书第五章第一节第 71 页。

十四、作者简介和通信地址

格式——Biography:姓名(生年)性别,居住地. 职称. Tel:号码,Fax:传真号码(如果有的话),Email:邮箱地址.

> 批注:Times New Roman,加粗。

例 17

Biography:WANG Lu-cha(1990 —),female, native place:Beijing. Lecturer of literature. Tel:010-62383838, Fax:010-62474799,E-mail:wanglc@163.com.

十五、英文摘要

向国外投稿的话,Abstract用斜体字。国内英文摘要无此要求。参阅本书第五章第一节第74页。

十六、英文关键词

见本书第五章第一节第 75 页。

练习和作业

1. 分析任何一篇论文找出其逻辑结构，将其论证的单元找到对应的名称，并看看论文存在什么逻辑漏洞。

2. 整理你的提纲，使之达到可以进入初稿写作的要求。

3. 找一篇公开发表的长论文，按照 mindmanager 格式列出提纲，详细到材料。

4. 详细分析一篇论文的引言和结尾部分，看看它由哪几部分组成。思考一下有没有可以修改的地方。

5. 详细分析一篇论文的各部分论证情况。

6. 找一篇注解超过 50 个的论文，把脚注格式全部改为参考文献格式。

7. 完成你的论文的各部分，使其成为初稿。

第七章
Chapter 7

规范！规范！规范！
——怎样更符合学术要求？

第一节 需要哪些学术规范？

一、拒绝学术不端

（一）增强自律意识，务必杜绝抄袭，维护学术公正

不要一字不改地引用另一作者已出版的论文和著作，却没有引号或者不注明出处。

不要从另一作者的论文和著作中移用并非常识的观点或者模仿了那位作者观点的论证方法（即各种论点的逻辑结构方式），却不注明出处。

不要在标注出处时，故意模糊处理，标注得不准确。

不要把自己的内容与他人的内容混在一起，故意混淆材料的来源。

不要只用一个标注来标注他人的同一著作的多处引用，故意让读者误会某些部分属于你。

不要在标注时，把标注位置放在引用部分的开头和中间，却不放在最后，故意让读者误会某些部分属于你。

不要不当署名（在未实际参加研究的成果上署名；通过不正当手段偷换署名或改动顺序；未经合作者许可，以个人名义发表合作研究成果；未经他人同意而署上他人姓名）。

不要伪造研究成果、伪造学术能力证明（伪造学术经历、伪造专家鉴定、证书及其他学术能力证明材料）。

不要伪造注释（"抄注释"，即作者从他人的作品中转引了另外一个作者的话语，却并没有在注释中标明"转引自"。或者以原文资料代替译本，其实并没有看过原文。抄注释就

批注："学术规范"是根据学术发展规律制定的有关学术活动的基本准则，反映了学术活动长期积累的经验。只要参加学术共同体（学术圈）就应该遵守。（教育部社会科学委员会学风建设委员会组编《高校人文社会科学学术规范指南》高等教育出版社 2009）

批注："学术不端"是有意识地违反公认的学术准则、损害学术公正的行为，如抄袭和打击学术批评者等。

批注：注明出处的意义在于体现作者实事求是、言之有据的科学态度；体现保护他人著作权的精神；把作者的成果和前人的成果明确地区分开来；为读者深入了解相关内容、查找相关资料提供线索；为文献信息的定量统计提供方便。

是做伪注。）

不要伪造材料。

不要恶意打压观点不同的人。

不要对学术批评者压制和报复，应该视学术批评为常态。

不要为某种目的，违反正当程序或者放弃学术标准，对他人和自己做不准确的学术评价，包括在论文中对已有学术成果的介绍、评论、引用和注释，有失客观、公允和准确。在评审他人的学术成果时，既不能过分赞扬，也不能恶意批评。

提示——①常识的界限：在引用别人的看法时，哪些是人家的创见哪些是常识，这个界限有时很模糊。特别在人文学科领域更是经常见到把别人的创见当作常识，而把名家口中的常识当作经典引用的情况。其实文学史定论往往就是学者的研究成果已经不用再标注了而已。如果要区分的话，可以看那个观点是否在他人论文中作为论证结构系统中的一环，加以论证的，如果是，就应该认为是人家的成果（除非那真的是常识，而他因为孤陋寡闻加以论证了）。他人在论文中随意引申的想法不能算他的看法，因为那是没有经过论证的。不过使用者应该给予感谢。另外，如果你不标注，别人也不会认为是你的见解时，那就说明那是常识。②是否属于常识要根据本专业人士的看法。③不能区分哪些是常识，哪些是创见，这是学术不够严谨的表现。不注意梳理前人的文献是学者不合格的表现。严格地讲，给你启迪的人，虽然没有具体引用，也应该表示感谢。④合作的情况：应该知道是什么性质的合作。文学等文科学术更多的是个人的看法，而两人以上的研究者相互讨论和启迪而形成的看法，如果参与者协商同意，可以作为合作成果。

（二）引用的方法

（1）用参考文献、脚注、尾注或夹注的方式注明出处。

（2）标注的范围包括一切他人写作的内容，包括没有作者或者使用化名的各种百科或者博客等网页，除非你不引用，如果引用，请加上出处。

（3）引用尚未公开发表的学位论文或信件时，须征求原作者的同意，得到授权。

批注：引用包括直接引用、间接引用和转引三种。转引的前提是：作者经过努力仍然找不到原始文献。在此前提下，可以转引，但需要注明"转引自……"。"转引自"后面加上来源文献的一般标注。转引的格式为：原作者名：原文名。

（4）引用未成文的口语实录（演讲实录、课堂教学实录、采访实录等）时，须征求原作者同意。最好为原作者提供笔记整理稿或录音整理稿，经原作者审阅并书面同意。

（5）谨慎引用网络上的材料，如果有纸本，一定要引用纸本或扫描版。如果没有纸本，又非引不可，注明其网站和时间等信息。

（6）尽可能引用最可靠的版本。若某文献出现多个出版社的版本，则尽可能引用公认比较权威的版本。

（7）若某外文材料有多个译本，尽可能引用公认比较权威的译本。

（8）若某个论著已经出现了修订版，则尽可能引用最新的修订版。

（9）明确标明他人文字和思想的位置。

（10）对一份文献的多处内容的改写，可以多标注几处，让人能够知道这是另一作者的改写。

（11）把简短的、一两个句子的引用穿插在论证的语言之中。穿插在自己解析语言和描述语言之中，尽可能不大段的引用。改述他人词句时，浓缩段落，重排句子或者改变其中的不常见词。完全重写你的材料的词，准确地复述、概述原文的观点，不能歪曲原文的观点，句号放在引用片段的引号外。

（12）尽可能不引用整段落，如果引用的话，首行缩进，整体左边空两格，不用引号，字体改为仿宋，与正文宋体相区别。英文稿件若引文"超过一定数量"（参照《芝加哥格式手册》给出的数据："超过100字，或至少超过8行。"），应另起一段，后退一格。

（13）尽可能不转引，如果找不到原文又必须引用，则注出原文名，后面标注"转引自"，然后注明转引的出处。

（14）核查所有他人引文，看是否是原文（包括标点），是否按照原意引用。

（15）将材料一字不差地从笔记中抄录或者剪切到论文稿里，如果为了批评它，则连病句或错字也保持原样。如果希望材料证明你的论点，则尽可能避免全文摘抄，可以改为部分摘录，或者采取改写的方式，用自己的话把原文的意思按照你的需要加以概括。

（16）如果完整句子原文引用，应在人名后加上"说"，然后加冒号；如果是作为一个短语来引用，可以写为人名加上"说"，然后加逗号；如果改写，可以在人名后加"认为"后面加冒号和逗号都可以。

（17）在开始引用的地方，使用类似"某某认为""在某某看来"等语。更加规范的方法是写明是谁说的，他的权威性如何（身份标示），比如评论家某某，某某教授。如果不是特别重要的权威的引文，可以不必点出引用文的作者，只是在注中写明作者即可。如果表示尊重，第一次出现"先生"，后面可以直呼其名。

（18）在引用的地方加引号。完整的引用，句号在引号内，片段的引用，标点在引号外。

（19）原文引用如有删减，删减的部分一般采用省略号连接上下文。省略号连接的两部分在同一段落中，就用一对引号，如果不在同一段落，则分开引用。

（20）脚注尾注和参考文献的标号永远紧跟右边的引号后。没有引号的标号置于标点前。

（21）有冒号时，后面是整个引用句子或段落，句号要放在引号内。如果引号前面是逗号或者没有标点，说明引用的话是一个片段，所以句号放在引号外。

病例

关于"风骨"最有影响的说法当属黄侃先生的"风意骨辞"说。在《文心雕龙札记》中，他说："二者（指风骨——引者注）皆假于物以为喻。文之有意，所以宜达思理，纲维全篇，譬之于物，则犹风也。文之有辞，所以摅写中怀，显明条理，譬之于物，则犹骨也。必知风即文意，骨即文辞，然后不蹈空虚之弊。"这一论点影响颇大，其后追随者甚多。他们或在黄先生的基础上稍有深入，或在这一观点上作补充等。范

批注： 这段内容在下面的各种引文中没有得到呼应，可以删。但是，如果因为黄侃是解释《文心雕龙·风骨》的第一个重要的研究者，为完整保留他的推理也可以不删。这里记录的主要是观点，分析各家对于"风意骨辞"说法的创造、补充。

文澜先生在《文心雕龙》中完全同意黄侃的说法。他说:"风即文意,骨即文辞,黄先生论之详矣。"周振甫《文心雕龙释》中说:"先看风,是对作品内容方面的美学要求","要求它写得鲜明而有生气,要求它写得骏快爽朗。""骨是对作品文辞方面的美学要求"。"是对有情志的作品要求它的文辞精练,辞义相称,有条理、挺拔有力、端正劲直"。这一观点实际上是对黄先生观点的补充。穆克宏先生《刘勰的风格论刍议》一文认为:风是指内容之充实,纯正和感染力。骨指文辞之准确、精炼、道劲和表现力。郭绍虞《中国文学批评史》(上)认为刘勰所言"风骨"是思想性和艺术性的统一,它的基本特征,在于明朗健康,道劲有力。马茂元在《说"风骨"》中认为:"风骨"是兼思想性和艺术性两方面,特点是明朗,健康,道劲而有力。王运熙先生在《文心雕龙风骨论诠释》和《从〈文心雕龙·风骨〉说到建安风骨》一文中也说到:"风指思想感情表现得鲜明爽朗,骨指语言端直刚健"。"风骨结合起来,指作品具有明朗刚健的艺术风格"。上述所列诸家观点,本质上是一致的,即"风即文意,骨即文辞"之内涵。

——来自网络文《浅谈〈文心雕龙〉中的风骨》

批注:应该是《文心雕龙注》。

批注:前面有"完全同意",引文也包括在"完全同意"这四个字中,这里的引文完全不必重复。

批注:这种原文中的语气会造成论文的语言混杂。

批注:两个"要求它"来自原文,在这里阻碍论文语气的连贯。

批注:改为逗号。

批注:这三人用间接引语是好的,但是没有个人看法在里面,他们的创造性就没有吗,如果没有就不必一一列举,直接列出名字用一句概括叙述即可。

批注:这段的段旨如果是强调本质是一致的,上面的例子就不需要如此罗列。

这例的引文方式在古代文学论文中相当常见,但是就引文的方式来说,用太多原文其实反倒没有突出学者们的特点,也说明作者没有很好抽取精华。有的引文也不够简练和准确,引文开端除了研究者的名字还写了书名,虽然是常例,但是也有不合理的地方,给阅读增加了难度,使语言变得复杂,句子变长,可以用加注说明出处的方式处理。另外,这篇文章在很多研究者的名字后加了"先生",有的就没有加,在本段中黄侃、范文澜、穆克宏和王运熙后面加了,而马茂元、周振甫和郭绍虞后面就没有加,前后没有统一。

改

一些学者主张"风意骨辞"说。该说由黄侃所创,影响非常深远。黄侃在他代表作《文心雕龙札记》中认为"风即文意,骨即文辞"。其后追随者很多。范文澜完全同意黄侃的说法(《文心雕龙注》),周振甫运用现代词汇表述:风是"对作品内容方面的美学要求",骨是"对作品文辞方面的美学要求",他还对"风"增加了特殊内涵,即"鲜明而有生气""骏快爽朗",骨的特殊内涵是"精炼"从、"辞义相称"和"端正劲直"(《文心雕龙释》)。穆克宏将美学特征进一步确认,认为"风"要内容"充实,纯正",有"感染力";"骨"要文辞"准确、精炼、道劲",有"表现力"(《刘勰的风格论刍议》)。郭绍虞合论"风骨",作为一种美学风格,认为它是"思想性和艺术性的统一",特征是"明朗健康,道劲有力"(《中国文学批评史》(上))。马茂元则完全赞同郭绍虞的看法(《说"风骨"》)。王运熙则即分而言之,也合而观之。认为"风"是"思想感情"("意")"表现得鲜明爽朗","骨"

是"语言"（辞）"端直刚健"（《文心雕龙·风骨论诠释》）；"风骨"是一种作品具有的"明朗刚健"的风格（《从〈文心雕龙·风骨〉说到建安风骨》）。以上诸家观点，虽然受时代影响，发生一些变化，但是其核心观点都是认为"风即文意，骨即文辞"。

提示——①对于现代期刊和报纸应该注明页码和版面，但是晚清到民国初年的很多期刊，编页码并不按照顺序，或者每篇文章单独编排，甚至有没有编码的情况，可以稍微灵活。②只保留最核心的词、词组或者句子，不大段引文也是为了降低查重时的错报。

名言金句

"借用他人的话语或见解而不致谢就是剽窃"①

——泰特鲍姆

"为避免被指控抄袭或剽窃他人工作，在不能确定是否应注明出处时，以注明出处为好。"②

——塞佛

"学问之道有五：一曰，不欺人；二曰，不知者不道；三曰，不背所本；四曰，为后世负责；五曰，不窃。"③

——黄侃

"有一些道德观点是科学家普遍承认的。其中最重要的一条是：在报道研究成果时，作者对他所参考利用的前人成果以及任何曾经实质上为他的研究提供过帮助的人，有责任给予应有的肯定和感谢。"④

——贝弗里奇

"认真做笔记，助你避免抄袭。"⑤

——《MLA科研论文写作规范》

二、警惕学术失范

学习规范，避免无意的失范。

记住以下容易犯的过失，它们都属于失范行为较重的情节：

避免未经同意引用尚未公开发表的文献。

避免对引文过度评价，或者批评过于苛刻，或者过度赞扬。

避免列举并没有参考的参考文献（非相关引用）。

避免不适当地"自引"（没有必要，为了引用而引用）。

避免粗制滥造和低水平重复，避免片面追求论文成果数量。

避免学术成果重复发表（另有约定，并注明了出处的除外）。

批注："学术失范"是缺乏责任心和不知道违规的不合理行为，动机和情节较"学术不端"为轻，有时广义上的"学术失范"包括"学术不端"。

批注：一些学者尤其是青年学者的学术不端行为并非出于恶意，而仅仅是由于"不懂规范"。

批注：所谓"必要"指的是有助于论证，如果不引就不利于论证。

---

① ［美］H·泰特鲍姆.英语论文写作向导［M］.刘健等译.北京：科学出版社，1987：150.
② ［美］H·塞佛，吴古华.英语学术论文写作［M］.北京：高等教育出版社，1998：150.
③ 转引自殷孟伦.谈黄侃先生的治学态度和方法［J］.文史哲，1982（1）.
④ （英）贝弗里奇.科学研究的艺术［M］.陈捷译.北京：科学出版社，1979：149.
⑤ （英）吉巴尔蒂.MLA科研论文写作规范.5版［M］.上海：上海外语教育出版社，2001：29.

避免相信不该相信的材料。

避免误传、歪曲和任意延伸被引内容的原貌原义。比如对引文断章取义。

避免过度依赖间接引用（转引）。

避免引用不必要的材料（衡量是否必要的标准，是看对你的论证是不可少的还是超过必需的；论证一个观点用了很多材料重复论证）。

避免过于集中和频繁地引用某个特定的作者的论著。

避免不引用最优、最新和最全的版本，而引用粗糙的、过时和节选的版本。

避免漏引（实际引了，忘记标注出处）。

避免引述错误。

避免注释中出现漏字或错字。

避免参考文献和注释中标注不完整、不准确的信息（作者、材料名称、出版地、出版机构、出版时间、版本、页码）。

避免自我抄袭（此时自引是适当的）。

避免把他人观点作为自己观点的权威来源，如果你说的观点与他人观点一样，你的观点就没有意义。

提示——①不可信的材料包括：有事实错误的书和论文，带有偏见的书、论文和网站，不真实、不可靠的材料，孤证，未经编辑审核的网络资源。判断材料的可信度，可以看作者的声誉，期刊和书籍出版者的声誉，参考其他反对者的意见。总之，不要轻信所有材料。②"见××"是此处无法说，无须说，所以告诉读者如果想了解详情，去看其他文献。"参见××""参阅××"一般是此处不能充分介绍或者论说，如果想了解更多与之有关的问题和论证，可以查阅其他文献。当然，不能是他人的观点在这里再加论证，然后指出让读者详细阅读原出处。这种情况下，你应该直接标注人家的文献作为出处就行了，不然带有抄袭嫌疑，至少属于无效的重复劳动。标为"参见××""参阅××"的条件是，他人文献中的内容启发过本文作者，或者可以为本文提供次要的佐证，总之并非与本文内容相近甚至一致。

名言金句

"前人之文，当明引不当暗袭……明引而不暗袭，则足见其心术之笃实，又足征其见闻之渊博。若暗袭以为己有，则不足见其渊博，且有伤于笃实之道。明引则有两善，暗袭则两善皆失之也。"①

——陈澧

"愚自少读书有所得，辄记之。其有不合，时复改定。或古人先我而有者，则遂削之。"②

——顾炎武

---

① 陈澧.引书法示端溪书院诸生.转引自张舜徽.文献学论著辑要[M].西安：陕西人民出版社，1985：413.
② 顾炎武.日知录·目次.日知录集释（外七种）（上）[M].上海：上海古籍出版社，1984：31.

第二节　形式也要规范？

一、文字

（一）不要用繁体、异体、俗体字

引用古文献的稿件如引文中有繁体字者，应尽量改用简化字。古籍研究和考据学研究除外。

书写时应使用规范的简化字，防止错别字，更不要杜撰生字。

（二）不要乱用译名

译文用规范的字典收录或常用的译名，并标注外国文原文。

（三）不要乱用标点符号

不要让标点符号出现在一行的开头，前引号、前括号、破折号、省略号除外。

不要为夹注及表格内的文句末尾加句号。

著作、文章、文件、刊物、报纸等均用书名号。

用数字简称的会议或事件，只在数字上加引号，如"五四"运动。用地名简称的，不加引号。（如：大连会议）

破折号占两格、省略号占两格、连接号占半格，其余符号占一格。

不要在单行的标题后排标点。

文中第一次出现的用汉语表示的外国人名，应在其后的圆括号内注明原外国姓名。

外文的标点符号应遵循外文的习惯用法。

提示——多请别人审稿，容易错误的字都要查查再定稿。

（四）不要乱写数字

例

丙寅年十月十五日、腊月二十三日、武帝建元二年（公元前139年）、藏历火猴年十二月十五日（2017年2月10日）

夏历和中国清代以前的历史纪年、干支纪年（均须加注公元纪年），要求使用汉字。各民族的非公历纪年，不应与公历月日混用，而应用汉字数字表示，并采用阿拉伯数字括注公历。

批注：论文写作的很多规定都是规范性质的。有的就是国家标准。应该尽可能严格执行。形式方面也有一些国家标准或者出版规则，此处只简单介绍文学论文常用的，其他详细规定，见有关国标和出版规则文件。

批注：应以中国文字改革委员会1986年发布的《简化字总表》为准。简化字应执行新闻出版署和国家语言文字工作委员会1992年7月7日发布的《出版物汉字使用管理规定》，以1986年10月10日重新发表的《简化字总表》为准。

批注：按照1996年国家颁布的《标点符号用法》（GB/T 15834—1995）执行。

批注：数字使用应执行GB/T 15835—1995《出版物上数字用法的规定》。

三番五次、七上八下、二〇九师、九三学社、路易十六、十月革命、"十三五"规划、五省一市、十字街头

数字作为词素构成定型的词、词组、惯用语、缩略语等，应采用汉字。

星期三、《资治通鉴　卷第二百一》

星期、古文献卷次，应采用汉字。

"一·二八"事变、"五四"新文学运动、

含有月日简称表示事件、节日和其他意义的词组，要求使用汉字，但是否外加引号，视事件的知名度而定。

读书要五遍以上、五个百分点

非物理量，整数一到十，如果不是出现在具有统计意义的一组数字中，可以用汉字。要照顾到上下文，保持局部体例上的一致。

三四次

临近的两个数字并列连用表示概数，必须用汉字，数字间不加标点。

一百几十次

带有几字的数字表示约数，必须用汉字。

约三十年、产品一百多种、长度五十米左右、会员约二千五百名

用"多""余""左右""上下""约"等约数的一般用汉字。

辛弃疾生于1140年5月28日、1998-04-15、2017/2/3、15：09：38、民国38年、昭和43年

公元的世纪、年、月、日、时、分、秒均用阿拉伯数字。中华民国纪年（1年可写为元年）、日本年号纪年，均应采用阿拉伯数字。

出席会议的作家达347人

除成语、古文和引用文献的数字外，一般各种记数与计量数字（包括正负数、分数、小数、百分比、约数），均采用阿拉伯数字。

49 023 278、第49023278号、182页、《新青年》4卷6号

4位以上数字采用3位分节法，即节与节之间空1／4字距，不用千分撇"，"。代号、代码、序号、表格内数字及引文标注中数字，一般用阿拉伯数字表示，且多位数不分节。

病例

1999年简写成99年

年份不能简写。

3～8万、3～8×103、5～25%

改为："三万至八万"或"3万～8万"；3×10^3～8×10^3；5%～25%

～前后的数字不能共享某些符号，应该独立。

14万2千5百、5千元

改为：十四万二千五百、142 500 或者 14.25 万；五千元、5 000 元或 0.5 万元

中文单位不能用多个与阿拉伯数字混合表达一个数字。

提示——①多位的阿拉伯数字不能中断移行。②数值近似采用五舍六入，逢五奇进偶不进（如果为5，前面如果是奇数则进一位，偶数就不进）。③数值范围的写法，可写"五至十"，也可写 5～10。

（五）不要乱排版

章节编号可以顶格书写，也可以居中排，但全文应统一；章节编号与标题之间应有一字空；"条、款、项、段"的编号前应有二字空，正文接排，标题与正文之间应有一字空。文内标题力求简短、明确，题末不用标点符号（问号、叹号、省略号除外）。文中应做到不背题（标题在一面的最末一行），如果遇到，则调整行间距和加减字句。

为使章节编号易于辨认和引用，章节的划分一般不超过4级。层次序号可采用一、（一）、1、(1)、1）；不宜用①，避免与注号混淆。以上标题排序可以越级，但不能逆序，而且要保证全文体例一致。（参阅本书第六章第三节第 116 页）

列项说明可以用编号、符号或者汉字序次语。编号可用一级 a) b) 二级 (a) (b) 或者一级 1) 2) 二级 (1) (2) 的形式。符号可以用破折号"——"，也可用实心圆或其他符号，如：·、□、◆、■、◇、＊等。汉字序次语可用第一、第二、第三……；其一、其二、其三……；首先、其次、再次……；一、二、三……；甲、乙、丙……。注意：序次语"第一""其一""首先"的后面只能用逗号，不用顿号；序次语"一""甲"的后面只能用顿号，不用逗号。

一行不占页，一字不占行。如果遇到这种情况，则调整行间距和加减字句。

提示——为了版式的美化，各级编号的排列格式可以变化，但全篇应统一。

（六）不要乱画图表

常用的表格有管理类、核查类、统计类和综合类。普通表格，见本书中各表格。在不影响表达的情况下，尽可能采用三线表，因为制版容易、显示简练必要时可加辅助线。示例：三线表，如表 7-1 所示。

批注：文学论文图表较少，此处介绍最常用的。如有必要可以查阅相关国家标准。

表 7-1　你是否产生过系统阅读鲁迅著作的想法？

选项	人数（人）	百分比
A. 有过这种想法，并已经或正在付诸实施	278	16.6%
B. 有过这种想法，但没机会实现	853	50.9%
C. 从没想过，估计将来也不会	270	16.1%
D. 过去没想过，以后大概会吧	229	13.7%

资料来源：当前社会"文学生活"调查研究课题组编《当前"文学生活"调查研究》，江苏凤凰教育出版社 2017 年版。

表一般随文编排，先见文字后见表。表格应在文字中明确提及，例如，用"表2中所示""见

表2",并按顺序连续编号,这一编号应独立于章和任何图的编号。仅有一表者,仍应于表题处标明"表1"。表格应有表序(表+阿拉伯数字序号)和表题。表序和表题居中排于表格上方,两者之间有一字空。各栏使用的单位应标在该栏表头项目名称的下方。表内文字宜用比正文小一号的字书写,表序、表题应用有别于表内文字的字体书写。说明在表后,注明资料来源。同一表格另页再写时,前面应注明"续表+序号"字样,表头要重新排出。表内文字末尾不加标点符号,回行顶格。

表的各栏原则上均应标明内容。只有在无必要标注的情况下方可省略。表内数据一律采用阿拉伯数字,个位数、小数点位置应上下对齐。相邻行格内的数字或文字相同时,应重复填写或以通栏表示,不能用"同左""同上"及任何符号代替。表内用"空白"表示未测或无此项,用"—"或"…"表示未发现。表格中数字的书写要规范。对于纯小数,必须写出小数点前定位的"0"。小数点是齐底线的黑圆点。表中的术语、符号、单位等应同表及文字表述所用的一致。表的编排,一般是内容和测试项目由左至右横读。

每幅图应在文中明确提及,如"图3中所示""(见图3)",并按顺序编号,这一编号应独立于章和任何表的编号,仅有一图,仍应标明"图1"。图序、图题应居中排在图的下方。图序与图题间有一字空。图序和图题应用有别于正文字体、比正文小一号的字书写。图中的术语、符号、单位等应同表及文字表述所用的一致。

提示——①表格和图都应精心设计、认真选择,都应结构简洁易于理解,具有自明性,内容切忌与图及文字表述重复。②图要大小适中,线条均匀,使图面的比例适当,清晰美观。图幅的大小应与图内所提供的信息量相匹配,不至于使图面感到空旷或拥挤。

第三节　怎么显得更专业?

一、古代文学

(一)选题

所谓古代文学是指现代的古代文学,它与传统学术还是有差异的。它的研究对象是从中国远古到清末的作家作品和文学现象。它的选题包括与古代相关的文学概念、特色、风格、文体等的历史和评价,对作家、作品的思想、背景和文学特征的把握和评价,对思想传统的梳理及其对今天的影响,研究文学流派的产生、内容、特点、影响,探讨作家与作品的关系、作家与时代、地域的关系,以及与其他学科的交叉研究等。这点与其他文学史研究类似,但是古代文学更需要注意中国文学本身的独特性。相对来说,它的研究对象的自足性导致它的选题以中国古代文学本身的规律为追求目标。

> **批注**:各学科大体相近,特别是文学史研究更是非常相似。但是因为它们的研究对象不同,发展历程不同,甚至学科分立等原因都造成它们之间目前所具有的差异性。虽然没有人明言,但是某一时间里各专业有相对稳定的专业特点。像不像本学科的论文可以从这些特点辨别出来。学界一直主张打消各学科藩篱,各学科之间又一直加强相互学习,总的趋势似乎是趋于相互融通,但是只要学科分离还存在,将来就只能是一方面某些差异性会消失,另一方面还会产生其他差异性。也就是说,至少在目前总结这样的规范还有些意义。所以本节就此稍作总结,不一定完全,仅供参考,敬请有识者匡正指教。

20世纪80年代学术恢复关头，在还原历史和影响现实两方面的平衡中，古代文学天然选择了前者。不是说它没有参与现实的想法，但是它的绝大多数精力是放在还原和阐释历史的方面。所以，它继承"知人论世"的文学批评原则，对于文学作品的背景和作家的生平交游等外部的内容，比较关注。同样由于这种史学的倾向，古代文学的选题可以选择小问题，如考订一个事实就被认为是很有价值的，比如生平事迹补正这类题目在古代文学属于正途。另一方面，古代文学研究强调性灵的抒发，希望对古人有同情的理解。

（二）材料

古代文学是比较成熟的学科，它有一套学术的规范。其中对于材料的重视是一个传统。讲究一切从材料出发，而不是根据已有的观点来对材料进行取舍。它非常讲功力，对材料广搜博采，多多益善。为了大量地系统地阅读有关文献，它以目录学为学问的门径，《四库全书总目提要》《书目答问补正》这类书是古代文学研究的入门书、工具书。与此同时，整个古典文献学也都被看作古代文学的基础。一方面，这种学问是研究古代文学搜集文献的指导，一方面由于古代文献流传时间久，过程复杂，古代文献中有大量伪文献，而可靠的文学研究必须依赖可靠的材料，因此辨伪也是基础性工作。另外，其中的训诂学也是古代文学研究经典和一般文献的必备工具。

古代文学有长期形成的经典，因此对于古代文学研究者来说，经典阅读也是基础。研究古代文学过去主要靠背诵，现在虽然很多时候靠搜索引擎了，但是背诵也不能彻底荒废。

古代文学有着与古代史几乎一样的广泛领域，重视治文与治史相结合，强调"知人论世"，所以为了解文学，必须了解古代的历史背景，了解作者的背景与写作动机。因此，历史的基本文献也就成为古代文学研究的基本材料，知识范围至少包括研究对象以前的相关历史。

古代文学资料建设非常重要，在搜索材料阶段需要比其他专业花费更多的时间和精力，选取最好的版本，没有的话需要自己亲自积累。

（三）方法

古代文学校勘、注释、汇编、辑佚、考订、阐发都是学问，可以使用校雠学、训诂学方法研究，也可以使用鉴赏的方法、理论的方法。

古代文学研究很多方面有传统历史学研究的影响，表现之一就是考证成为很大的一个门类。在古代文学领域，有不少有识之士认为考证是第二流的功夫，但是可以做出第一流的学问，理论是第一流的功夫，但是常常只能做出第二流的学问。但是，他们也努力追求理论化，毕竟古代文学属于现代学术，受到哲学的明显影响。但是，相较于其他专业的学者，古代文学研究者对于各种理论比较谨慎，在研究问题的时候他们从基础做起，比如对作家的研究往往先做年谱长编，建立基本的材料序列，然后慢慢从材料中提升。广泛占有资料，归纳出几种学说，然后提出自己的见解，即从前人的探讨中推进一步。

古代文学研究也会运用文化学、社会学、传播学等学科中的方法。但是说到底，它还是比较偏于继承传统，所以最根本的理论方法是历史学方法。

二、现当代文学

（一）选题

现代文学的研究范围是五四新文化运动前后（目前尚以1917年为开端）至第一次文代会为止的历史时期中出现的文学作品、作家和文学现象。当代文学的研究对象是从第一次文代会至今的历史时期中出现的文学作品、作家和文学现象。现当代文学在研究角度上与古代文学很相似，只不过时间段不同而已。当代文学比较特殊一点，它的文学评论更多现实色彩，具有更多干预文学进程的色彩。

不过，现当代文学与古代文学不同的地方在于现实性和时代性更强。现代文学研究建立之初就始终与时代变革息息相关，因此一度有很浓的政治色彩。20世纪90年代以后，与生活的直接相关性变弱了。随着学科的发展以及现代文学作品、作家的经典化，现代文学已经越来越向古代文学靠拢，在选题上对辨伪、考据等知识越来越重视。就连与当下直接相关的当代文学部分近年也开始重视史料的保护和整理。但是，现当代文学尊重历史，不纯粹是为了回到历史现场而回到历史现场，总是抱有现实关怀。只要它还与当下的创作有紧密的联系，它就会干预当下的文学和生活。

当代文学中的文学批评有特殊规范。它具有更强烈的干预现实的方向性，它要影响当代的读者和作者，解决让作家如何做，读者如何读等问题。古代文学研究当然也会有价值判断，但是不像文学批评具有不可或缺性。批评必须旗帜鲜明，必须有是非对错，而不是了解现实的原貌就行了。当代文学的评论也应该具有问题意识，比如其他人在哪个角度评论过？我为什么从这个角度，对于前人有何帮助？这些问题也应该成为评论家思考的对象。

另外，由于现当代文学研究对象的开放性，它也更关注世界的背景。它关注的话题不限于本国的经验，更多是具有世界性的。

（二）材料

由于现代文学的性质和特点决定了研究现当代文学必须学习古代中国和国外的文学。现代文学在20世纪90年代以后有"古代文学化"的倾向。一方面是学风转换的结果，另一方面也是现代文学学科发展的结果，人们越来越厌弃自说自话的成果，开始依赖材料。虽然人们对于现代文学时期的文献接触得越来越广泛，很多问题也就呈现出来，很多以往不注意的材料本身在版本上有问题，比如某个作家或者批评家的全集中掺入了他人的作品，如果不加考订，依照旧版本的全集研究那位作家或者批评家就会犯错误。

现代文学受到古代文学的影响，已经有很大一块领域是材料辑佚和历史研究。当代文学也由于时间跨度越来越长，对共和国初期文学的研究开始趋于历史化，对象的把握需要放到历史中去，日益依赖历史资料。如此一来，现当代搜集材料和知识积累的范围就非常广泛。古今中外，只要与这一百多年的文学有关的一切文学的、文化的、历史的材料都可以成为其使用的材料。

对于前人的观点材料也应该尽可能搜集和参考。当然由于当代评论具有及时性，部分文献不能及时获得，因此有各说各话的情况，这在评论当年作品时，可能是难免的。

（三）方法

早年现当代文学研究具有自我作古的精神气质，往往先入为主。虽然这方面的错误正在得到一定程度的纠正，但是现当代文学强调"思想"的传统没有根本改变，研究者的主体性还是很强。

现代文学范围狭窄，早就有学者认为过于拥挤，腾挪的空间较小。加上当代文学在内，也不过百余年。又因为长期依赖常见史料，以材料的扩张来拓展空间的欲求显得不如观念更新来得急迫。现当代文学研究者更倾向于以新的角度来获取新选题。

在现当代文学中，评论与文学史研究是一种良性互动关系。评论是文学史研究的基础，很多同时代人的感悟最后都成为文学史的结论，而文学史研究为评论提供一种标准。因此，现当代文学对于文学史具有理念性的追求，希望从历史中找出规律来。

现当代文学可以说不拒绝一切可以用来研究文学的方法，比起古代文学来，它对理论的兴趣更强。

因此在论文写法上，中国现当代文学论文在重视材料的同时，从来不忘记强调思想性、更加强调个人化的感悟。

三、比较文学和世界文学

（一）选题

比较文学与世界文学研究的是世界上各个国家的文学及其相互之间的关系。它几乎是中国之外的所有民族文学和世界文学的合集。此外，它还"跨文化"地综合考察两个或两个以上的国家、民族和地区的文学。研究的常用角度与中国文学有很大共同性。其中的比较文学有点特殊，它是横向研究民族文学之间关系的学科，同时它又是纵向研究包括文学史、文学理论在内的一种学科。

比较文学与世界文学与国际学术界比较接近，选题更强调国际性的前沿地位。这要求在选题时密切关注当前中外研究的现状。比较文学与世界文学专业的学者比其他专业的研究者还要具备开阔的眼光、跨越性的视野。

就具体选题领域而言，比较研究和思想研究目前是比较热门的；在时间段上，则当代外国文学研究更有诱惑力。

（二）材料

比较文学与世界文学都少不了外国材料。论文中所用的材料不仅要有中国学者、海外华裔学者的，也要有国外学者的。既要有用中文撰写的，也要有用外文撰写的。世界文学对这个要求似乎更为严格，研究对象是外国文学，则运用的材料应该使用最靠近（时间空间两方面）研究对象的那些材料。比较文学则需要研究对象双方的材料，特别要运用与研究对象所属国度的研究成果，所以要努力搜集和阅读与研究对象同时代的文学、历史等方面的材料。

另外，比较文学与世界文学都强调材料的文化代表性，需要在更宽泛的文化领域里找材料，这点在比较文学里更是重中之重。研究者除了语言的能力外，还要对研究对象的文化有深入的认识和体验。

（三）方法

比较研究是在中外作家、中外文学现象、外国作家、外国文学现象之间所进行的比较。做这类题目时，不能为比较而比较，而应该选择一个有共通性和可比性的角度，有的放矢。

世界文学与中国民族文学研究一样，使用的是各种理论方法。而比较文学则有自己最基本的方法，那就是比较。但是这个比较并非是一种单纯的方法，而是一种框架。它本质上不仅是两种文学、两个文学作品、两个作家之间的比较，而且更是两种文化之间的比较。它的问题或者是文学理论方面的，或者是文学与文化的关系方面的，根本上是文化方面的。比较文学必须是将对比的原因落实在中西文化或其他两国文化的差异上，终极原因是文化原因。这是关于"比较文学研究"的最基本的学理。① 比较文学学科中"比较"本质不在简单地求同求异，更不是两个国别文学的研究结论的并列，其实比较文学的比较有较强的理论诉求。

比较文学还有历史中形成的各种具体方法，比如影响研究、平行研究、传播研究、跨学科研究。此外，跨文化学派还有跨文化阐发法、中西互补的异同比较法、探求民族特色及文化寻根的模子寻根法、促进中西沟通的对话法、追求理论重构的整合与建构法②。

论文写法上特别强调，论文第一部分必须有较为详细的研究文献综述。③ 论文需要具有最新的学术方法和理论，学术规范更多按照国外的要求和外文规范（该专业的学者还应该参照西方的要求）。论文的撰写中要尽量地参照与采用国外同类学科已经形成的、最权威的学术规范和文体（比如 MLA）。

> **批注**：其他学科其实也需要，这是针对目前论文写作不够规范而提出来的。

在中国发表论文则要求所引用的外文材料使用汉文译文（一律必须在注解中注明原书或原文的名称、发表的刊物、出版社和出版时间。可以在原书名之后标明译本名称、译者和出版社），引用汉文译文时，应该在后面用括号标注原文，或在注解中标明原文。

四、文艺学

（一）选题

文艺学是一门系统解释文学的性质、特点、活动规律和文学分析方法的学科。研究对象为文学史、文学批评和文学理论在内的所有理论问题。涉及文学本身、文学与其他学科的关系等方面，包括文学理论（文论）本身的历史，文学批评的历史，中外文论比较研究、马克思主义文艺学、西方文论、中国古代文论以及文学原理和美学原理等。

文艺学是理论性最强的学科，选题具有高度理论性。研究的是文学现象中带有普遍意义的问题，从个别文学现象中归纳、升华发现普遍现象，揭示其中文学的一般规律。

文艺学创新相对来说比较困难，因为规律不如现象丰富，理论一般具有相对的稳定性。目前国内的选题很多是介绍外国理论，研究理论的历史和阐释既有（常常是国外的）理论的内涵。这是比较低层次的，文艺学应该努力从具体生动的文学活动中总结规律，创造性地发

---

① 严绍璗. 中文学科论文写作训练［M］. 北京：北京大学出版社，2003：550.
② 曹顺庆. 中国学派：比较文学第三个阶段学科理论的建构［J］. 中外文化与文论（第15辑）. 2009，（1）.
③ 严绍璗. 中文学科论文写作训练［M］. 北京：北京大学出版社，2003：564.

明分析文学的有效的理论和方法。

（二）材料

材料的来源包括古今中外的文学创作成果和文艺学自身的成果，它们既是文艺学研究的对象，又是文艺学研究的论证材料，既可以作为理论依据，又可以作为事实依据。当然还有文艺学研究的历史和现状也可以作为研究材料。

说文艺学的抽象性高，并不是说文艺学研究可以脱离文学活动。理论应该从文学史实的分析中获得。很多文艺学学者来自文学史研究领域，有文学史研究的背景，这是很好的，因为没有足够丰富的文学史知识，想形成规律性把握是不可能的。所以，文艺学的知识背景除了本专业的之外，更应该包含中外文学的所有实践成果。

（三）方法

最根本的方式是哲学、美学的方法（它本身就是文学中的哲学），说到底就是概念逻辑的方法。它的每一个术语都代表很多的文学现象，比如作品，读者，符号等。文艺学几乎很大部分要依赖理论推导，也可以从现象中归纳。就算归纳，在论证时为了建立概念的逻辑体系，也必须依赖演绎，因为演绎可以保证有强逻辑关系。

另外，还有跨学科方法，即以哲学、伦理、文化、宗教等思想为基础，以其他学科的视野来激发文学的多种面向，借用其他学科的一些概念帮助加深对文学总体性的把握。

写法上，文艺学追求纯理论，或者用大理论推出小理论，或者用众多事例推导出理论。无论对外国文学作品作家，还是对中国文学作品作家，在分析的时候都要能从里面出来，回到理论的推导。在与前人对话时，认真分析前人的理论问题和理论预设，在前人的理论基础上做出理论推导。文艺学论文本身是丰富和发展这套体系化的理论的直接成果，是理性思辨的产物。文艺学论文语言和思维具备高度的逻辑性，要注意概念术语的一致和严密性、明确和稳定。追溯概念范畴的来源是常用的方法。要警惕抄写外国学者思想的做法，一定要有自己的问题和看法。

名言金句

"我历来主张研究文学，要将考证与批评密切地结合起来，将文献学与文艺学密切地结合起来。文学批评应当建立在考据的基础上，文艺学研究应当建立在文献学知识的基础上。从事文学，特别是古代文学研究的人，不一定人人成为文献学家，但应当人人懂得并会利用校雠学知识。"[①]

——程千帆

练习与作业

1. 任意找五篇论文，按本章所列学术规范一条一条对照。
2. 思考你的课程论文是否存在违反专业规范的地方。
3. 对照本章所列学术规范和形式规范，修改你的课程论文初稿。

[①] 程千帆.我和校雠学［M］//张世林.家学与师承：著名学者谈治学门径.第二卷.桂林：广西师范大学出版社，2007：20.

第八章
Chapter 8

文风和别体——如何令论文得体?

第一节 语言怎么显得更得体?

请保持你论文语言的简洁清晰。论文作为一种报道新发现、新知识的应用文体,其功能就是清晰无障碍地、经济地传播知识。因此简洁清晰的文风是其最大的特点之一,简洁清晰的论文语言有时表现在它的准确性和科学性。

> **批注**:论文属于应用文,有其大致固定的格式,同时也有其语言的规定。另一方面,它虽然有常用和最佳的格式,但内部还有多种变体。

一、让论文使用专业术语

例1

在现代批评的各种学派中,"新批评"一派对中国文学的了解及欣赏有特别的价值。问题仅是:一个有西方渊源而强调对文学本身精读的方法,是否能带给中国文学新颖的见解?那只有等待时间及实用批评才能答复。至少,它有一个好处:此种方法帮助读者更有弹性、更自由地诠释中国文学,使他不再受制于校雠、训诂即千百年来传统评论家的囿见。

——李达三《比较的思维习惯》

> **批注**:有人称引古人的话认为"文无定法"。这样描述艺术性的散文,无疑是对的,但用于论文这种应用文却不合适。
>
> **批注**:术语。
>
> **批注**:术语。
>
> **批注**:也带有术语性质。
>
> **批注**:术语。
>
> **批注**:术语。
>
> **批注**:术语。

> **批注**:专业,首先表现在使用本专业的术语上。术语是专业领域运用,有专业内涵的词汇。原因是:(1)文学论文讨论的是文学领域的问题和对象;(2)使论文具有深度,不至于流于表面化。
> 专著的写作与专业论文有略微的差异。专业论文发表在专业期刊上,读者几乎都是本专业的专家。但是公开出版的专著则有可能遇到对专业不是那样熟悉的人,所以除了需要更多的背景资料和一般知识介绍以外,语言也可以适当活泼。当然,这不是绝对的,有些深刻的论文,本身就没打算让一般读者阅读。

这段文字理论色彩还不算太强，但是仍然可以看到使用了一系列专业术语。不经过专业学习，很难理解这些术语的内涵。专业差别明显表现在术语的不同。专业论文的读者是本专业的学者，因此可以使用专业术语。术语是思考专业问题的工具，一篇学术论文的深度往往要靠术语的准确概括来获得，所以论文必须使用专业术语。

提示——术语是表现论文理论色彩和专业色彩的手段之一。

二、让论文语言质朴

例 2

歌德的"意蕴说"并不像刘勰的"比喻说"那样夹杂着主观色彩。他曾经这样说："在一个探索个别以求一般的诗人和一个在个别中看出一般的诗人之间，是有很大差别的。一个产生出譬喻文学，在这里个别只是作为一般的一个例证或例子，另一个才是诗歌的真正本性，即是说，只表达个别而毫不想到或者提到一般。一个人只要生动地掌握了个别，他也就掌握了一般，只不过他当时没有意识到这一点罢了，或者他可能在很久之后才会发现。"（《歌德文学语录》第十二节）歌德这些话很可以用来作为对于"譬喻说"的批判。歌德反对把"个别只是作为一般的一个例证或例子"的譬喻文学，强调作家首先要掌握个别，而不要用个别去附会一般，表现了对现实生活的尊重态度。这一看法是深刻的，对于文学创作来说也是有重要意义的。事实上，一般只能从个别中间抽象出来。作家只有首先认识了许多个别事物的特殊本质，才能进而认识这些个别事物的共同本质。就这个意义来说，歌德要求作家从个别出发，是可以避免"譬喻说"以作家主观去附会现实这种错误的。

——王元化《刘勰的譬喻说与歌德的意蕴说》

> **批注**：尽可能不晦涩，如果可以使用明晰的语言，应该用明晰的语言。你的晦涩应该是事物本身的复杂性造成的，即使如此也应该用明晰的语言来描述。朴实平和就是美，不要过多形容词。

这段文字说理娓娓道来，没有强烈的文学色彩。就是把意思表达清楚就够了，不需要花边和装饰。只求达意，不求传情。这种质朴的形式固然与其文学理论知识背景有关，但也是论文性质决定的。

提示——举例分析的时候是好好叙事，增加文字色彩的时机。文学论文毕竟不是哲学论文，讲故事的时候可以增加情趣。要在吸引人和质朴之间保持平衡，适当描述，适当使用比喻使文字具有美感（在专著中这样的部分会更多，因为读者的范围较广，要照顾到各种需用，包括讲故事，介绍背景等）。

三、让你的用语准确

病例 1

当女性对男性世界彻底失望后，就会走出异性爱，转向自我的同性世界，会渴望在同性爱中找寻到异性恋中缺失的东西，并寄予一种完美的乌托邦。

> **批注**：下结论不要武断，除非证据提出了不容怀疑的结论。这种谦虚的态度也是一个学者应该有的。

> **批注**：用"可能"较好。

> **批注**：请加上"自然地"。

这例的错误在于失去分寸，对事物的概括也就不够准确。

病例 2

小说于 1981—1982 年获全国优秀中篇小说奖，作者<u>表露出这样一种现象——</u>当人们从十年"文革"浩劫中走过来后，想弥补十年中留下的遗憾时，却发现生活似乎又回到了原点。

> 批注：表露……现象？搭配不当。

这例的错误在于文字搭配不当。

病例 3

此剧荒诞的思想主要是：<u>两个流浪汉于黄昏在一个乡间小路上等待戈多</u>。

> 批注：这不是思想。应该改为"此剧的荒诞思想主要指……，主要体现在两个流浪汉……"

这例的错误在于主谓语搭配不当。

病例 4

高明楼用职权撤了他的教师职务，他想只要高家村有高明楼，他就一定要比他有出息不可，要比高明楼他们强。他在蔑视权贵，挑战权贵，让高明楼这样的"大能人"感到了一种威慑，他感到"将来村里的真正能人是他"。他反抗，用气势压他们。在遇到马占胜时，他觉得他是拿了一颗冒烟的、带有强烈报复性的手榴弹，他是多么的痛恨这些装腔作势的权势。<u>刘立本有钱，可是他没有让他的前两个女儿上学，他认为念书是白花钱。在他这个知识分子眼里，他是瞧不起这种行为的。</u>在他眼里"高明楼和刘立本都不值得尊敬的，他们的精神甚至连一些光景不好的庄稼人都不如"。高加林这样一个普通后生，既无权又无钱，他凭什么瞧不起高明楼和刘立本呢？凭着他有一种敢于向权贵挑战的精神，有与不正之风抗衡的勇气。

> 批注：这一句突兀，而且这里的"他"与前后的"他"指代对象不一致。

这例的错误在于指代不明。

病例 5

摘要：萧红以其注册商标式的文笔和独特的艺术风格展现北方女性的现实人生，用带有自传色彩和充满感情的笔调描绘底层女性的生存困境。<u>通过分析其小说中女性人物的性格和命运，探讨萧红女性悲剧人生的成因</u>，认为女性童年贫穷缺爱的生活，女性在爱情和婚姻中的牺牲精神和女性内心的畸变是主要原因。

> 批注：这句话倒果为因了，小说中的悲剧人生不是她真实人生的原因。从后面的结论看，这属于表述不准确。

这例的错误是对于事实的概括不准确。

病例 6

笔者认为这类性描写正是庄之蝶想要找回自然人性甚至兽性，也就是"求缺"。庄之碟的悲哀也就在于他知缺求缺而不能补缺。也将后来与唐婉儿和阿灿幽会的地点称为"求缺处"。庄之碟开始是不行的，但是与唐宛儿等人却<u>性欲超凡</u>。这里对性的解读，不能只限在满足肉欲的层面上，更多的应该是精神上的解脱和生命力的绽放。

> 批注：性欲和性能力的内涵是不一样的，在这里应该区分开来。

这例的错误是对于概念的理解不够准确,所以造成使用中的失误。

提示——①大多的文字不准确都导源于思维不清晰、不准确。②要适当使用不确定的词,比如可能、也许,这是分寸感的体现。③"的地得"三个字要区分。④在任何文本中,包括开题报告、项目申请书以及论文等,尽可能不用自我推崇和武断的说法,比如"第一次……""毫无疑义"等,这既是讲规范的表现,也是追求准确的表现。

四、让你的语言更理性

例3

不特小说戏剧中之人物事迹,不能在历史世界之公共的时空中有其定位。且人欲一小说戏剧之作品能自具首尾,自形成一天地者,正要求截断其内部之时空与公共的时空之一定的联系。历史性的人物事迹之为小说戏剧所涉及者,文学家恒加以改造,以使之不受其原在公共时空中之定位之限制,而只存于小说戏剧之内部之时空中,所为之安排之任何定位。譬如中国小说之《红楼梦》,乃涉及清朝之事,而亦可能实以若干历史性之人物事迹为其背景,而或亦实影射若干历史性之人物之事迹者。然《红楼梦》之由太虚幻境开始,将主要故事,团聚于一大观园之空间中,又不指定其事为何一朝皇帝在位时之事,即将其所叙述之事,与历史世界之时空截断,而自形成一内在的时空。七十回本之《水浒》,亦原有《宣和遗事》之历史为据,而今谓梁山泊之人物皆天罡地煞之下凡,则此一切人物之事迹,即皆如被有不可见之氛围所包覆,而升腾入一超历史之世界。中国历史小说中之《三国演义》,其中最有文学意味者,为刘玄德之三顾茅庐之一段。而此段之所以最有文学意味,正在其为刘玄德之军事进行中之一插笔。读者读至此,即如被带入一隐逸者之天地,而与其当时只军事进行,若在时间上为相切断者。至于西方文学中如但丁在《神曲》中之周历天堂净界地狱,而重见古今人物。如哥德之《浮士德》之假定浮士德之能返老还童,并逆时间之流倒航,以见希腊之美人海伦,而与之相爱,则皆意在逆转历史世界之时间秩序,以重定一时间秩序,以安排此剧中之人物。而西方之短篇小说之恒自 Once upon a time 说起,亦即只泛指其在时间中,而不愿指定其在时间中之定位之述辞也。

批注: 以议论为主,深入挖掘本质和规律。写论文是一种理智活动,要求论文是按照逻辑和理性的方式来展示的,这点与散文随笔和其他文学体裁不同。

——唐君毅《文学意识之本性》

这段分析长篇小说中的有趣情节。作者不为情节所动,只关心这些有趣情节的文学意味,以及造成这种趣味的原因,态度客观,情绪平静,扣紧这些小说中的内部时空与公共时空的联系问题展开讨论,没有任何被小说本身吸引产生心理波澜的情况。这段的语言带有文言腔,是特定历史的结果,不必求全责备。

病例 7

如下面这首《沪杭车中》

匆匆匆！催催催！

一卷烟，一片山，几点云影，

一道水，一条桥，一支橹声，

一林松，一丛竹，红叶纷纷；

诗中伴随着急促的车轮节奏声，窗外一幅幅景致梦幻般在眼前闪过。火车匆匆催催的节奏，引发了人事匆匆，时光流逝的感慨——艳色的田野，艳色的秋景，梦境似的分明，模糊，消隐，——催催催！是车轮还是光阴？催老了秋容，催老了人生！火车行进的节奏与诗情的交织，构成一曲光阴易逝，人生短暂的抒情乐章。

批注： 分析再具体些。

这例的错误在于语言追求诗化，语言风格太感性（分析空灵），造成意义的模糊。这种语言不适合用概念来思索问题。

病例 8

王朔在找什么样的感觉，是什么样的精神指引他要如此写作，在读过《美人赠我蒙汗药》后我大概有所体会但还无法将之描绘出来。直到近期看了有他编剧冯小刚导演的电影《私人定制》我才大致上可以形容得出来了。大导是一个所谓的文艺界的上流人物，他年年获奖执导的电影也是好评如潮，但他要故作清高超越自我。在电影的叙事过程中完完全全为观众塑造了一个一本正经文艺导演，但是观众解读到的真实情况却与表面现象截然不同，这便是王朔反讽手法的独到之处。他是一个反对大众文化主义者，大众文化在他来定义就是一个字"俗"，简直是俗不可耐。于是他便另辟蹊径，大众讨厌什么他便写什么（在电影中的表现就有些夸张成分），写小痞子，写小混混小流氓，颠三倒四，他讽刺权威，讽刺名流，甚至连自己也讽刺了，这也正显示了他对艺术的理解与追求，便形成了他独有的反讽策略。

批注： 这种个人化的方式更近于读后感。其实直接改为客观的描述就行。试改为："在《美人赠我蒙汗药》中有表现，但是在《私人定制》里有更加清晰的表达。"

这例的错误在于有主观的语言风格，用语不够客观，让自己出场是散文的方法。

病例 9

"废都"，"废"，颓废，废墟。"都"，都市，都城，古都。书名《废都》就是西京称为废弃的国都的意思。本书的主人公庄之蝶的名字让人联想到李商隐的"庄生晓梦迷蝴蝶，望帝春心托杜鹃。"这本就带有丝丝迷茫困顿之意，在废都里的种种犹如一场梦，真真假假，恍恍惚惚。这就奠定了故事的基调。西京的破败，都市文明对人性，真情的腐蚀，人本身的感觉就是迷茫的困顿的。小说寄托了贾平凹的原始主义情怀，表达了对都市文化泯灭人性的批判。

批注： 这两句之间有跳跃，连接不紧密。建议以一个主语为统领，把废都的定义组织进一个句子中。

这例的错误在于语义不连贯，前后两句话之间存在思维的跳跃。这种情况也不符合思维的逻辑特征，也是非理性的表现。

提示——①不用排比句，用词不要带感情色彩，对评论的要求可适当放宽。②隐藏个人立场。尽可能不用"我"或"我们"等第一人称，也尽可能不要出现"你们"，除非有特殊需要。③批评他人成果也尽可能不用情绪化的语句，除非有特殊需要。这不仅因为更符合礼仪需要，也因为显得更理性、也更让人信服。④记住：论文不是用来抒情，而是用来说理的。⑤让你的语气庄重。即使在批驳前人论点的错谬时，也保持克制，不能用轻佻的语言。对关键抗辩做出反应的，必要时做出让步的。不要用流行网络用语，除非已经成为严肃的用语。⑥驳斥别人的观点驳斥其错误，不要攻击其人格。

五、让你的语言简洁

> 批注：简洁是简练而干净的意思。把意思毫无阻碍，完全地表达出来。精炼语言不仅可以压缩文字，而且可以使意思更显豁。

病例 10

姜广平在《"阅读也是需要训练的"——与方方对话》中曾经谈到："《在我的开始是我的结束》有一种好女人却想作践自己的意念。她们是不是被自己压垮的呢？或者说，这些好女人其实需要释放。譬如黄苏子，内心积压了太多的肮脏情结，它需要有一个奔放的出口。"[4]她是一个以堕落的方式在压抑中反叛甚至勇敢疯狂地反抗父权制的女性形象，这种行为实际是女性对男性世界彻底失望后对男性规范的嘲讽，恰好也在这种嘲讽中获得女性的自我满足。但女性解放可悲的是，这种生活实际是分裂的，苏子在嘲讽男性的同时也迷失了自己。虽然苏子的反抗一定程度上代表了和自我意识的觉醒，终于做了真实而自我而不是男性想象中的女性，然而变身后真的实现了自我吗？显然没有，特别是最后在一个无聊的敲诈中丧命的结局更是凸显了人生的悲凉与孤独。

> 批注：可以不出现书名，在注解中出现就行。姜广平的身份倒可以说，如评论家姜广平，以提高权威性。

> 批注：这段引文对后面没有很大帮助，只有非常权威和精粹的话才需要引用。

> 批注：可以比较一下，鲁迅所说的因为经济问题而堕落，与苏子的堕落为什么不同？表现了女作家的什么女性意识？

这例的错误在于使用了多余的引文。没有按照主题的需要来截取引文，所以产生了大量让读者迷惑的信息。对于主旨表达来说，超过必需的，都是多余的。

病例 11

第一次是言子夜上课提问七言诗的起源，传庆没有回答上来言子夜的提问，当听到言子夜的批评和自己的父亲如出一辙便放声大哭起来。

> 批注：删去，与前面重复了，要注意语言的简练。

这例的错误在于语言不精练，对于一句话来说，能够省略而不影响意思完整性的词都属于多余的。

窍门

①找到主旨，然后按照与主旨的关系远近加以排列。无关的，或者不是直接有关的就删除。如果属于补充说明的，也可以适当保留。但是压缩字数时可以优先删去。②尽可能减少语气助词，营造一种书写体文风。③对古人和今人都可直呼其名，对德高望重的前辈或者自己的导师，可以在第一次出现时加上先生，以示尊敬，以后仍可以直呼其名①。因为读者在阅读时

---

① 林庆彰.学术论文写作指引[M].北京：九州出版社，2012：162。

不应该被强制尊重，同时也为了使语言干净。

六、让你的语言单纯

病例 12

这是一本受到 NBC 推荐的关于 Renaissance 时期文学成就的著作。

> 批注：单纯是指语言风格的一致。除了引文和故意安排的少量修辞外，论文作者的语言风格也要一致。

> 批注：NBC 是"美国全国图书委员会"的英文缩写。

这例的错误在于语言混杂。在一句话中用了英文缩写和英文单词，与中文混杂在一起，显得语言不够单纯。如果缩写和英文有规范的中文译名应使用中文。

病例 13

他的教师资格被三星顶替之后，他没有"坐以待毙"，而是在"趋乐避苦"的原则下，做出反抗。他对父母吼着叫说要"豁出这条命，也要和高明楼小子拼个高低，他不听二老的劝说要和他狗日的高明楼拼了。"他反抗命运对他的不公平，在他饱读诗书，从教经验丰富的情况下，凭什么要一个初出茅庐的小子替代他，他不服这样的命运安排。在县城掏粪，和克南的妈妈争吵之后，噙着泪水望着寂静的城市，心里就暗暗的想：我非要到这里来不可！我有知识，有文化，我比这里生活的人哪一点差？我为什么要受这样的屈辱呢？高加林这种与命运抗争、勇于向封建挑战的勇气是我们有目共睹的，对新生活的向往和追求是强烈的，极力想摆脱命运的摆布。

> 批注：请把这段引文拆散了，用自己的话说出来。

这例的错误在于乱用引文，造成混乱。本来可以用自己的话来说的，偏偏插了一段小说中的话，这句话里增加了很多扰乱读者头脑的信息，比如"小子""狗日的"，带进来了原文中的感情色彩和语气，造成语言混杂。可直接改为："他对父母吼叫，说要与高明楼拼命。"

病例 14

这个时候风流倜傥的小叔子姜季泽进入了曹七巧的视野，并且暗恋上了他。

原始生命力对于人的重要性在《废都》中的爆发，他淋漓尽致地宣泄着自己的情感，同时也爆发着自己身体的所有能量。

萧红小说中的女性从童年就已经失去了欢乐，甚至已经开始经历悲剧的人生。《呼兰河传》中的小团圆媳妇就是此中的代表。因为个子长得高，明明只有十二岁却谎报十四岁的小团圆媳妇到老胡家没几天就被婆婆打，而她婆婆打她的原因却只是想给她一个下马威。小团圆媳妇被她婆婆打得天天哭，而且边哭边叫，致使"我"半夜醒来念诗的时候都能听到小团圆媳妇的哭声。小团圆媳妇生病了，婆婆找人给她跳大神，又用偏方给她治疗，用开水烫她，使她病情更重最后丧命。

> 批注：这句话的前后句主语不一致。

> 批注："他"指的是庄之蝶，而第一句的主语是原始生命力。

> 批注：改为下面的话比较顺："她个子长得高，明明只有十二岁却谎报十四岁，到老胡家没几天就被婆婆打，而理由却只是想给她一个下马威。"这样改可以使前后两句的主语一致。

> 批注：这里一句话中有小团圆媳妇的立场，有"我"的视角，造成主语不统一。叙述的时候尽可能保持主语的统一，统一的主语可以省略，不然显得啰唆。

《穆斯林的葬礼》是著名回族作家霍达的代表作，其作品获得第三届茅盾文学奖。她用细腻的笔触描述了一个穆斯林家族六十年间的兴衰，展现了三代人命运的浮沉，两个发生在不同时代、有着不同内容却又交错纠结的爱情悲剧来展示回族穆斯林独特的风俗习惯和现实生活。

> **批注**：应改为"它"（与前一句的主语衔接）。

以上各例的错误在于主语不一致。主语不一致会造成语言的混杂。这样的例子很多，说明这是常见的错误。

病例15

"每个个人都有一个心理过程的连贯组织；我们称之为他的自我。自我是受知觉系统影响经过修改来自本我的一部分。它代表理性和常识，接受外部世界的现实要求。因此，它根据唯实原则行事。它的大部分精力用以控制和压抑来自本我的非理性冲动。它主张克制，但不否定本能的要求。它提倡通过迂回的途径来满足这种要求。自我与本我的关系就像骑手与他的马的关系。""自我企图用外部世界的影响对本我和它的趋向施加压力，努力用现实原则代替本我中自由地占支配地位的快乐原则。"曹七巧嫁进姜家并没过上自己想要的幸福生活，就现实地被"黄金的枷锁"牢牢锁住了。曹七巧的丈夫是一个瘫痪在床的病人，这样一个男人不能给予曹七巧想要的情感生活。此时，曹七巧明白了她在姜家能得到什么，什么才能维系她在姜家的地位——答案很清楚，金钱。曹七巧便开始疯狂地聚敛起钱财来。被姜家上下因为出身低贱而瞧不起的曹七巧在紧紧手握金钱时内心找到了些许平衡。但是压抑内心的欲火一直在冲撞着她、炙烤着她，导致她的心理人格进一步走向畸变态。

> **批注**：可以用自己的话转述，并标注出处，这样使文风前后一致。

心理学上认为童年（5～12岁）的生活对一个人性格的养成具有决定性作用，一个成年人对待事情的看法，对事情的判断力，都能在他的童年生活中得到解答。萧红的童年生活，能给她精神上关爱的只有萧红的祖父，父亲对她的严苛，继母对他的挑别，祖母对她的责罚，都在萧红的内心深处留下了阴影。祖父对她的爱，后花园给她带来的欢乐抵挡不了现实生活中的压抑。萧红曾在《初冬》中写到他弟弟劝她回家，她却说："那样的家我是不能回去的，我不愿意受和我站在两极端的父亲的豢养。"可想而知萧红童年生活的不幸。"'孤寂'是她童年生活的另一面，一直折磨着她的一生。她是在缺乏爱，缺乏朋友的环境中长成，在她日后所写回忆儿时生活的篇章中，可看出'孤寂'对她的敏感个性有多重大的影响。"而"个人原因与艺术作品的关系，不多不少恰好相当于土壤与从中长出植物的关系。"

> **批注**：这句似乎不能从前面一句里推导出来。

> **批注**：这段用自己的话陈述，在相关部分标出出处就行。现在这样引文太多，语气不连贯。

这两例的错误都在于引文太多妨碍文风一致，也影响语气。这样的错误也很常见，学生喜欢引文，但是引文多有很多弊端，最大的问题就是造成文风的杂糅。

提示——①大多数情况下,你更应该改写材料。当改写的时候,你先理解材料的意思,接着按照自己的需要重新组织,表达出来,让材料为你的主旨服务,并且在语言上也是一致的。记住,改写之后如果需要标注,必须标明出处。②古代文学学科的研究者,很容易形成读古书的语感,因此往往喜欢使用古文的表述,其实真正的现代研究大家往往是用白话来说自己的话,而不是被文言带走。请尽可能不要文白杂糅。③尽可能让一个段落中的主语单一,尽可能不频繁转变主语。

🟡 名言金句

"我认为,发表的文章,最低要求应当:(1)理要讲清楚,使人心里服;(2)话要讲明白,使人看得懂;(3)闲话不说,或者少说。"①

——陈垣

"有时我把一万字的原稿压缩到五六千字,我发现文字虽然压缩了,意思反而较醒豁。从此我看出简洁是文章的一个极可珍视的美德。"②

——朱光潜

第二节 论文还有其他体式?

一、综合式论文

分析式论文和综合式论文之间的差别如表 8-1 所示。

表 8-1 分析式论文与综合式论文比较表

名称	体式	与研究的关系	难易程度	文字	线索	导向
分析式	从观点到理由	报道研究结果	易	简练	清晰	说服读者
综合式	从现象到结论	展现研究过程	难	繁多	容易不清	表现研究者

提示——①对比中的内容以综合式的部分比较负面,但综合式并不是完全不能写,很多大家写出了很好的文章,只不过写作和阅读这类文章的难度相对来说更大。②分析式的论文论证色彩鲜明,分析要有深度,写不好的话会很生硬。综合式的论文见功力,从现象入手,讲述生动的故事,使文章不空洞。可以按照故事发生顺序为中心,或者按照内心推理为中心,但是容易没有焦点。分析问题过渡转折有时很随意,从一个作家过渡到另一个作家可以单纯因为两者有相似点。③写论文的时候也可以适当利用综合式,发挥它的长处,特别是在细部上使用综合式模式,可以使叙述自然。段落也有类似的结构:先写案例,直接分析,然后得到结论。

批注:以上八章主要是介绍最经济、最合理、最符合应用文要求的科学论文体式。但是还有另一种人们常用的文章体式,那就是综合式论文,这种体式在人文学科中有着悠久的历史。本书也略微探讨一下写好这种体式的方法,供偏好这种体式的研究者参考。对于分析式写法的某些部分在不影响明晰性的前提下可以适当采用这种形式,以便使得论文显得活泼。所谓综合式论文就是与分析式论文形式相反,不是把观点放在开端,让论文主体论证主旨,而是把中心观点放在文章的最后,论文主体是思索和探讨问题的过程展示。

---

① 陈垣. 陈垣史学论著选 [M]. 上海:上海人民出版社 1981: 637.
② 朱光潜. 怎样写学术论文 [M]. 北京:北京大学出版社,1981: 39.

（一）体式

第一步　提出问题

从具体现象的描述出发——思考这种现象意味着什么（或者引出某个观点）——存在什么问题（也可能隐藏不说）。

第二步　分析问题

可以采用因果分析、比较分析、意义分析、假设分析、对比分析和辩证分析等分析方法。参阅第六章第 108-110 页。

第三步　解决问题。

在结论中得出自己对问题的回答（也可能不直接回答）。

按照内心思维过程为中心：分析具体的个案——对个案提出问题——结合其他背景加以解答——进一步对解答提出问题——继续解答，最终达到一个比较完善的结果。梳理思想的过程，选择几个点，不断调整自己的论说，并解释这样做的理由，如图 8-1，图 8-2 所示。

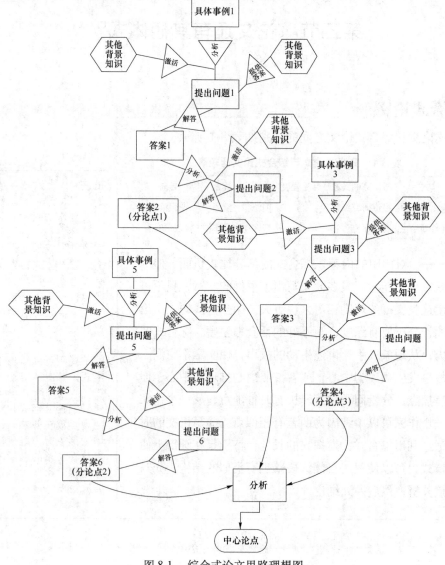

图 8-1　综合式论文思路理想图

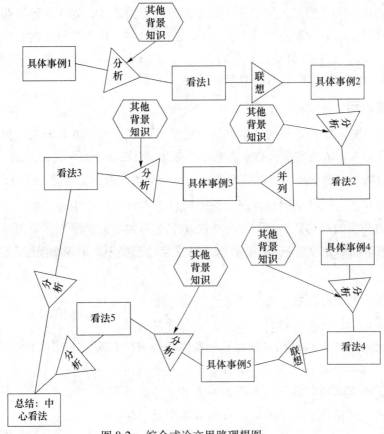

图 8-2　综合式论文思路理想图

由图可见，综合式论文内容非常复杂。它总是有选择地展示思考的部分过程。

例1

一出戏离不开情节。没有情节，小孩子看戏就看不下去。可是一出戏光是有情节，大人也不容易看下去。人在世上活久了，就知道人必须为什么活着。我们有善良的愿望、美丽的幻想，可以上天入地，寻幽访奇，求真理于神话，但是我们不能放弃逼真，蔑视虚象。世态传奇戏的致命伤就在自以为抱牢现实，其实只在拼凑情节，它的戏剧性可能非常激动，然而清醒的头脑稍一回味，就会感到这太巧合，结构虚伪，关系暧昧，因而起了不可置信的心思。在戏剧分类上，这种廉价的戏剧性倾向过分畸重，喜剧就有沦入闹剧的可能，悲剧就有沦入惨剧与险剧的可能。而人物出现只是一种偶然遇合，或者最好的时候，只是为了满足一种浅薄的教训。

——李健吾《从性格上出戏兼及关汉卿创造的理想性格》

该例文段落属于综合式。作者从几种人生情境开始：戏需要情节，人需要知道为什么活，人需要真实。——说世态传奇戏不真实，仅拼凑情节——效果是让人激动但不能长久，因为巧合，不令人置信——如果这种戏重视太过，则产生不好后果：喜剧悲剧堕落，人物浅薄和流于理念化。以上是对这段思路的简化表达，请对照原文阅读。但是从这个简化的说明里也可以看出：它是一大串想法，展现了中国人的线性思维方式，逻辑性不够强。这段的中心是什么呢？似乎说了一系列观点。读者需要自己加以总结，比如找到他的讨论主要对象——这里是世态传奇戏，然后选择其中最重要的看法——这里是不真实、虚构，于是组装成一个观点：世态传奇戏不真实，讲虚构，不值得肯定。

用分析法改写

世态传奇戏不真实，讲虚构，不值得肯定。因为虽然人们喜好幻想，但是更爱真实。因此世态传奇戏的离奇不能有永久的审美意味，而且，它还会带来不良的后果。在戏剧分类上，有将喜剧降为闹剧，悲剧降为惨剧的可能。在人物塑造方面，它容易流于理念化。

分析式的写法运用的是因果论证，结实而且有逻辑性。有中心，删去了一些与中心无关的文字，比如开头的几句话。当然，分析法文字上不如前面的漂亮。调剂的方式是主体用分析法架构，细节和部分段落在不出现冗长无聊文字的前提下，可以掺用综合法。

例2

遗山论诗，究竟有没有家国兴亡之感？这在昔人虽有这般说法，或者未必如此。《论诗三十首》中对于陆鲁望，似有微词。他说："万古幽人在涧阿，百年孤愤竟如何！无人说与天随子，春草输赢较几多。"自注："天随子诗：无多药草在南荣，合有新苗次第生。稚子不知名品上，恐随春草都输赢。"此盖以陆氏"生丁末运，自以未挂朝籍，绝无忧国感愤之辞，故即其所为诗微诘以讽。"（此宗氏说）从这一首诗看来，似乎元氏论诗，颇寓家国兴亡之感。然而，元氏诗中虽尽多忧国感愤之辞，而在《论诗绝句》中却不必如此。翁方纲《元遗山先生年谱》谓："金宣宗兴定元年丁丑，先生二十八岁，在三乡作《论诗绝句》。"是此时金虽危殆，尚未到灭亡地步，兴亡之感，实无所施。而且《论诗三十首》的末一首："撼树蚍蜉自觉狂，书生技痒爱论量。老来留得诗千首，却被何人校短长。"这不已和盘托出，承认是文人习气，原出书生技痒，不必别有作用的吗？

批注：实际，这段有分析法的意味，因为开头已经提出观点——遗山论诗未必有家国兴亡之感。可见传统的综合写法中也会有分析的部分。

——郭绍虞《元遗山论诗绝句》

该段落以问题引领，是在前面分析的基础上，加以总结，用问题引导。论述部分展现了思维过程。先从一首论诗诗中的反例——引出未必全如此——举例——对诗歌的背景和没有家国兴亡之感的现象做原因分析——又举《论诗三十首》的话来印证。该段逻辑性很不好。"《论诗绝句》中却不必如此"后面应该立即举例证明这组论诗诗里没有家国兴亡之感，然后再分析原因。

名言金句

"你应该按照你研究的过程来引导读者的思路，你怎么研究的，就怎么写，从头讲起，引导读者逐渐深入，逐渐到你的结论上来。至于什么地方多讲，什么地方少讲，要看读者对象。"[①]

——王力

---

① 王力．怎样写学术论文[M]．北京：北京大学出版社，1981，10．

（二）常见病症

1. 新手常常按照时间顺序组织文字，也就是常常围绕历史事实展开，结果变成讲故事，会用很多文字来讲历史上发生了什么，然后就结束了。新手很容易停留在现象描述上，这样做往往缺乏理论深度，容易造成一个不好的现象：不报道观点，只是堆垛材料。因此用这种手法，很容易使材料具有主导性，湮没了或者代替了自己的观点。综合式论文最容易变成堆砌材料，容易迷失问题。

2. 即使是高手，写的时候过于从容，因此会类似散文的写法，一点不着急，随性谈论，内容很丰富，造成观点的不连续，思路的断裂。内容容易多，因为思想逻辑不像分析法论文那样的强，所以如同散文，会放入很多无关或者关系不大的内容，使得文章线索不清晰。观点和问题分散各处，阅读很费心力。按照推理的过程来写作，往往变成随心写作。好处是给人启发良多，很多都是没有论证的"想法"。

3. 即使是高手，也可能限于对材料的排比考证，而失去问题意识，导致对材料的分析失去方向感。

病例

以下是罗根泽《由墨子引经推测儒墨两家与经书之关系》全文结构的简略表述，请对照原文阅读。

叙意

指出诗书是经——墨子可以代表墨家学说——墨子引《诗》的情况——引《书》的情况——指出儒墨皆托古立说——墨子引经与今本差异太大，《孟》《荀》引经则差异不大（暗含问题"墨子为什么引经差异那么大？"）——提出解释经书经过儒家修饰润色过。——"余喜籀诸子，对经书之根柢甚浅，对此问题，未敢遽然判断；愿提起公诉，以与治经学者共商兑焉。此予不惮烦琐，录考《墨子》引经之意也。"

引《诗》十则

一则则录出前人注释，并加上自己的按语（"案"或"泽按"）

引《书》二十九则

一则则录出前人注释，并加上自己的按语（"案"或"泽按"）

该文开端叙意是与综合式论文有点差异的，直接提出问题，并给出答案，有分析式论文的样子。但是下面两部分则是传统的考证文章体例，对每一条材料，引前人的分析注释，稍微补充自己的理解，按语中也都是对于文字来源的判断。应该说这篇论文通体没有去论证自己的论点"经书经过儒家修饰润色过"，因此也没有去解决"墨子为什么引经差异那么大"这个问题。相反，它实际在具体说明自己开头的发现："墨子引经与今本差异太大"，而并没有去解释其原因，也没有解释题目中的问题"儒墨两家与经书之关系"。至少从文章中看不到对这些问题的集中讨论。这里不是苛责前人，而只是说像罗先生这样的大家写作综合式论文都是很容易迷失的。而且，作者开始就说是考证《墨子》引经的情况，出现这种情况就更可以理解了。

提示——①用这种方法写作的论文的一个特点是长。短论文读起来和写起来都比长论文更轻松，所以长不算优势。②读者通常不关心你如何达到结果，只关心是什么结果。③综合式论文常常用于考证式的文章。综合式论文与考证文章一样的思路，就是从具体材料开始分析，探讨问题，以推导过程带动思路。考证文章问题很简单，所以没有问题。但是如果探讨宏大问题，这种结构就显得很难驾驭。④综合式论文的很多作者往往认为正文已经论述过了，不需要在结论中加以讨论。但实际情况是正文往往述多论少，如果结论部分再不加讨论，很难有一个明确的中心。其实，恰恰是后面才需要深入分析。正如自然科学做了实验，得出数据，有这些数据还不够，研究者还要对这些数据加以解释，不是对个别数据的解释，而是还要对最后你的整个实验的数据讨论其意义。⑤论文展示的是观点，而不是材料。

（三）窍门

1. 经常使用一些连接词，使思路收回来，这些词是过渡性的

例3

我的猜测是……

这是必要的，但我更愿意指出……

如果承认这一点，我们努力寻觅的，便不是……而是……

毕竟……

其实……

我想追问的是……

在我看来……

故概括言之……

由此知……

这段小小故事说明一个问题……

据上引诸史料，可知……

> **批注**：采用以下方法，都是为了把写作者从"就事论事"的弊病中拯救出来。

> **批注**：这些连接词，保证引导读者关注其中的某一方面。因为材料本身是内涵丰富和多面的。

这类转折性的、过渡性的引导语不止这些，需要学习者阅读他人论文时多积累，并学会使用其中最喜欢的。

2. 不断提出问题

例4

《新青年》之所以能吸引那么多目光，关键在于其"有一种主张不得不发表"。那么，到底什么是《新青年》同人"不得不发表"的"主张"呢？这牵涉到《新青年》的另一个特色：有大致的路向，而无具体的目标。

——陈平原《思想史视野中的〈新青年〉》

> **批注**：提出问题，为了探讨更深一步。从材料中抓住其中一点，向它发问，使得文章的深度加深了，也引出了新话题。

例 5

以上略述渊明之前魏晋以来清谈发展演变之历程既竟，兹方论渊明之思想，盖必如是，乃可认识其特殊之见解，与思想史上之地位也。凡研究渊明作品之人莫不首先遇一至难之问题，即何以绝不发见其受佛教影响是也。以渊明之与莲社诸贤，生既同时，居复相接，除有人事交际之记载而外，其他若《莲社高贤传》所记闻钟悟道等说皆不可信之物语也。陶集中诗文实未见赞同或反对能仁教义之单词只句，是果何故耶？

——陈寅恪《陶渊明之思想与清谈之关系》

这两例都是运用问题来把握论题的主动权。两者都以问题作为转折过渡，既总结了上文，又开启下文，并且使意思推进了一层。

3. 引入叙述框架

例 6

清末民初迅速崛起的报刊，已经大致形成商业报刊、机关刊物、同人杂志三足鼎立的局面。……

<u>团结与同人，中心是同人，先写同人结合的过程。</u>

同是从事报刊事业，清末主要以学会、社团、政党等为中心，基本将其作为宣传工具来利用；民初情况有所改变，出版机构的民间化、新式学堂的蓬勃发展，再加上接纳新文化的"读者群"日渐壮大，使得像《新青年》这样运作成功的报刊，除了社会影响巨大，本身还可以赢利。因此，众多洁身自好、独立于政治集团之外的自由知识者，借报刊为媒介，集合同道，共同发言，形成某种"以杂志为中心"的知识群体。

批注：为了能保持对于材料和话题的控制，需要不断跳出叙述本身，开始给读者一个讲述的框架。一面作为"旅游图"，一面也是让作者保持叙述的线索，不会被材料引领而失去自己的主体性。

到了这一步，"同人杂志"已超越一般意义上的大众传媒，而兼及社会团体的动员与组织功能。……

与北大文科的联手，既是《新青年》获得巨大成功的保证，也是其维持思想文化革新路向的前提。重归上海后的《新青年》，脱离北大同人的制约，成为提倡社会主义的政治刊物。如果承认这一点，我们努力寻觅的，便不是一般意义上的编辑技巧，而是陈独秀们如何修正前人的脚步，以便更有效地使用此一"传播文明之利器"。

——陈平原《思想史视野中的〈新青年〉》

交代后面文章框架的方式，是帮助读者保持思路清晰，掌握论述主动权的很好方式。论文作者考虑自己的框架也有助于自己的思路清晰。

4. 从辨析中出观点（类似于古代体例中的"案"）

例 7

凡是一种杂志，必须是一个人以团体有一种主张不得不发表，才有发行的必要；若是没有一定的个人或团体负责任，东拉人做文章，西请人投稿，像这种"百衲"杂志，实在是没有办的必要，不如拿这人力财力办别的急着要办的事。

"杂志"之不同于"著作"，其最大特色本在于"杂"——作者众多、文体迥异、立场不求一致；为何陈独秀看不起那些"东拉人做文章，西请人投稿"的办刊方式？就因为在他看来，理想的杂志必须具备两大特征：一是"有一种主张不得不发表"，一是"有一定的个人或团体负责任"。后者指向同人杂志的形式，前者则凸显同人杂志的精神。

批注：因为由常理来推断，发现不寻常的地方，这才出现问题，得出答案。

——陈平原《思想史视野中的〈新青年〉》

这是出观点的常用方式，必须在分析以后形成一个观点，而不是分析来分析去，来形成一个看法，或者形成很多看法，都没有经过论证，那只能造成论文的混乱。本来综合式论文就无定型，如果在细节部分再芜杂没有中心，论文将不堪卒读。

5. 有方法省思

例8

可以这么说，作为民初乃至整个20世纪中国影响最大的思想文化杂志，《新青年》的发展路径不是预先设计好的，而是在运动中逐渐成形。因此，与其追问哪篇文章更多地隐含着其理论主张与生存密码，不如考察几个至关重要的关节点。

批注：要明确告诉读者你的方法是什么，为什么要采取这个方法。这里就是从一个常识性的认识，一个对象的某个特点，推导出自己解决这个问题的适当办法。

——陈平原《思想史视野中的〈新青年〉》

省思自己的方法，也有指导图的作用，是保持论文作者思路主导权的手段之一。用自己方法和角度的选择来引导文章向自己解决的问题集中。

6. 要做准确判断

例9

比起第二年为杂志改名而作的《新青年》一文来，这篇《敬告青年》更值得注意。前者虽常被作为"准发刊词"解读，属于没有多少实际内容的宣传鼓动文字；不若后者之体大思精，日后大有发展余地。

批注：综合类论文叙述偏多，所以为了从叙述中超脱出来，必须强调该提出见解的时候要旗帜鲜明。

——陈平原《思想史视野中的〈新青年〉》

每分析一个个案或者具体材料，都要加以评价，也就是有"述"则必有"论"。

例10

二、"仍以趋重哲学文学为是"

这就是主张的答案，后面围绕主张共同精神为民主科学来展开，已经从事政治活动，脱离了原来的宗旨，暗含同人星散之因。

批注：要敢于下判断，下准确的判断。

——陈平原《思想史视野中的新青年》

总之，要敢于做判断，也要喜欢做判断（当然是合情合理，有根有据的判断），这是治疗"叙述病"的药方之一。

7. 要不断总结

例 11

1917年底《每周评论》的创刊，已开北大学人议政的先河；《新青年》八、九卷的转向，其实并不十分突然。只是因五四运动爆发，形势急转直下，知识者直接参政的热情迅速膨胀。而陈独秀作为中国共产党的创始人，对于《新青年》之由思想评论转为政治宣传，其决定性作用。虽然有了日后的分裂，纵观1至9卷的《新青年》，其基本立场仍属于"有明显政治情怀的思想文化建设"。这一点，既体现在"民主"与"科学"这样响彻云霄的口号，也落实在"新文化"与"文学革命"的实绩。也就是说，在我看来，《新青年》的意义，首先在思想史，而后才是文学史、政治史等。换句话说，《新青年》的主导倾向，是在思想史的视野中，从事文学革命与政治参与。

——陈平原《思想史视野中的〈新青年〉》

所谓"总结"实际就是对材料的提升，这才会形成扎实的"分论点"。不要等到文章最后再总结，特别对于长文章来说，中间不断总结也是保证文章向某个方向阐释的方式。

8. 要在细节部分使用分析式论证

例 12

以下是陈平原《思想史视野中的〈新青年〉》第六部分《文化资本与历史记忆》的结构简略表述，请对照原文阅读。

先写对《新青年》历史功绩的肯定——写吴宓梅光迪的不服又无可奈何（有趣的故事），归结为靠北大——从这里引出观点，最高学府的权威性对青年有魅力（证据是"爱真"的话，以胡适的话佐证）——补充南京高师当时的弱势地位。

第二个分论点是《新青年》功绩名垂青史得益于历史记忆。
从胡先骕嘲笑胡适内台叫好，引出胡适的真实情况，的确在《尝试集》中自我经营。再说及胡适对文学革命故事的影响，认为这是胜利者的姿态，在历史叙述中自我表彰，影响历史叙述。——从一个观点说起：不管是著作、人物，还是报刊，社团能否流芳千古，时间是个很重要的因素，以作品为例，论证这个道理。——《新青年》叙事在杂志停刊后十几年后，开始了——机缘是《中国新文学大系》的编纂——分析刘半农的话——罗列这话的影响广泛——这话的根本原因在于时代的变化，但是编辑《大系》使得《新青年》的文学事业得到肯定——从中发现《大系》各册的导言都从《新青年》说起，奠定了新文学的叙述起点——关于这个详细过程学界已经有成果，所以不细说，只说一件一样性质的叙述——即因

批注：个案。

批注：实际上这是过渡，引出《中国新文学大系》。

批注：第一个二级分论点，对这个论点的论证是综合式的。

陈独秀李大钊著作出版和刘半农的离世，而引发的《新青年》同人的追忆——鲁迅的回忆——钱玄同的回忆——周作人的回忆——蔡元培的回忆——结果是重印《新青年》，出版《独秀文存》——蔡元培为《独秀文存》写的序——陈独秀出狱后回忆鲁迅的文章也从《新青年》落笔——认为即便只有30年代的这些叙事，已经足够让《新青年》流芳千古了。——引施瓦支的话（五四运动的参加者有选择地运用回忆）——解释这种现象的合理性（五四运动有名所以被利用）——一个有趣的发现，五四运动中各家叙述差异最小的是关于《新青年》部分。——以周策纵和彭明的巨大差异和关于《新青年》的接近为例——原因是《新青年》同人的自我建构已经相当完整，不容你随便扭曲。

> **批注**：第二个二级分论点，下面是分析式举例论证。
>
> **批注**：也有人在开头提出中心论点。正文以综合式展开，结论部分再点题。这里只写了两层，一般的内容是很多层，有很多分论点，有的不为中心论点服务，有的是服务于中心论点的，这类文章的阅读感受是新发现、新想法很多，但是并不都在说明中心论点，作为论说文来说显得散了些。有些转折的地方只能硬转。

例文中黑体字部分是一级分论点和一个二级分论点。对于这两个分论点的论证，采取的是分别举例论证的方式，这就是分析式的方法。

9. 在结尾处推出中心论点

例13

作家知识的涉猎和积累牵涉到文学史上常提到的影响问题。这当然只是作家接受外界影响的一条途径。影响问题很复杂，非三言两语所能说清。这里有两个方面值得研究。

影响有偶然因素，但最终决定于作者的需要。有一般的需要，如满足好奇心，有为达到某一具体需要而去积累知识。有些知识遭到天然扬弃——遗忘，有些被批判否定，但并不见得就排除于记忆之外。但文学史上所谓的影响多半指正面的接受。这里面主观因素很大。作者对对象往往怀着同意、同情、热爱、尊敬以至崇拜的心情。勃吞在设计他的理想国时，以墨西哥和中国为借鉴，他说"耶稣会士利玛窦等人笔下的中国人十分勤劳，土地富庶，国中没有一个乞丐或游手好闲的人，因此他们兴旺发达。我们的条件也一样，我们的人民体魄强健，思想活泼，物产应有尽有，如羊毛、亚麻、铁、锡、铅、木材等，也有优秀的工匠来制造产品，但我们缺少勤奋。我们把最好的商品运往海外，他们能很好利用，满足需要，把我们的货物分别加工，又运回到我国，高价出售，有时用零碎原料制成一些廉价品，反回来卖给我们，价钱比成批原料还贵，"如此等。勃吞为了满足自己对比的需要，而将对象美化。

有时作家只要能满足需要，不求甚解的情况也是有的。例如上引弥尔顿一段诗里，汗八里克即元大都，即下面的北京，有时称中国，有时称塞利卡那，有时称喀塔伊，有时称西那。这里显然有各自不同来源的混淆。也不排除弥尔顿知道是同物异名。他的目的只是要能烘托气势，制造铿锵的音调，即使不尽准确也没有关系。到底文学上的影响有多少是讹传、歪曲、误解，倒是很有趣味的问题。但是作品中准确的材料来源并不一定能构成杰作，文学史上颇有些例子，如福楼拜的《萨朗波》，英国女小说家乔治·爱略特的《罗慕拉》，作者都做了实地调查，积累了大量准确知识，但作品都不成功。特别有趣的是这两部作品一部发表在一八六二年，一部在一八六三年，看来都是受了实证主义，注重表面事实的影响吧，因而混淆了历史和文学的界限。

我们讲扩大知识、接受影响，主要指接受优秀文化遗产，也是从我们主观要求出发，关于接受优秀文化遗产的重要性，经典作家的言论俱在，不必赘言。

其次一个问题，影响从某个意义上讲也可理解为思想的接触、砥砺，引起深入思考，把消极的接受变为积极的"探讨"。仅有实践和生活还不足以产生伟大作品，还必须有一定的高度、深度、崇高的境界（也包括表现方式），才能产生伟大作品。英国评论家阿诺德在这方面有值得参考的见解。阿诺德的文学主张是保守的，他把古典文学、文化，奉为标准和规范。他特别强调批评的作用，他认为批评可以帮助促成人们对优秀文学的正确看法，使当代文学向古典优秀文学看齐，这一点正是他保守所在。但他认为批评可以活跃思想界，这是完全正确的。他断言（《批评在当前时代的功能》）思想不活跃，精神生活没有生气，产生不出伟大作品。这话有一定道理（这当然不是唯一的条件，因为产生伟大作品的条件很多）。社会如此，一个作家也是如此。他的思想不和活着的和死了的人的敏锐思想接触、砥砺、对比、参照，很难达到深度，获得"高致"。弥尔顿卷入革命不可谓不深，倘若他不多所涉猎，在涉猎中找到思想素材，找到培养思想的温床，找到磨炼思想的砺石，找到他认为适当的表达手段，也写不出《失乐园》这样不朽的诗篇。

弥尔顿在《再次为英国人民声辩》这篇政论文中有一段著名的自述。他以光明磊落、满怀激情的语气，答复政敌对他个人的诽谤。他写他怎样"从青年时代起，就致力于研究法律，不问是教会法或世俗法，都把它放在优先于一切的地位，因为我考虑到，不管我能否起作用，都应该随时准备为国家、为教会、为那些为传播福音而出生入死的人们服务。"他写他青年时代如何专心致志苦攻学问，大学毕业后在父亲田庄仍然"倾全力阅读希腊拉丁作家的著作，有时也到城里调剂一下生活，不是去买书，便是去吸取一些数学和音乐上的新知识，这些是我当时最感兴趣的东西。"在意大利一年多的旅行，全是同知识界的交往切磋，"使学识和友谊同时获得交流"，"把搜集到的书装船运回"。回国以后，"非常愉快的继续了中断的读书生活，让那些受人民委托的人、特别是上帝，去处理当前的问题。"[指革命前夕的政治。]他采取了"用之则行，舍之则藏"的态度。在十年资产阶级革命风暴中，他积极投身到政治斗争中去，运用他的丰富的学识，写了一系列铿锵有声的政治文章，取得了辉煌的战果。革命失败后，他痛定思痛，如骨梗在喉，不吐不快，运用他的丰富的学识，写了三部不朽的诗篇。马克思把他比作春蚕，说"弥尔顿出于同春蚕吐丝一样的必要而创作《失乐园》，那是他的天性的能动表现"（《剩余价值理论》）。天性正是说他的抱负或革命责任感。他把他的学识当作体现这种责任感和抱负的手段。

——杨周翰《弥尔顿〈失乐园〉中的加帆车——十七世纪英国作家与知识的涉猎》

这篇论文是典型的综合式论文，这里截取的是最后部分。这篇论文的结构简略表述如下，请对照原文阅读：从弥尔顿诗中的一件中国人的物件——加帆车说起，还提到本·琼生也写到这个物件，考证了加帆车最早出自《博物志》，又考证了弥尔顿可能在哪本书知道此物的，然后联系弥尔顿时代的背景提到了他们追求知识的浪潮。下面开始讨论文艺复兴时期人们关于中国文物制度知识的理想化，在追求知识的热潮中，出现了一批饱学之士。特别讲到弥尔顿同代人罗勃特·勃吞，还特别关注了勃吞的地理知识。作者从勃吞身上看到当时人们是怎样热衷于追求知识的。接下来，又再看看勃吞读过的舆图和游记作家。接着作者又把视野扩大到当时的学士群体以及他们的文风诗风的独特流派——巴罗克，分析了当时学者对于知识的态度，举泰勒为例，比较泰勒、勃吞和弥尔顿。接着作者重新回到弥尔顿，分析他的《失乐园》，分析其中的空间概念。举里面的例子，谈艾略特对所引片段的批评。作者把《失乐园》的空间感归结为弥尔顿的地理知识起了决定性作用。最后讨论两个见解，一个是把细节看作是技术性的小节，是附加在作品的"局势气脉"上的。另一个是认为作者所以能产生宏伟的气势，是因为他能超脱。作者对两者加以综合，认为弥尔顿的境界高，思想有深度，力图捕捉根本性的问题，是能够出乎其外的结果。到文章的最后，作者说："作家知识的涉猎和积累牵涉到文学史上常提到的影响问题"，这是提出了自己的问题，然后从这个复杂的问题中选了两个方面来"研究"。（1）影响有偶然因素，但最终决定于作者的需要。（2）影响从某个意义上讲也可以理解为思想的接触、砥砺，引起深入思考，把消极的接受变为积极的"探讨"。

从以上对于全文的梳理可以看出该论文是比较散的，但是这样内容丰富和知识面广的论文如果没有最后部分讨论问题作为总结，会给人不好把握的印象。最后部分跳出了弥尔顿，而进入到那时代的群体，并且实际上是用知识学问来作为思考的中心词。他的主要观点就是在结尾中表述出来的：作家的知识不一定能造出伟大作品，但是伟大作品必须需要知识。他的核心问题虽然没有明确表述，其实就是知识与伟大作品之间的关系问题。在这个中心观点之下，中间写的那各种研究就变成分论点：弥尔顿以及他同时代人的地理和博物知识对作品都会造成影响。

提示——①以上所有窍门都只有一个目的就是从材料中提升，显示出研究者的主体性。②好的作者展现自己的推理过程，不是复现当初思考的过程，而是有所选择。③除了完全按照时间顺序结构的，或者按照思维顺序结构的，如考证文章，综合式论文的大框架往往也是分析的（不过常常是并列结构）。

三、评论式论文

评论的选题也需要选择及时反映社会热点、争论热点和思考人们比较困惑的现象（当然必须是与文学有关的），或者针对现实中思想问题和值得肯定的新苗头，包括文学思想和新创作，以及需要批评的不好苗头和倾向。

（一）写作步骤

第一步 确定对象。评论的对象主要是作品和作家，也会涉及文学现象（作家群体、文学思潮）。当你读到一本不知名作者的作品，或者读了自己比较熟悉的作家出版的新作，从头至尾通读，读后有强烈的感受，得出初步而概括的印象。特别记住自己感受最深的，然后细读你关注的那些细部，然

批注：这类论文是狭义的文学批评文章。这种体式并非严格意义上的论文。有的论文介于读后感与论文之间，对学术性没有严格的要求。它的读者对象比科学论文的读者对象要广泛得多，包括作者、大众，当然也包括专业学者。这种文学批评文章几乎专属于当代文学领域特有的文体。

批注：名作重读——新见解，题目往往是重释，新解，重读——更多是肯定的，是经典化的手段之一。新作快评——新作品出现及时把握其苗头，加以肯定或者否定。

后再重新从全文来审视你的感受。阅读多次，确定印象的公正性，非常熟悉了，仍然有写作的冲动才考虑写。或者感到出现了一种值得注意的文学现象，给自己印象很深，关注它，搜集相关的材料，进一步熟悉它。

第二步　找出问题。问题主要是评论对象上值得让人们了解的未知之处。对自己的阅读感觉发问，了解为什么会有这个感觉，这个效果作者如何达到，自己的感受是不是作者想要表达的，有什么规律可循，有什么经验值得记取。还要考虑这个问题是不是人们需要知道的，别人为什么需要你告诉他们？思考从什么价值（审美价值？社会价值？历史价值？政治价值？艺术价值？）来评价你的研究对象。通过批评或者赞扬你的批评对象，可以宣扬什么标准？查一查，是否有人已经从你的角度评论过研究对象了，如果已经有了，可以选择放弃或者调整角度。最后，再对照一下自己的知识储备是否能够完成这个评论工作，是否需要大量的补课。如果太难，有可能会影响论文发表的时效性，可以考虑放弃。

第三步　摘抄和定题。围绕问题记录更多阅读的想法，展开头脑风暴，同时逐渐删去俗常的和已经有人说过的。如果自己最深的看法已经有人说过，则可以加深这个想法，需要找到自己的立场、观点，反复寻找，找到正确的、稳妥的、有材料支撑的、能够分析出新意的角度（最终定题）。阅读和摘抄相关的作家、作品、文学现象的背景知识，以及同类作品和作家，同类文学现象，还有其他评论家言论的材料。确定你要运用什么理论工具，什么概念来概括分析对象，形成自己的观点。然后思考你的看法能不能在作品全篇和所有材料中得到确认，至少不相抵触。

第四步　选择体式，建立大纲。"专著式"[①]包括分析当代作家作品和思潮，以其逻辑性和理论性为特色，完全可以按照分析式论文体式写作，为了活泼适当增加一些评论者的文字特色。"随笔体"属于特殊的体式，按照散文和随笔的方式展开，属于综合式，具有散文随笔的特点，以说理为主，比较有激情，充满评论者的语言风格和个性，是说理类的 essay，很不容易写，需要评论家的才气。"诠释型"评论则是可以综合式也可以分析式，专业性更强。诸如对话体、书信体、序跋体等其他体式都可以偶一为之。

第五步　写作成文。方法参阅本书第六章第二、三节。

提示——①选题有随机性，但是也会一定程度上依赖积累。长期关注某领域，有相当的知识储备，选择自己认为有价值的对象，对之进行分析和评价。②当代文学评论与一般论文有点差异。虽然可以用一般论文的方法从前人的问题中找，但常常是对老问题的新解答，对作品的多重解读也是评论的应有之义。当然文学评论更强调现实针对性，对新发生的新事物和新动向比较关注，比如一个时期虚构的作品太多了，当代评论就有义务提倡写实的倾向，比如当代作家出版了新作，需要给予解释评价和历史定位，找出作家的发展方向，并加以解释、赞扬和批评。③评论式论文之所以叫论文，也是要以理服人的。无论反对或者赞美，都要提出足够的理由。所以需要大量的分析和论证，而不是只做宣判。不要被个人好恶所左右，需要有足够的道理来使得某种看法被大家分享。评论一旦被学术承认，就成为历史的研究。比

---

① 王先霈. 文学批评原理 [M]. 武汉：华中师范大学出版社，1999：230-234.

如闻一多对《女神》的当代评论，就因为他的视角是历史的，后来成为学术史承认的经典之论。④ 评论与一般学术论文的差别在于，评论除了要阐释之外，还要有评判，要有价值观念，要么赞成和支持，要么批评和反对。不光是指出是什么，还要指出好不好，为什么好。评论的落脚点在于促进当前文学的发展。这个立场应该让读者感受得到。要有责任感，负责任地传播思想。⑤ 评论是最没有定式的。根据各种评论情境和评论对象来决定形式，只要有人接受，又能传达有价值的思想和感情，就是可以的。你针对感性的人写的是感性的评论，针对理性的人是理性的评论。这里仅仅说到理性的评论。完全理性的运用理论突进作品和完全感性的印象批评都是主体性太强，可能扼杀研究对象的主体性。后者比前者多了一个缺点就是主观性，限制了受众的面。⑥慎勿生搬硬套其他思想家认识事物的框架。这种方法虽然产生大量评论，却往往存在逻辑上的漏洞。

（二）写法

（1）宏观结构

例 14

雷达的《白鹿原》评论《废墟上的精魂——〈白鹿原〉论》气魄宏大，代表了学者评论的体式，是主体感受与理性思考结合得较好的文章。下面是这篇评论的简略表述，请对照原文阅读。

一、阅读的感受。强烈地体验到静与动、稳与乱、空间与时间这些截然对立的因素被浑然地扭结在一起所形成的巨大而奇异的魅力。把人在历史生活中的偶然与必然的复杂微妙关系，揭示到了如此出神入化的境界。在阅读《白鹿原》的整个过程中我强烈感到，原先的陈忠实不见了，一个陌生的大智若愚的陈忠实站到了面前。《白鹿原》是一个整体性的世界，自足的世界，饱满丰富的世界，更是一个观照我们民族灵魂的世界。

二、概括生活方面。《白鹿原》没有超出现实主义范围，但是"问题在于你究竟翻新了什么，注入了什么"——对比《白鹿原》与《艳阳天》《芙蓉镇》，把《白鹿原》放到现实主义方法发展的背景下，确立《芙蓉镇》否定《艳阳天》，《白鹿原》深化和提升了《芙蓉镇》，结合文化热背景，指出它打开了视角，从主观世界反应历史的真实。认为它具有更大的文化性、超越性、史诗性。——为了使《白鹿原》达到足够的心理深度和文化深度，作者切入历史生活的角度和倚重点也很值得注意。认为他所谓的民族秘史就是心灵史灵魂史和精神生活史，以及民族史通过家族史来反映。——从反映宗法社会方面，从鲁迅以来的描写方法背景上判断他突破旧

批注：一种是分析法，参阅第六章。另一种是综合法，参阅本章第二节。后者的应用更多些，因为更能展现评论者的思想流脉，更少格式的束缚，体现个性，但也因此更容易结构凌乱。

批注：文章开头从读书感受出发，由表及里。这类文章的结构一般是并列的几个方面，每一个方面也是由现象，原因，评价组成，中间穿插比较论证。

批注：评论常常会先从感受出发，形成总体印象。

批注：在文学史背景下论述某个方面，这是学者评论的特点之一，在与其他人的比较中进行论述。

批注：这点在文中未加论证，大概作者以为无须证明了。

批注：这里仍然是在文学史背景上，与其他作家比较中进行论述。

模式:"家族本身的文化形态和历史变迁"。

三、分析思想意蕴。认为是"正面观照中华文化精神和这种文化培养的人格,进而探究民族的文化命运和历史命运"。——分析它写的人格。(以白嘉轩为中心,认为白嘉轩是宗法农民文化的精神代表,然后评价这个人物,认为"白嘉轩是作者的一个重大发现"。)——分析其人格中的"尚志"精神——分析其压抑维护个人尊严和纲常名教的一面——对比鹿子霖,认为"作者把白嘉轩的道德人格与鹿子霖的功利人格比照着写,意在表明;像白嘉轩这样的人,固然感召力甚大,但终不过是凤毛麟角,他所坚持的,是封建阶级和家族长远的、整体的利益,他头上罩着圣洁的光环,具有凌驾一切富贵贫贱之上、凛然不可犯的尊严,但是,真正主宰着白鹿原的,还是鹿子霖、田福贤们的敲诈和掠夺,败坏和亵渎,他们是些充满贪欲的怪兽,只顾吞噬眼前的一切。"——关于白嘉轩的人格分析最终得到结论:"白嘉轩的思想是保守的、倒退的,但他的人格又充满沉郁的美感,体现着我们民族文化的某些精华,东方化的人之理想。"

> **批注**:不离作品本身,用作品本身的例子为主分析。

> **批注**:使用对比手法。

四、分析年轻人。田小娥(以性来反抗,但是抵抗不过所谓道统),白孝文(旧文化的另一种叛逆者)。

> **批注**:不离作品本身,用作品本身的例子为主分析。

五、提出新的问题。"现在,《白鹿原》里的众生不是抽象的文化符号,他们一刻也没有停止具体的、历史的社会实践和相互猛烈撞击,可是,他们又一个个展现出丰沛的文化性格,此中的奥秘何在?作者是怎样处理人、历史、文化的关系的?"(转入形式的考查)——文化色调("作者的创造性在于,他在充分意识到文化制约的不可抗拒的前提下,把文化眼光与阶级斗争眼光交融互渗,从而把真实性提到一个新高度")——用黑娃形象为例来证明以上观点——认为"只要作者坚持从民族文化性格入手,就写得深入;一旦回到传统的为政治写史的路子或求全、印证、追求外在化的全景效果,就笔墨阻塞,不能深入。"——以鹿兆鹏为例——认为,陈忠实在《白鹿原》中的文化立场和价值观念是充满矛盾的:他既在批判,又在赞赏;既在鞭挞,又在挽悼;他既看到传统的宗法文化是现代文明的路障,又对传统文化人格的魅力依恋不舍;他既清楚地看到农业文明如日薄西山,又希望从中开出拯救和重铸民族灵魂的灵丹妙药。——以朱先生为例——提出问题:"问题不在于能不能这样写,而在于作者为什么要这样写。"答案是:作者有传统血液,更容易认同农业文化及其哲学观,但是以外来眼光审视,又发现传统文化的挑战。

> **批注**:不离作品本身,用作品本身的例子为主分析。

> **批注**:不离作品本身,用作品本身的例子为主分析。

> **批注**:不离作品本身,用作品本身的例子为主分析。黑娃也可以放到第四节与田小娥、白孝文一起说,但是作者比较有技巧,把例子分开使用,在分析不同方面时使用不同的主要人物,分析的时候有所侧重。

六、总体评价《白鹿原》。——大气的作品让人振奋——作品产生的背景是新时期以后的文学发展——对现实主义的贡献(深化了现实主义,现代主义方法的融合,以及艺术手法受到的国外影响)。

> **批注**:在与其他人比较中进行论述。

该文一直有一种文学史的视角，不断从克服阶级斗争观念，对现实主义的低级理解等思想问题方面来肯定《白鹿原》的贡献。

（2）微观写法

例 15

我也很少看到当代作品中像《白鹿原》这样，把人在历史生活中的偶然与必然的复杂微妙关系，揭示到了如此出神入化的境界。那种常见的，作者受某种观念驱使，又让人物去体现这种观念的"手"放松了，一任隐蔽的规律性在作品中自由前行。近五十年岁月，在白鹿原这块土地上，盛衰兴替，人事沧桑，变动不可谓不剧烈，但是，你将奇妙地感到，一旦舍弃了表层变动，后面是一个深邃的海；几乎每个人的生死祸福，升降沉浮，都是难以预料的，出人意表的，却又是不可逆转的，合情合理的。书读到一半的时候，没有人能像读有些作品那样，预知主要人物的命运归宿。好像有种不可见的"道"主宰着一切，又好像高踞云端的上苍默默注视着人群，每个人都恪守着自己的性格逻辑行动，每个人都被自身的利欲情欲驱遣，他们争夺着，抵消着，交错着，平衡着不断地走错房间，最终谁也难以完全达到预想的目标，谁也跳不出辩证法的掌心，大家仿佛都成了命运的玩物、天道的工具，共同服从于一种不可抗拒的强大的必然。这可真是令人惊讶的真实，它既不同于非理性的、不可知的历史神秘主义，也不同于把人当作"历史本质"的理念显现符号的先验决定论。

在阅读《白鹿原》的整个过程中我强烈感到，原先的陈忠实不见了，一个陌生的大智若愚的陈忠实站到了面前。他在什么时候悟到了"道"，得了"理"，暗暗参透了物换星移、鱼龙变化的奥秘？在陕西灞桥镇闭门谢客，著书五载的陈忠实只是朴素地说："当我第一次系统审视近一个世纪以来这块土地上发生的一系列重大事件时，又促进了起初的那种思索，进一步深化而且渐入理想境界，甚至连'反右'、'文革'都不觉得是某一个人的偶然判断的失误或是失误的举措了。所以悲剧的发生都不是偶然的，都是这个民族从衰败走向复兴复壮过程中的必然。这是一个生活演变的过程，也是历史演进的过程。"同样的话，别人也说得出，但理性的感知与饱和着生活血肉的感悟是大不一样的。对于创作出《白鹿原》整体意象的陈忠实来说，这是了不起的觉醒和发现。陈忠实的全部努力，就在于揭去覆盖在历史生活上的层层观念障蔽，回到事物本身去，揭示存在于本体中的那个隐蔽的"必然"。

由于廓清了某些观念的迷雾，浮现出生活的本相，尽管《白鹿原》的取材、年代、事件已被许多人写过，《白鹿原》依然呈现出全新的面貌，给人以刮垢磨光后的惊喜；惊喜于那

批注：指文字、段落、分析、论证、感情层面的做法。

批注：主题句，论点。

批注：体现的地方，是对主题句的细化。

批注：落到对作品的阅读感受。这里的文笔非常感性，但是又有着理性的力量。在评论中，论文作者的感受也可以成为材料，可供分析和引申。

批注：从感性印象转换到对作家的评价，对比作家的前后变化，下面自然要探索作者这种变化的原因。

批注：材料。

批注：突出了这个材料的这个方面。

批注：这是结合陈忠实的作品和他的自我反思而形成的一个判断，是能造成令人惊讶的真实的主观原因。

么多本在的人物、心理、文化形态何以到了今天才被发掘出来。

批注：这是努力的结果，与论文作者的阅读感受相合。

——雷达《废墟上的精魂——〈白鹿原〉论》

请注意这一段把个人的感受提高到的高度。令雷达惊奇的不是田小娥、白嘉轩等人的性格，而是一些抽象的力量的存在，比如命运、天道、历史等。当然，这些感受是从"盛衰兴替，人世沧桑"这样表面的感受提升起来的。一般教程中特别强调文学论文的理性和感性的统一，这就是将理性与感性统一起来的方法。专业的评论家要学会使用抽象的概念比如历史，比如文化，比如心理，比如真实，比如民族，比如现代，比如精神，比如性，比如压迫，权力……当然，这样做是在搞清概念的内涵，考察过适用性的基础上，而且也不要机械地搬用，或者以为越多越好。抽象词汇发挥作用的根本在于它的概括性和有效性。另外，从感性上升到理性，或者使得感性得到理性的解释，也必须依赖分析。分析非常重要，评论比一般文学论文更见才性，更有评论者的个性。

提示——①评论需要照顾到审美感受，需要有干预当下文学活动的意识。②评论也要讲目标读者，但是相对来说，比一般文学论文更适合针对报刊的一般读者。往往针对一般读者的认识误解，加以辨析，这时用的理论和概念必然是一般的。比如，周作人为《沉沦》辩护，针对读者认为其不道德的看法，加以批驳。③运用专业概念或者哲学概念的，属于学院类批评，具有另类的深刻性和陌生性，比较适合文学知识的生产。④写评论也要逻辑，不要学习那种显得很有思想的胡说。有价值的东西应该是可以被人分享的。可以使用散文的诗意笔触，语言带上个性色彩，但是理性色彩是不能少的，既然批评是客观的公众的活动，思想应该借助于清晰的语言合乎逻辑地表达。其中甚至允许印象式的表达，但是这不能是论文的主体。在传达个人感受的时候可以借助于诗一样的语言，但是不能通篇都是这类语言。⑤忌片面，新作品往往先要评论其主要方面，这些部分如果是著名作家则往往由著名评论家先下手做，一般研究者只能运用巧思，分析次要方面。比如一部小说，正常的方法是分析中心人物，但是你也可以从次要人物入手加深对作品的认识，但是应该在总体认识的背景上。新论尤其有这个问题。⑥既要带来新鲜的审美经验、独特的看法与众人分享，也要合理地说服别人。⑦最好是总结出规律性的东西，比如从一个作家的情况，总结出一类作家的特点。⑧复述被认为是评论的必备内容，需要注意贴紧观点复述。任何复述的东西都是需要加以分析和欣赏的东西，而不是复述后就完了。特别是专业评论，其读者是专家，可以设想他读过作品，简练地复述就行。情节介绍应该尽可能减少，要以评论带动叙述，以评和论为主。⑨更注重独特性，不找到独特性，不要停止。可以多使用比较的方式，突出其贡献。⑩关注名家和挖掘新人并重。研究名家有利于发表，但是挖掘新人功在千秋。⑪评论家要多读书，书读得多了，会有更多思想可以被激活。

名言金句

"取其有意义之点，指示出来，使那意义格外分明，扩大，那是正确的批评家的任务。"[①]

——鲁迅

[①] 鲁迅. 鲁迅全集（第四卷）[M]. 北京：人民文学出版社，2005：377.

"我必须在灯下正襟危坐：第一遍，凭感觉采撷印象；第二遍，用批评的眼光去分析判断，做笔记；然后读第三遍，重新印证、检查已作的价值判断。然后，我才能动笔去写这篇一个字三毛钱的文章。"①

——龙应台

四、考证式论文

（一）考证的研究步骤

第一步　确定问题（选择有价值的，有争论的问题。比如历史事实不清或者对事物的认识有分歧的时候需要考证）。

第二步　围绕问题找材料（材料来源有三：文献，出土资料和田野调查。来源不同，但是作为材料是一回事）。

第三步　选择材料（选择最原始的、最可靠的材料）。

第四步　分析材料（从材料中分析出信息，即一系列事实判断。材料往往是一个物品、一些数据或者一段记载）。

第五步　得出结论。

> 批注："考证"又叫考据，古代史学常有这种体裁，即所谓纠谬，辩证，篇幅可长可短。清代学者顾炎武，正式提倡对古籍文字音义和古代名物典章制度加以考核辩证，运用时空和事实之间的铁的对应，来确定事情的前后，字义的古代原义，注重实事求是。

> 批注：本书主要介绍文献材料考据。

（二）写法

（1）宏观结构

例16

以胡适《红楼梦考证》为例，以下是文章简略表述，请对照原文阅读。

一、第一个分论点是"他们并不曾做《红楼梦》的考证，其实只做了许多《红楼梦》的附会！"下面胡适按照分类法展开这个观点。罗列三派的主张，并驳斥了某些观点。

二、主张打破这种附会的《红楼梦》谜学，提出方法论：根据可靠的版本与可靠的材料，考定这书的著者究竟是谁，著者的事迹家世，著书的时代，这书曾有何种不同的本子，这些本子的来历如何。这些问题乃是《红楼梦》考证的正当范围。接下来，研究著者是谁？经过详细考证，得出六条结论：（1）《红楼梦》的著者是曹雪芹。（2）曹雪芹是汉军正白旗人，曹寅的孙子，曹頫的儿子，生于极富贵之家，身经极繁华绮丽的生活，又带有文学与美术的遗传与环境。他会作诗，也能画，与一班八旗名士往来。但他的生活非常贫苦，他因为不得志，故流为一种纵酒放浪的生活。（3）曹寅死于康熙

> 批注：考证文章当然也可以使用分析式写法，先开章明义，说本人认为某人死于某年。然后下面排比证据，而且用分析式论文方式写考证文章，证据的缺点将暴露无遗。但是做考证的人往往习惯综合式的写法，所以这里主要介绍传统的综合式写法。分析式写法参阅本书第六章。

> 批注：讨论前人文献，驳斥前人观点，为自己的考证找出合理性（解决"为什么要做"的问题）。

> 批注：确定方法论（解决"怎么做"的问题）。

> 批注：这是第一个问题。

> 批注：具体的考证，一步步展开推理。相当于自然科学论文的实验报告。做法见下面的"具体考证"部分。

---

① 龙应台.龙应台评小说[M].北京：作家出版社，1990：213.

五十一年。曹雪芹大概即生于此时，或稍后。（4）曹家极盛时，曾办过四次以上的接驾的阔差；但后来家渐衰败，大概因亏空得罪被抄没。（5）《红楼梦》一书是曹雪芹破产倾家之后，在贫困之中做的。做书的年代大概当乾隆初年到乾隆三十年左右，书未完而曹雪芹死了。（6）《红楼梦》是一部隐去真事的自叙：里面的甄贾两宝玉，即是曹雪芹自己的化身；甄贾两府即是当日曹家的影子。（故贾府在"长安"都中，而甄府始终在江南。）

批注：明确提出具体的结论。这是第二部分的分论点。有力的正面的判断，也有推测。

批注：本文的第二个问题。

批注：具体考证出本子流传生成的过程。

然后研究《红楼梦》的"本子"问题。梳理出一百二十回本的过程，并引申出一个问题：后四十回的著者是谁？

胡适的论文结构是典型的考证文结构，首先要与前人的研究对话。他针对的问题就是前人缺乏科学的方法，他最重要的突破就是用科学方法考证历史事实。运用材料来证明过去的事实。解决的问题也非常明显，就是两个：一个是"作者是谁？"一个是"本子流传的过程是什么？"或者"《红楼梦》的本子是如何流传的？"考证的问题很简单：正论探讨的是何时、何人、何地、何因、如何。驳论探讨的是"是不是"。

（2）具体考证

例17

以胡适《红楼梦考证》的两个问题的考证方法为例，下面是简略表述，请对照原文阅读。

1. 关于"作者问题"

从小说内容引出一个判断：大多数人认这书是曹雪芹做的。（引袁枚《随园诗话》的一条材料。这是最早的一条材料）胡适从这条材料得出几点：乾隆时文人承认《红楼梦》是曹雪芹做的。曹雪芹是曹楝亭的儿子。大观园即是后来的随园。——俞樾引此文，加的注判断中曹子清就是曹雪芹，胡适批为大谬——考曹寅（曹子清、曹楝亭），引吴修的材料和《扬州画舫录》——从韩菼《楝亭记》，得出曹寅又字荔轩和楝亭的历史。——章学诚《丙辰札记》——感叹曹寅当时的"为学士大夫所称"，引出曹寅的碑传之少：《陈鹏年传》中有一段重要的纪事，涉及曹寅——顾颉刚查出江宁织造和苏州织造的职官表（都有曹寅）——从两个表读出以下信息：曹玺是曹寅的父亲（根据顾颉刚引《上元江宁两县志》），曹寅做两地织造的时间，参阅康熙六次南巡的年代，可知后四次都是曹寅在江宁织造任上；引顾颉刚的考证结论，可知曹寅四次接驾；《楝亭诗钞》郭振基的序推断出曹颙和曹頫都是曹寅的儿子。——从《四库全书提要》谱录类食谱之属存目中的一条材料，以及《提要》别集类存目中的一条材料，批评其中说曹家是镶蓝旗人是错的（根

批注：从最早的最可靠的材料说起。

批注：一条材料中可以引申出许多信息。只说确实可靠的信息。

批注：在材料的基础上增添了新材料的，要加以辨析。此处驳斥了不合理的新材料。

批注：接着俞樾的话，继续考证曹寅，因为曹寅有材料。

批注：这又是一条中心材料。

批注：批驳人家的错误也要靠材料。这里涉及考证学的一个原则"异言辩伪"，即对于有争议或者矛盾的地方要加以辨析，找出对错。

据《八旗氏族通谱》），从《提要》的线索找到曹寅的全集，从集子得到他的生卒年，从《八旗人诗钞》中占一全卷的地位，推断他的诗名，指出当时文学大家为他作序，实际上是作为旁证。——由以上事实，得出几个结论：

批注：借助常理做出推论。

批注：一条材料有一条材料的总结。材料展示完了，还要总体将材料加以总结。

（1）曹寅是八旗的世家，几代都在江南做官，他的父亲曹玺做了二十一年的江宁织造；曹寅自己做了四年的苏州织造，做了二十一年的江宁织造，同时又兼做了四次的两淮巡盐御史。他死后，他的儿子曹颙接着做了三年的江宁织造，他的儿子曹頫接下去做了十三年的江宁织造。他家祖孙三代四个人总共做了五十八年的江宁织造。这个织造真成了他家的"世职"了。

（2）当康熙帝南巡时，他家曾办过四次以上的接驾的差。

（3）曹寅会写字，会做诗词，有诗词集行世；他在扬州曾管领《全唐诗》的刻印，扬州的诗局归他管理甚久；他自己又刻有二十几种精刻的书。(除上举各书外，尚有《周易本义》、《施愚山集》等；朱彝尊的《曝书亭集》也是曹寅捐资倡刻的，刻未完而死。)他家中藏书极多，精本有三千二百八十七种之多，（见他的《楝亭书目》，京师图书馆有钞本。）可见他的家庭富有文学美术的环境。

（4）他生于顺治十五年，死于康熙五十一年。（1658—1712年）

关于作者问题的考证，这里只选了考证曹寅的部分。有几点需要总结：一切围绕材料，每条材料让我们做出一个或几个与对象有关的判断，运用其他材料继续做判断，考证最后的结论是一系列的个别判断，是对于事实的把握。对材料要对比勘校，如果有证据相冲突的，需要有所判断。有些结论只能推测，有多大的可能性用多大可能性的判断，有时只能说"大概"。胡适从最早的一条材料开始，按照时间顺序推理，把分散零星的材料收集起来，根据其时间和道理，还原出一个比较可靠完整的曹寅的生平。一边展示有价值的与主题有关的材料，一边辩驳，并推出某种结论，然后再继续展示新材料。将有关的材料加以梳理，也就是加以勾连，从材料中获取信息或者线索，做出一系列判断，这些判断一起形成对于某个问题的回答。考据类似古瓷器碎片的复原工作，搜集到尽可能多的碎片，依照碎片的花纹图案边缘的弧度和外轮廓线，将它们拼接起来，分析材料的时候就像用瓷片一片一片地联结，最后还有一个总体的审视，虽然有些碎片遗失了，只能还原几个完整的部分，但是能够形成一个总体印象。

批注：第一个判断。针对有人怀疑的情况，才加以论证，否则不必论证。

批注：判断需要证据支持，而且考证工作中有一条原则叫"孤证不立"，所以对一个判断来说，证据要越多越有力越好。当然如果证据太多，一一罗列也嫌烦琐（考证有此病，中国传统方法不嫌烦琐，不以简练为宗。所以重要的证据可以多举，以增进说服力。但是近代人不满烦琐，也趋向于用典型的例子来说明），可以适当选择最好的最优的多条，其他简单罗列即可。但笔者个人认为考证文章还是有说服力大小的问题，所以多举例子也有合理性。

2. 关于"后四十回的作者问题"

后四十回是高鹗补的，这话自无可疑。我们可约举几层证据如下：

第一，张问陶的诗及注，此为最明白的证据。

第二，俞樾举的"乡会试增五言八韵诗始乾隆朝，而书中叙科场事已有诗"一项，这一项不十分可靠，因为乡会试用律诗，起于乾隆二十一二年，也许那时《红楼梦》前八十回还没有做成呢。

第三，程序说先得二十余卷，后又在鼓担上得十余卷。此话便是作伪的铁证，因为世间没有这样奇巧的事！

第四，高鹗自己的序，说的很含糊，字里行间都使人生疑。大概他不愿完全埋没他补作的苦心，故引言第六条说："是书开卷略志数语，非云弁首，实因残缺有年，一旦颠末毕具，大快人心，欣然题名，聊以记成书之幸。"因为高鹗不讳他补作的事，故张船山赠诗直说他补作后四十回的事。

但这些证据固然重要，总不如内容的研究更可以证明后四十回与前八十回绝不是一个人作的。我的朋友俞平伯先生曾举出三个理由来证明后四十回的回目也是高鹗补作的。他的三个理由是：（1）和第一回自叙的话都不合；（2）史湘云的丢开；（3）不合作文时的程序。这三层之中，第三层姑且不论。第一层是很明显的：《红楼梦》的开端明说"一技无成，半生潦倒"；明说"蓬牖茅椽，绳床瓦灶"；岂有到了末尾说宝玉出家成仙之理？第二层也很可注意。第三十一回的回目"因麒麟伏白首双星"，确是可怪！依此句看来，史湘云后来似乎应该与宝玉做夫妇，不应该此话全无照应。以此看来，我们可以推想后四十回不是曹雪芹做的了。

其实何止史湘云一个人？即如小红，曹雪芹在前八十回里极力描写这个攀高好胜的丫头；好容易他得着了凤姐的赏识，把他提拔上去了；但这样一个重要人才，岂可没有下场？况且小红同贾芸的感情，前面既经曹雪芹那样郑重描写，岂有完全没有结果之理？又如香菱的结果也绝不是曹雪芹的本意，第五回的"十二钗副册"上写香菱结局道：

根并荷花一茎香，平生遭际实堪伤。自从两地生孤木，致使芳魂返故乡。

两地生孤木，合成"桂"字。此明说香菱死于夏金桂之手，故第八十回说香菱"血分中有病，加以气怨伤肝，内外挫折不堪，竟酿成乾血之症，日渐羸瘦，饮食懒进，请医服药无效"。可见八十回的作者明明的要香菱被金桂折磨死。后四十回里却是金桂死了，香菱扶正，这岂是作者的本意吗？此外，又如第五回"十二钗"册上说凤姐的结局道："一从二令三人木，

批注：安排材料应将最有力的，最典型，最清晰的安排在前面，力量较弱的放在后面。这里"最明白的证据"在第一，"说的很含糊"的材料放在第四。张问陶是外人比较客观，可信度较大，在这方面也应该放在高鹗本人说的序之前。正面支持的证据在前，反证的材料后置。

批注：第三条是反证。

批注：这句话表达了一个考据学的一个原则，本证比旁证更有力。所谓本证就是在作品本身中得到的材料。旁证就是主要证据以外的证据。

批注：这也是一个反证。不是直接证明后四十回作者是高鹗，只是证明与曹雪芹不一样。

批注：三条理由都是间接的消极的证据，其实说服力不强。

批注：三个消极证据可以推出"后四十回不是曹雪芹做的"，却不能推出"后四十回的回目也是高鹗补作的"。

批注：语气略显武断，应该说"很可能"。

哭向金陵事更哀"。这个谜竟无人猜得出，许多批《红楼梦》的人也都不敢下注解。所以后四十回里写凤姐的下场竟完全与这"二令三人木"无关，这个谜只好等上海灵学会把曹雪芹先生请来降坛时再来解决了。此外，又如写和尚送玉一段，文字的笨拙，令人读了作呕。又如写贾宝玉忽然肯做八股文，忽然肯去考举人，也没有道理。高鹗补《红楼梦》时，正当他中举人之后，还没有中进士。如果他补《红楼梦》在乾隆六十年之后，贾宝玉大概非中进士不可了！

> 批注：这整个一段几乎都是考据学中所谓"理证"，即没有直接证据，只好使用情理来推断。按照常理推断，写前四十回的作者是不会写出"令人读了作呕"的文字的。

> 批注：这一句没有根据，只能当作戏言，如同请曹雪芹降坛的说法一样，不能当真，仅能增添文趣。

以上所说，只是要证明《红楼梦》的后四十回确然不是曹雪芹做的。但我们平心而论，高鹗补的四十回，虽然比不上前八十回，也确然有不可埋没的好处。他写司棋之死，写鸳鸯之死，写妙玉的遭劫，写凤姐的死，写袭人的嫁，都是很有精彩的小品文字。最可注意的是这些人都写作悲剧的下场。还有那最重要的"木石前盟"一件公案，高鹗居然忍心害理的教黛玉病死，教宝玉出家，作一个大悲剧的结束，打破中国小说的团圆迷信。这一点悲剧的眼光，不能不令人佩服。我们试看高鹗以后，那许多续《红楼梦》和《补红楼梦》的人，哪一人不是想把黛玉晴雯都从棺材里扶出来，重新配给宝玉？哪一个不是想做一部"团圆"的《红楼梦》的？我们这样退一步想，就不能不佩服高鹗的补本了。我们不但佩服，还应该感谢他，因为他这部悲剧的补本，靠着那个"鼓担"的神话，居然打倒了后来无数的团圆《红楼梦》，居然替中国文字保存了一部有悲剧下场的小说！

> 批注：再次归结论点。胡适知道自己只能证明"后四十回确然不是曹雪芹做的"。但没证明后四十回是高鹗补的。这里有逻辑错误。

> 批注：下面这部分就不算是传统的考证了，这是在评价研究对象，是带着价值观来评价高鹗的文笔的。他用的标准就是能打破团圆迷信写悲剧的就是好作品。

这例几乎可以作为病例，其中有很多问题。胡适的考证已经不是纯粹的中国传统考证文了，有时穿插一些插科打诨和评论。但是他的考证已经具有更多现代科学的色彩，比较讲分析和问题，对于观点的总结非常重视，显得有条理、有主次。

提示——①考证需要研究者心思细密，通情达理。②一切凭材料说话，利用其他方面的知识来补充材料，从材料中提炼证据，形成判断。推理需要可靠，把可能的漏洞都堵塞。考证往往需要一点突破口，即找到最关键的证据。比如金克木证明《明月皎夜光》的"玉衡指孟冬"的"孟冬"，并非一般所谓季节，而是某一个时间段。因为发现后面的秋蝉与孟冬的矛盾。于是对于意义明确的"孟冬"一词产生怀疑，这才找到新见解。善于怀疑，则考据文章容易写好。需要"不疑处有疑"。③最好用各种来源的材料证据，解释造成错误的原因。④考证只研究两个问题：是什么？什么样？还原或猜测历史真相，即搞清事实。考证就是找到最坚实、真实的证据来对某件事的问题作出判断。它的观点不是抽象的，而是很具体的判断。⑤应该按照事理的线索，层层剥茧，并能联系到大的背景说明其意义，这样才能增加考证的意义。⑥证据求源是考据学的又一原则，意思是越古老的证据越有价值。⑦考证方法也会出现在一般的论文中。考据本来是历史学还原事实的手段，但是也成为文学研究弄清基本文学史事实和寻找可靠材料，剔除不可靠材料的手段。只要事实不清，文献可疑，都必须经过考证。

名言金句

"我觉得我们做《红楼梦》的考证，……只能运用我们力所能搜集的材料，参考互证，然后抽出一些比较的最近情理的结论。这是考证学的方法。我在这篇文章里，处处想撇开一切先入的成见；处处存一个搜求证据的目的；处处尊重证据，让证据做向导，引我到相当的结论上去。我的许多结论也许有错误的——自从我第一次发表这篇《考证》以来，我已经改正了无数大错误了——也许有将来发见新证据后即须改正的。但我自信：这种考证的方法，除了《董小宛考》之外，是向来研究《红楼梦》的人不曾用过的。"①

——胡适

"考证与批评是两码事，不能互相代替。但如果将它们完全割裂开来，也会使无论是考证还是批评的工作受到限制和损害，从事文学研究的人，同时掌握考证与批评两种手段，是必要的；虽然对具体的人来说，不妨有所侧重。"②

——程千帆

练习与作业

1. 修改本章病例中的错误，内容可以任意增删。
2. 试着写一篇考证文章和一篇评论。
3. 试着任选一篇考证文章，把它改为分析式写法，并找出其证据的薄弱环节。
4. 思考一下你的课程论文如果按照综合式论文写法，提纲应该怎么列。
5. 请检查你的课程论文文风方面的问题。

---

① 胡适. 胡适文集（第二卷）[M]. 北京：北京大学出版社，2013：420.
② 程千帆. 詹詹录[J]. 文史哲，1981（3）.

第九章 Chapter 9

改了再改！——怎样使定稿完美？

第一节 怎么修改问题？

一、问题不深刻，挖掘不深

病例1

两代人的悲剧都直接间接与她有关系。她破坏韩子奇与妹妹的姻缘，造成婚姻悲剧；她操控儿子韩天星的爱情，造成爱情悲剧；她活生生的拆散女儿韩新月和楚雁潮之间的"爱情"，间接造成他们天人永隔。与此同时，她自己也是最大的悲剧，一生信奉回教，到最后自己的丈夫却是个不信教的汉人。梁君璧是一个在宗教化与世俗化同时作用下而产生的悲剧人物。

……

就是这样一个秀外慧中、自强自立的韩新月逃脱不了命运的安排，在她身上各种矛盾得以激化，回汉之间矛盾，师生之间的恋情，命运的捉弄，上辈人的恩怨，病魔肆虐，生母最后的一封信，使这个本应有大好年华的少女一夜之间轰然倒塌，走向了死亡。从某种意义上来说，她却是幸福的。在新月下葬的时刻，陈淑彦望着悲痛欲绝的楚雁潮，对着死去的新月喊了一句："新月，新月……你活得值啊！"也许死亡对她来说是最好的归宿，养母的忏悔，死后对她的洗礼，亲生母亲的归来，父亲哥哥一生的宠爱，恋人楚雁潮一生的牵挂，朋友的怀念。当她死亡的那刻，半世的浮沉半世的风雨，都随她而去。

批注：这部分对韩新月身上的悲剧因素蜻蜓点水似的一笔带过，仅指出回汉矛盾、师生情、上辈恩怨等，都还是表面的，太像读后感，应该加深分析。借助于悲剧理论，加深对人物的认识。建议分析一下造成她悲剧命运的因素中哪些是她自己的问题，如果都是外在因素的结果，可以分析一下为什么她不能自主地选择，而选择自杀？是什么造成了她的精神悲剧？

批注：初稿不过是一个毛坯。因为写作初稿时的目标只不过是形成一个整体，并不追求完美。大纲如果设计良好，基本上可以消除初稿的很多不足。但是在写作过程中，经过对材料细致分析，可能会产生与当初设想不一致的地方。如果大纲设计本身存在问题，那么初稿更需要进一步修改。论文修改是全面的，包括问题、观点、材料、结构、论证、语言和格式等。

批注：这个问题既包括中心问题，也包括分问题。

批注：如果前面选题时态度认真操作严谨，一般不会有重大选题失误，但还是会有一些问题存在。

批注：有总结分析其悲剧意义的意识是对的，但是分析得不够深刻，因此说法不新颖，没有新看法，比较表面。你应该分析一下她的最重要的悲剧性表现在哪里？找找她身上什么是有价值的东西却被什么毒害了？她难道是恶人吗？她为什么呈现为恶人的样子？是什么促使她"合情合理"地做了坏事？作者借助她表达了什么善恶观美丑观？

本文的题目叫《〈穆斯林的葬礼〉的悲剧美》。目前只是梳理几个人物在小说中的命运，这些梳理应该是值得分析的，引人思索的。目前本文对于悲剧的认识还是低层次的，是一般人们心目中的"悲惨"的意思。因为局限于人物悲惨命运的感叹，因此细部缺乏深刻的问题，所以不能合成深刻的中心问题。结果就成了现在这样，大而化之地解决小说"悲剧美"何在的问题。而这个问题，早就有人写过，很难有新的突破和新的解决。建议：①按批注中的一系列提议做出追问，对于这个人物的认识就不会是那样表面了。整篇文章的各部分都经过这样的追问，就能把每一部分向前推进，然后找到与悲剧美有关的内容加以回答。就会形成比较深入的问题，而不会仅仅展示"悲剧美何在"了。②该文的中心观点就是通过三个人的悲剧一起表达某种价值观。如果你分析价值观比较困难，至少应该把人物的悲剧命运与造成悲剧的原因解释清楚。还有，作者为什么认为那是悲剧，难道她是写一个哭哭啼啼的故事吗？如果是那样这个作家就没太大价值。③作者应该好好体会美学中的悲剧定义，至少是鲁迅对悲剧的经典表述，弄懂吃透，融化在对人物的分析中。一旦作者围绕人物悲剧性的分析组织文章，就可以弥补现在没有重点的不足了。

病例 2

徐坤的《厨房》探究了女性在爱情婚姻方面的困惑。其中的女主人公枝子在十几年前主动挣脱婚姻的"围城"而成为一位事业成功的女人，却又义无反顾地重返曾被视为牢笼的"厨房"，而不得已的失落与伤感。表现了当代知识女性在寻求自身的自由、独立和幸福路上的比较复杂的心路历程和面临的艰难处境与精神困境，从而对当代女性生存所显示出的困境及出路的反思。枝子十年前觉得厨房中的无聊而使自己的价值无法实现而逃离家庭，表现出了女性独立要求解放实现自我的一面，而当十年后枝子厌倦社会官场的虚伪，想要重返家庭，将回归厨房和寻找男性依靠作为她成功后的目标。原因主要有两方面：一是传统的文化观念中女性传统意识的根深蒂固。虽然她作为一个现代的知识女性，有着自立自强的女性意识，也曾不顾一切地抛雏别夫逃离围城成为一位比较成功的女强人，但这始终是个以男权为中心的社会，女人是第二性的观念仍紧紧萦绕在每个人心中，并形成一种集体无意识。当枝子面对虚伪复杂的社会生活时，她愿意重回到厨房甚至放弃自尊或钝化自己的智识。二是中国传统文化中的男权中心意识。尽管枝子走出了厨房却没走出女性在厨房中形成的自我形象。在封闭的空间形成的自我自始至终是从属的和被动的，女性本身渴望着一种被覆盖和被统治产生的安全感。出走后的枝子虽在事业上取得成功，但在男权社会中女性不得不遵循其特定的规则，便会使女性产生一种力不从心和疲惫感。再者几千年的文化传统使女性已习惯了处于从属和边缘的位置，但枝子错就错在在找寻幸福的过程中迷失了自我，错把爱等同于对男性的依附。女性表面上不再受男权的压迫，但心理上背道而驰，而这种心理的依赖感又束缚了女性的解放和发展。<u>由此可以出，女性解放不仅要表现在政治经济上，还要表现在精神心理上。</u>

批注：此处应该讨论徐坤作为女作家为什么要塑造这个失败女子的形象？是不是表示女性作家的女性意识不强呢？认同社会的角色？这种转变是不是有别的意思？如果没有，这意味着什么？前面联系鲁迅讨论，这很好，但是在这里是不是可以联系鲁迅谈谈，是徐坤比鲁迅更深刻吗？她看到女性解放的深层困境，而鲁迅仅仅强调个人反叛。

该文研究徐坤小说的女性。这一段层次的混乱和语病在这里不提，只关注它对问题的探讨方面存在的问题。第一段罗列了一系列现象，揭示出徐坤塑造了失败的女人形象,但却在最后草草得出女性解放还要表现在精神心理上这样的结论就完了,这几乎是个不证自明的观点。"女性解放是不是除了政治经济上还表现在哪里"这种问题,是早已经解决的问题。但是不是就不能写了呢? 也不是,其实对开头分析的那些材料、那些现象,可以提出很多问题,使问题得到深化。因为草草终止,影响了论文探讨的深度。建议继续对这个从女性主义者眼光看来是失败的女性形象,继续追问:这反映了什么?结合作者,思考徐坤为什么写这个人物,结合文学史,问问这种人物是女性写作中独特的吗?

二、对前人的成果没有推进

病例3

小说《了不起的盖茨比》被公认为他最优秀的作品,评论界普遍将它看作是一部关于二十年代美国社会现实的小说。对于其"美国梦"的幻灭这一主题探讨甚多,许多评论家认为这是一部关于美国梦的经典之作。出身贫寒的盖茨比不理解财富在现实社会中所起的真正作用,痴心不改地追求因"贫富差距"而未能"终成眷属"的情人,却以失败身亡而告终。作者以盖茨比的悲剧揭示了"美国梦"必定破灭的规律,生动地再现了"爵士时代"残酷无情、冷漠自私的社会现实。

> **批注**:如果你从前人已经有的结论出发,就不能满足于证明前人已经有的结论,你应该给这个结论增加一些新内容,或者以这个结论为前提,推导出新看法。

这是学生学士学位论文初稿的一段。整篇论文是写小说主题的,问题自然是小说的主题是什么,但是通篇不过是在罗列前人对这个问题的解答,重新证明一次别人的观点(公认的观点),后面没有进一步的提出自己的问题或者对前人的问题加以推进。与前人对话是对的,是学术规范要求的,但是提到前人的看法,不能仅仅为了证明别人的看法是对的,你应该在指出前人的正确后,推进一步帮助你得出新观点。如果前人有不足,正好你来提出自己的观点。建议如果不能给前人提出的问题提供新答案,就不要解决别人的问题,而应该对前人问题和答案继续追问。

病例4

在《呼兰河传》里,时间更是模糊不清的,都是些零散的生活片段。作者只写呼兰河里的人,第一章总的概括了呼兰河具有特色的人和零碎的事情,赶车的车夫、卖馒头的、买豆腐的老头,十字街口的药店,东二道街上的火磨和两家学堂,大泥坑还有西二道街和小胡同的一些情景。第二章写了处第一章概括的被锁平凡的实际生活之外的几大精神上的盛举。跳大神,唱秧歌,放河灯,野台子戏,娘娘庙大会。虽然作者在文章中写到放河灯是每年七月十五盂兰会的时候;秋收的时候唱野台子戏;娘娘庙大会在每年的四月十八。尤其是盂兰会和娘娘庙大会都有了具体的时间,但是这也只是这篇小说极少有的精确的时间,而作者在此更多的是为了介绍风俗对整个小说时间的确定影响不大。而后面几章写到了我的祖父,小团圆媳妇,有二伯等,都没有过多的提及时间,时间在这部小说中似消逝了,而萧红笔下的人物仿佛也没有时间意识,好似他们也忘了时间的存在。葛浩文认为:"由于萧红的作品没有时间性,所以她的作品也就产生了持久力和亲切感。"

该文研究的是"萧红小说的时间性表现如何"这个问题。这段开头要说明的就是萧红的小说《呼兰河传》里没有时间性，最后一句话是总结。从这句话可知，关于萧红小说没有时间性，在葛浩文那里都是已经解决的问题。既然论文作者不过是承认葛浩文是对的，那么论文作者自己就完全没有任何新看法。建议：①删除这段论证。直接改成："前人早已经指出，萧红作品中没有时间性。"并标注上葛浩文原文的出处。②葛浩文的引文中心意思，也就是他的创新，是他的因果推论的果，也就是萧红作品有持久力和亲切感。你应该反用其意，质疑他，问一问其持久力和亲切感为什么能从"没有时间性"得来。

批注：这个不应该是你的结论，你应该在这个基础上推进一步。你的分析不是为了证明葛浩文的论点。葛浩文有没有集中笔墨揭示萧红小说的没有时间性，还是他这样随便一说，如果是后者前面的还可以用，否则就应该以葛浩文的观点为起点加以深化。

三、落脚点不对

病例 5

萧红在《王阿嫂的死》中这样描述小环：小环还没出生的时候父亲死了，五岁的时候母亲也死了。小环五岁的时候开始流浪，从她的贫苦的姑姑家到她更贫苦的姨姨家，最后两家都不能收养她，她只好到张地主家过了一年煎熬的生活。或许因为如此，小环七岁的时候就会忧愁、会思量了。最后小环和王阿嫂相依为命，王阿嫂难产死了。虽然萧红没有着重描写小环的内心感受，但就从小环的经历而言，读者都能体会到小环的不幸，而小环只不过是个七岁的孩子，小环以后的人生也只不过是重蹈众多贫苦女性的覆辙。《山下》里林姑娘与母亲相依为命，某次机遇，十一岁的林姑娘给下江人帮工，主人家每月给林姑娘不少钱，林姑娘和母亲的日子比起以前好过很多，后来下江人因为林姑娘太小干不了多少活减了点工钱，林姑娘的母亲受不了乡人的怂恿去找主人家理论，后来主人家直接辞退了林姑娘。乡人嫉妒林姑娘家，母亲自己又没有主张，致使小小年纪的林姑娘情感上的失落，也越发的寂寞。文中，小团圆媳妇不被婆婆当人看，经常挨毒打；小环父母双亡，三餐都不能解决；林姑娘因为邻居的嫉妒间接地失去了本可以变得更好的生活。<u>她们是处于童年中的女性，还是女孩，但小小年纪就对人间疾苦有了了解，在她们的人生中悲剧从此刻已经开始渗透。</u>

批注：这个结论目的何在？现在究竟是通过分析萧红写的人物的命运，证明萧红的真实人生悲剧？还是用萧红的真实人生证明萧红为什么会写这类童年悲剧的？我觉得，用真实人生来理解创作的原因比较合理。

论文题目叫《萧红小说中的女性悲剧意识》。这一段分析的是小环和林姑娘的形象，以及交代了小团圆媳妇的命运。这一段的目的，也就是论点在段落最后，感叹这些人物的悲惨命运。这就成了就人物论人物，显得不够深刻。不能在这里终结，应该继续分析萧红为什么要写这样的人物，也就是一定要把落脚点引到研究对象上去，这里就是应该落脚在萧红身上。但是，论文没有这样做，造成这种落脚点的偏差。背后的原因是没有瞄准研究对象，没有围绕着研究对象提出问题。建议后面增加一个部分，解释萧红写这类人物的意图。

第二节 怎么修改观点？

一、论点不明确（或没有观点）

病例1

因"文革"抄家，原本属于张家的楼下客餐厅现在被一户新来的江北人占用，人称阿毛娘。起先两家并不来往，不仅仅是因为端丽怕人看不起不愿意来往，而是不知该如何与新邻居相处。在一次排队买鱼的早上因阿毛娘帮端丽说了话，两人才开始熟络起来。一起回家的路上被金花阿姨问着买的菜够不够吃时，端丽的羞涩溢于言表。阿毛娘的回应却很淡然：自己动手，丰衣足食。如果人把一切都看得很简单，也是一种幸福。像后来金花阿姨给端丽介绍的看孩子庆庆的工作，也颠覆了端丽的世界观人生观价值观。端丽的工作本是生儿育女，但照顾孩子的事情也全权由奶妈阿宝阿姨负责的。所以当庆庆将要进幼儿园离开端丽家的时候，心里十分不舍，端丽却从来没有在自己孩子身上尝到过这么多滋味，内心感慨万千，觉得自己没有尽到一个母亲应尽的责任。亡羊补牢，为时未晚。事已至此，端丽想要凭着自己的能力撑起这个家，当金花阿姨介绍她去工场间工作时，她居然没想到自己的出身和那张大学文凭，只是想到了生活的实际。本来，这些只是维持生存的条件，现在却成了生活的目的。但是，试想若是连生活最基本的物质保障都得不到，怎会有闲工夫去想额外的事情？有时候，端丽也会自我感觉狠狠，但又会有一种踏实感，这种感觉似乎沉睡了三十八年，直到现在才醒来。当然，随着在工场间工作新鲜感的消失，端丽也会觉得枯燥、闷气。当她看到一小伙子和两个女青年学生在路边骑车嬉戏玩闹时，若是放在以前，端丽肯定会觉得又无聊又轻浮。而现在看到了，却和大家一起笑了并觉得很有趣很开心。确实是因为工作的枯燥致使一点点小事情都会使人振奋，简单的劳动使人也变得简单了。生活像流动的活水一样，而端丽是水中的一滴，她现在的好心情前所未有地体验过。

> **批注**：审查观点是否正确、集中、鲜明、深刻，是否具有创新性，并且照顾全篇看中心论点和若干分论点配合的情况，适当修正、调整、突出和替换各部分的观点。修改观点不仅修改一段一节一篇的观点，还要立足全篇，修改观点的搭配。

> **批注**：这一段的中心是什么？找到你的观点，然后把支持论点的话有逻辑地安排，把没关系的内容统统删去。

这段出自研究王安忆小说的论文，几乎是把王安忆的叙述加以简单联缀，是一种叙述的写法，以事情发展过程为线索，在几个地方做了一两句评点，全段没有一个统一的中心论点，属于典型的读后感写法。没有自己的论点，叙述也就没有目的地。这种错误更多出现在"综合式论文"中。建议按照全篇结构需要，找出精彩的新观点，然后围绕这个观点，展开分析，删去所有无关的内容。论文写作中，有一种不太好的倾向，那就是认为把事实弄清楚了，结论不用说就在那里。这是一种不科学的清高，你有必要将结论旗帜鲜明地指出来，否则读者根本无法明白。

二、论点没意义

病例 2

　　《山下》里林姑娘与母亲相依为命，某次机遇，十一岁的林姑娘给下江人帮工，主人家每月给林姑娘不少钱，林姑娘和母亲的日子比起以前好过很多，后来下江人因为林姑娘太小干不了多少活减了点工钱，林姑娘的母亲受不了乡人的怂恿去找主人家理论，后来主人家直接辞退了林姑娘。乡人嫉妒林姑娘家，母亲自己又没有主张，致使小小年纪的林姑娘情感上失落，也越发的寂寞。文中，既有"我"在祖父庇佑下的快乐童年，也有小团圆媳妇、小环一样受欺凌的绝望生活，其实这两种情感体验萧红童年时期都经历过，小团圆媳妇、小环、林姑娘所受的欺凌或许是萧红童年时期在父母压抑氛围下生活的折射，萧红小时候不幸的情感体验使她小说中连儿童的生活都充满了悲剧色彩。

> **批注**：你的分论点是什么？"萧红童年经历表现在人物身上"这个不需要论证。

　　这段分析《山下》和《呼兰河传》里萧红写的快乐童年和绝望生活两种对立的生活经历，并且联系小团圆媳妇和小环的生活，进而得出萧红将个人生活经历表现到人物身上。这个论点其实是常识，了解创作的都知道，绝大多数作家都会用到童年经验，不过有的直接用作素材，有些则貌似客观而已。说这个论点没意义，不是说不可以把这个看法作为进一步推论和提问的起点，只是论点无须再加以论证。建议直接使用文学理论或者创作心理学中的相关规律，在此基础上研究萧红在使用童年经验时的一些特点。

三、论点不可靠

病例 3

　　魔幻色彩：在小说中有很多颇具魔幻色彩的情节，阎连科追求的是灵魂、精神的真实，而不只是生活的真实。在这样一个乌托邦的城市社会环境中，人物的情绪变化会直接与周围的动植物的变化相关联。院子里的石榴树可以开出苹果花，一棵桃树不仅可以开出石榴花还可以开海棠和茶花；孔东德去看孔老大时看到案板上长了一棵小树芽儿，锅里的菜汤中游着几条小鱼，课本的页间可以生出一棵小草，粉笔盒里生有一窝小鸟儿，几段粉笔头开出各色各样的小花儿。孔明亮可以让蟋蟀、蝈蝈、喜鹊、松鼠听从自己的指挥，完全处于自己的控制之下。孔明辉在当城市扩展局长时，人们为了尽快办理炸裂市的户口和身份证纷纷给他送礼，礼品堆满了屋子、大院，大院的榆树都被熏染上烟味，使榆树有了烟瘾，在接下来的日子里都要剥一包香烟撒在树下边。这些夸张和寓言式的书写，使整本书具有神力，也使得一些原本无法与现实挂钩的情节符合了"神"的逻辑，使得神实主义得到了淋漓尽致的展现，如果作者只是用简单的手法描述故事，那么故事情节的发展就不会那么的引人入胜，不会吸引读者的眼球，也不可能成为世人传阅的佳作。

> **批注**：那么是不是只要把生活打乱了，胡说八道就能引人入胜了？这样就太容易了。如何区别有意使用，审美地使用，还是胡说八道的界限呢？此处不能说服人，至少没有想深、想全，此处还需要你好好思考和加以辨析。

这是关于阎连科小说《炸裂志》的评论。它指出阎连科小说有大量魔幻色彩,这个论点并不新颖,作者在这里作为一个起点,进而做了推论,即从效果上对此色彩加以评价。作者认为阎连科"神实主义"引人入胜,这句并不错。不幸的是,作者为了加强赞扬的力度,从反面又做出推论,变成了阎连科不能用简单手法达到引人的目的。这不仅是对阎连科水平的低估,同时也因为绝对化使论断失去了可信度。建议限制自己的观点,使它更符合实际。

病例 4

<u>色彩是电影艺术的一部分</u>,也是张爱玲小说的魅力所在。张爱玲天生就对色彩比较敏感,所以他的作品里充满着各色的炫彩,这正和电影里的色彩有着不谋而合之功效。如:《红玫瑰与白玫瑰》中主要的色彩是红和白,白玫瑰主要指的是佟振保的妻子,而红玫瑰指的是他的情人,白象征着纯洁,而红象征着热情。白是一种单纯的颜色同时也表现出单调,单纯地不会吸引任何男人,可这单纯只能让振保感到空洞无味,因为纯洁她便失去了老公的爱与忠诚,而娇蕊因为红让人感觉热情,而红总让人联想到柔美和诱惑,作者将这两种颜色放在一起,使作品更具有魅力性和吸引性。

> **批注**:这样说比较生硬。不能因为电影有色彩就说色彩是电影,那么你为什么不说声音?当然色彩不是不能写,但要扣住张爱玲小说中的色彩对镜头感和画面感的作用来分析。另外,你现在的分析都太简单了,应该说明白。

这段开头观点的表述就是不准确。首先,说"色彩是电影艺术的一部分",虽然不能算错,但是感觉入题生硬。这个色彩是指什么?黑白也算吗?早年的电影都是黑白的。从这一段看,写张爱玲小说的色彩,与电影也没有关系,下面分析也没有与电影的色彩加以对比,这里拉电影来一起说显得无意义。其次,说色彩是张爱玲小说的魅力所在,也比较生硬。这样的语言不够准确,应该说是魅力的一部分。因为硬拉电影做陪衬,以及用词不够准确,使得论点不够正确,整个主题句都很可疑。建议改为"张爱玲小说中色彩因素丰富,增加了小说的美感"。

四、判断失准

病例 5

《风雅颂》中,小说的主人公杨科看见自己的妻子与副校长同床共枕的情景,他表现出来惊愕、慌乱的状态,给他以致命的打击。以上两列的场景都起到了贯穿全文的作用,<u>这是阎连科独有的方式</u>,与同时代的作家相比,均未见如此运用的好的。莫言的作品,如:《生死疲劳》《丰乳肥臀》《檀香刑》并未强调某一场景。贾平四的作品有"震惊"场面的出现,但他的方法也不同于阎连科的方法,他主要在高潮部分设置震惊的场景,但很快就会导致结局,而阎连科设置的场景是贯穿始终的,表现出递进的关系,为结局埋下伏笔。

> **批注**:"独有的方式"?恐怕不能那样说。小说家多多少少总是追求震惊的,也许阎连科的不同在于震惊的程度或者造成震惊的方式不同?

对事物的认识需要符合实际。这里为了突出阎连科的独特性,没有考虑到文学史的实际,任意地认为写人物在特殊情况下的惊愕和慌乱是某作家的独特性,这是没有根据的。哪怕说同时代作家中没见如此运用得好的，也是不谨慎的。如果这里真的有独特之点，在目前的分析中也没有很好地经过分析而指出来。建议加深分析，真正挖掘出阎连科的独特性。

病例6

现在，"文化大革命"以前的一切全部恢复了。当端丽重新开始习惯的时候，感觉又像是以前在工场间做工新鲜感消失的那种日子，又像是退回到了十年前。但这十年之间发生的种种仍历历在目，恍如昨日。一般说来，王安忆以<u>流逝的方式构筑起自己的外部世界，而却以追忆的方式建筑起自己的心灵世界</u>。人就是这样，一旦轻松过了头反而觉得生活的沉重和艰难。

> **批注**：不光王安忆如此，每个作家都是如此。难道可以想象心灵对于过去不是追忆的？现实不是有时间维度，而呈现流逝状态的？

这段没有对叙述的情况加以分析，就得出结论，本身就属于一个毛病。关于这种毛病后面会专门举例说明，现在只论作者对王安忆的一个判断是否合理。其实，"王安忆以流逝的方式构筑起自己的外部世界，而却以追忆的方式建筑其自己的心灵世界"这句话，不能令人信服。作品对外部世界加以呈现的时候，绝大多数是伴着时间流逝的，只有较少的倒叙等时间特殊安排是例外。追忆是作家的一种工作方式，也不构成王安忆的独特性。建议详细分析这里所谓"流逝"和"追忆"的特殊含义，不然观点无法成立。

第三节　怎么修改材料？

一、材料与观点不相干

病例1

有时人物的语言也偶显哲理，<u>流露人物对荒谬世界与痛苦人生的真实感受</u>。譬如，弗拉季米尔和爱斯特拉贡有如下一段对话：

弗拉季米尔（以下简称弗）：它们发出翅膀一样的声音。

爱斯特拉贡（以下简称爱）：树叶一样的声音。

弗：沙一样的声音；

爱：树叶一样的声音。（沉默）

弗：全都同时说话。

爱：而且全都跟自己说话。（沉默）

弗：不如说他们窃窃私语。

爱：他们沙沙地响。

弗：它们轻声细语。

> **批注**：材料和观点要统一，材料要能够支持观点。与主题有关的材料要详写，无关的材料不写；主要材料要详写，次要的材料要略写；典型的精彩材料要详写，其他的则略写。修改材料通常包括：核查内容、增删替换和分析调向（使得分析向论点集中）。

> **批注**：选择的材料与主题关系不大。

> **批注**：应该集中笔墨于语言的荒谬表现。

爱：它们沙沙地响。（沉默）

弗：他们说些什么？

爱：它们谈它们的生活。

弗：活过对它们并不够。

爱：它们得谈起它。

弗：死掉对它们并不够。

爱：的确不够。（沉默）

弗：它们发出羽毛一样的声音。

爱：树叶一样的声音。

弗：灰烬一样的声音。

爱：树叶一样的声音。

<u>这段充满重复的话，似乎毫无意义。但细读之下，读者能发现，这两个人物讲的是自然界的事物，表达对自然界的感受。自然界像人一样发出声音，因为它们活过或死去并不够，它们还需要表达和交流。人物好像在胡言乱语，其实表达具有深刻哲理含义的话语。</u>这是最常见、最普通的语言，语言简单，貌似含混，而含义丰富。至于幸运儿的长篇独白，像是痴人说梦，不知所云，虽漫无边际，却包罗万象，乱七八糟中有着广泛的内容。综观全剧，一句话短的只有一两个字，一二十句都是如此；长的上千个字，没有标点符号，连成一片。长短结合，生动多姿。《等待戈多》的语言对后来的戏剧产生了重大影响。

批注：这段以及上面的例子，我觉得似乎没有体现出荒诞性，此处你好像在说表面无意义的词语实际上有深刻意义，这与荒诞无关。

批注：这个影响不表现在荒诞性上，所以这句可有可无。

开头一句为主旨句。最明显的标志是后面的"譬如"，这是举例论证。但是看后面的分析和最后落脚点都在于说明表面无意义的词义实际有深意。因此材料与观点不是一致的。如果要用这个材料来说明剧本揭示了人生的荒诞，这个距离就太大了。因为"无意义的对话"和"揭示荒诞意义"两者差太远了。目前只证明到无意义的语言有意义，但是没有揭示出荒诞的意义，至少分析没有揭示出两者的联系。建议分析对话中无意义的语言与人生荒诞、无法理解的处境之间的联系，或者换一个更为合适的例子来分析。

病例2

再对比一下，庄之蝶的合法妻子——牛月清。牛月清不会打扮，穿高跟鞋老喊着疼，没有什么美感。而庄之蝶最在乎女人装扮的一头一脚。从传统意义上来说牛月清是贤惠的，但是难免让人联想到"黄脸婆"。庄之蝶蝶评价她："他是脾气坏起来，石头都头疼。对你好了，就像拿个烧饼，你已经饱了，还得硬往你嘴里塞。"在精神层面上，牛月清是妻子却不是知己，至少没有做到理解。牛月清讨厌庄之蝶往家里带砖，讨厌庄之蝶在家里放哀乐，因为她不懂"人还活一种精神"。这种种也就造成了他们夫妻二人生活包括性生活严重的不协调。这也就让庄之蝶觉得苦闷,觉得自己"江郎才尽,身体也垮了,神经衰弱的厉害""不像个男人"。

在这时他只有将自己苟延残喘的生命沉沦在与唐宛儿疯狂的性爱的刺激中,这需要被解读为生命力的减退,一种回光返照式的放荡。而唐宛儿却是都市文明特征极其明显的人物。

> **批注**:写这段的目的何在?与原始主义有关系吗?
>
> **批注**:刚才你把庄之蝶生命力的减退归因于牛月清的不解风情,这与原始主义没有直接关系。
>
> **批注**:这个有点可疑。她仍然是农村气很重的人,牛月清倒是城市的,而唐宛儿恰恰来自农村,因此和柳月一样能激起庄的占有欲。庄对两个年轻身体的渴望其实有城市文明压抑的意味。目前,你说唐宛儿是城市文明的代表似乎没有根据。

这篇文章写关于贾平凹的原始主义倾向问题。这两段是其中的一部分,应该属于一个段落。如果说与主旨有关的话,只有第二段的第一句,涉及生命力的看法是与原始主义相关的。可是再看第一段,却分析了庄之蝶与牛月清的关系,虽然也提到了与生命力相关的性爱,但是分析的内容总体上与"生命力"毫无关联。当然这种问题也可以看作材料使用方面的,也可以看作主题方面的——材料与观点脱离。另外,最后一句话如果作为一个小观点来看,明显是不准确的。建议:突出第一段性爱的分析,与第二段性爱结合起来,形成一个关于庄之蝶的性爱的分析,这样再与生命力联系起来分析,就可以为全文的中心论点——贾平凹的原始主义——服务了。

二、引文无意义

病例 3

萧红在《王阿嫂的死》中这样描述小环:"小环虽是七岁,但是就和一个少女般的会忧愁,会思量。她听着秋虫吵叫的声音,只是用她的小嘴在学着大人叹气。这个孩子也许因为母亲死得太早的缘故?""小环的父亲是一个雇工,在她还不生下来的时候,她的父亲就死了!在她五岁的时候她的母亲又死了。她的母亲是被张地主的大儿子张胡琦强奸而后气愤死了的。""五岁的小环,开始做个小流浪者了!从她贫苦的姑家,又转到更贫苦的姨家。结果为了贫苦,不能养育她,最后她在张地主家过了一年煎熬的生活。"

> **批注**:这一系列引文其实只是说明小环的情况,可以用自己的话叙述,引文只有很精彩的时候,不可替代和重要的时候才要原文引用。

引文无疑属于材料,而且相对于改写显得可靠,但是使用不好也有种种弊端,需要慎重使用。这段的引文就是一种使用不当的表现,该引文秃头秃脑,没有指向任何观点,因此该引文就显得毫无意义,不过是叙述情节。建议删去,或者经过删减后,详加分析,为某种观点服务。

三、材料不典型

病例 4

在《炸裂志》中,关于"震惊"的场景有很多,如:在小说的开始部分,孔东德在晚上把自己的四个儿子叫到床前，告诉他们出门朝东西南北四个方向走。"别回头，一直走，碰到啥儿弯腰捡起来，那东西就是你们这辈子的命道日子了。"二儿子在路上遇见仇人朱庆方的女儿朱颖，他们之间有这样的对话："他们都轰隆一惊站住了"，"片刻后，下边的话，响在他们一生的传奇里"。孔明亮说："操！我遇见鬼了"。朱颖说要嫁给孔明亮，"这辈子我都要把你们孔家捏在我手里！"对于孔明亮来说，"朱颖的唤，像闪电从后边蹿过来……"这无疑是小说中令两个主人公震惊的的时刻，由于他们都相信寻梦出来遇见的事物就会决定自己的未来，并相信那就是这辈子的前程。朱颖也正是因为"信命"嫁给了孔明亮，从此展开了两人间奇怪的爱恨情仇和生死搏斗。文中关于震惊的场景还有很多，它们同样也起了决定性的作用。如：程菁捡到的东西决定了她以后的身份——"小三"；孔明亮在升为村长时怂恿村民向老村长朱庆方的身上吐痰，并把朱庆方淹死，这个场景的发生让孔明亮报了家仇同时也为后面写朱颖为父报仇埋下了伏笔；文章写到朱颖让孔东德看新房子的图纸，孔感觉到房子的形状像棺材并想到自己会死于儿媳的手上，待我们继续阅读文章就可以看到：孔东德死在了妓女的身上。这正是朱颖在一步步实施报仇计划，让整个孔家处于自己的掌控之下。朱颖与孔明亮的离奇婚姻与之后的报仇正是由这些原因构成的，这样的关系贯穿于炸裂村发展的始终，并且成为一种神奇而持续的推动力。

批注：这段的例子不典型，至少没有突出"震惊"，而且好像没有区分究竟还是人物震惊算震惊，还是读者感到震惊才是震惊。

本段主旨句是小说中"震惊"场景很多，后面应该是举例说明，举的例子虽然几次提到"震惊"这个词显得作者有意识围绕主旨展开段落，但是使用的材料并不具有"震惊"的意味，所以材料不能准确说明主旨，也就是不典型。所谓"典型"的材料就是最完满和准确地说明主旨，最有说服力，而且最单纯，几乎只有一种解释就是与主旨有关的解释。另外，该段对于"震惊"的内涵也没有明确认识。建议另外选择最能反映"震惊"的例子来分析。

病例5

《月下雷峰影片》：
  我送你一个雷峰塔影，
  满天稠密的黑云与白云；
  我送你一个雷峰塔顶，
  明月泻影在眠熟的波心。
  深深的黑夜，依依的塔影，
  团团的彩云，纤纤的波鳞。
  假如你我荡一只无遮的小艇，
  假如你我创造一个完全的梦境！

这首诗表面是写景，实则是既写景，又写情，情寓于景。完全的梦境表明在写景时诗人的主观情感是介入的，一切情语皆景语。

批注：好诗都是情景交融的。肯定徐志摩的这首诗是好诗，意义不大，你应该抓住"独特意境"的"独特"两字。如果按这个要求，这个例子就没有典型性，也就是没有最恰如其分地说明你的主旨，你的主旨应该是"独特意境"。

这段的主旨本来是说徐志摩的诗歌具有独特的意境，但是从这个例子以及对例子的分析来看，与主旨句关系不紧密，不算是典型地反映了主旨的材料，只能说明徐志摩的诗歌情景交融，但是也未能透彻说明。它不算完全与主旨不相干，但只能说明一部分，使主旨失去了说服力。建议换一首具有独特意境的诗歌来分析。

四、误解理论

病例 6

福柯认为，"权力是'毛细血管状的'，它在日常的社会实践中作用于社会机体的每一末端。"《炸裂志》中，不仅孔明亮的权力可以无限扩张，而且其中别的人物也可以发挥自己的权力，如：乡长胡大军、三弟孔明耀、妻子朱颖。为了让炸裂村尽快的富裕起来，乡长胡大军采取的办法是逼着农民到城里去做一些不道德的事情，如偷、抢、卖淫等，并规定"谁在城里待不到半年就回村里的，乡里罚他家三千元；待不到三个月回村里的罚款四千元；待不到一月回村里的，罚款五千元"。当得知村人因这些事情被送入公安局时，他会亲自带上礼品去把他们带出来，出来后就责骂他们，并告诫做了小偷的男人们："做了贼我不罚你们，可两年内你们必须在村庄里办出几个小工厂——要是办不出几个厂，我就让你们全家人戴着高帽游街去。"对于那些卖身女人，胡大军则劝导她们："半年内，你们谁要不能把自家的草房变成大瓦房，不能把土瓦房变成小楼房，那你们才真是婊子哩，才这是真的野鸡哩，才真的给炸裂村和耙耧的父老丢了脸，才真的没脸回家见你们父母、爷奶哩。"就是在这样的权力淫威下，炸裂村逐步的富裕起来了，村里有了新的工厂，房子也由草房变成了小楼房，村里的面貌焕然一新。胡大军属于传统的家长制的残酷作风，虽然是传统的制度，但同样给人们带来了福祉，让人们过上了富足的生活。

> **批注**：福柯所谓"权力"与我们心目中的权力正相反，他认为权力是自下而上构成的，每个人都对权力的形成做了贡献。我们心目中理解为强制压迫的能力。

> **批注**：这里体现的不是权力淫威，这一段引文反映的是颠倒的道德原则。

病例讲述例子时，使用语言的不集中不是我们关注的方面，这里只关注它对于理论的内涵理解不到位的问题。福柯的权力理论非常微妙精深，不仅指一般所说的压制，其内涵还要丰富得多。本段对于权力的理解虽然理解了其普遍性，但是实际上还是指压迫的意思。按照福柯的理论，本段得出的结论应该是《炸裂志》中充满了权力描写，全书到处都有，但是本段最后却滑到家长制的批判上去了。表面上似乎造成这个错误的原因是论述没有围绕主旨，但背后的原因却是对于理论材料的理解不够准确，所以才发生了论述的滑移。建议要么换论点，要么换理论。

五、常识太多

病例 7

本文将要从张爱玲一些具体作品出发，探讨其文学作品与影视作品的差异性，以及研究张爱玲小说文学与影视的历史渊源．张爱玲小说为何受这么多影视剧导演的青睐，探析张爱玲小说和影视两种不同艺术给观众带来的感受，找出改变中隐含的时代意识和受众心理，为以后电视剧改编提供借鉴与思路。探索影视和文本作品，在张爱玲个体作品层面的不同表现。

与文学相比，电影是一门年轻的艺术，是继文学、戏剧、音乐、舞蹈、绘画、建筑之后出现的另一种独立的艺术形式。电影可以利用文学，但是电影绝不等于文学。电影有着与文学不同的特点和表现形式。文学，作为十分古老的艺术形式，是以语言文字为媒介的，运用语言文字创作诗歌、戏剧、小说、散文等体裁的文学作品，来表现情感和再现生活。文学不同于电影，电影是从具象到抽象的过程，文学则是从抽象到具象的过程，在此过程中，它们通过不同的媒介和手段表现自我。电影与文学具有各自独特的美学形态与魅力，但是作为艺术形式，它们的终极目的都是在与人们的情感产生共鸣之后，净化人的心灵。电影和文学在追求自身的完善与发展的同时，应该相辅相成，互相促进。电影需要文学。首先，电影离不开剧本，而由文字写成的剧本免不了要从文学那儿借鉴小说的叙事性、诗歌的抒情性和散文的灵动性。其次，面对当下中国电影叙事紊乱、形象苍白、情感贫乏的现状，呼唤电影的"文学性"也未为不可，况且中国电影尚未完全脱离文学。文学也需要电影，特别是在视觉艺术占主流的今天，改编电影使文学原著在大众中形成广泛的影响。

> **批注**：不需要这些常识介绍。论文应该直接分析对象，解决问题。读者应该设定为具有相关知识的专业人员。

本文研究的是张爱玲小说电影改编的论文。因为怕读者不懂电影知识，所以增加了一大段电影文体知识介绍，这属于浪费笔墨。专业论文的读者应该设定为具有相关知识背景的专业人员，如果他不理解基础知识，他就不是你这篇论文的适合读者。论文本质上不承担普及的任务，关于这一点很多人没有这个意识，这是因为他们把论文实际上的普及作用与它的功能弄混淆了。一切材料都在帮助你解决问题的时候才有用，不应该停下论证工作，而去解释常识性的知识背景，只有过于艰深的知识才需要说明。其实，常识介绍太多会造成一定程度的走题。在这里，只有在论述主题时提到相关的电影知识时才可以顺便提到。当然，哪些算是一般常识，哪些属于必须交代的知识，其中的分寸很难把握。建议把与主题无关的知识统统删去，好好评估一下你的读者的水平。

第四节　怎么修改结构？

一、层次不清

病例1

一、高加林的反抗精神

二、高加林人性弱点的暴露

三、高加林反抗失败的原因

四、结语

> **批注**：检查文章结构的标准是"合理"。所谓结构不合理，表现为头绪繁多而杂乱，层次不清晰，重点不突出或重点选择不当，内部次序颠倒，首尾缺乏照应，等。

> **批注**：这一节使得文章结构没有逻辑联系，你可以把这节内容放到第三节中作为高加林失败的主观因素。

这是学生论文《论高加林的反抗》的提纲。从三节主要部分看，只有第一节和第三节与反抗有关，第二节脱离主旨，谈论高加林的内心。这打乱了现象到原因的顺序，显得杂乱无章。

病例2

　　大多数人都在将鲁迅与高晓声做比较，他们从两个人的作品中看到了许多共同之处。鲁迅和高晓声的小说显示出了选取题材和表现主题的严肃、深邃的一致。首先对农民题材的选取。如果说鲁迅是"我国现代文学史中把平凡而真实的农民，连同他们褴褛的衣着、悲哀的面容和痛苦的灵魂一道请进高贵的文学殿堂的第一人。"那么高晓声则是"建国后的新农民画像的杰出绘画师"。在农民题材的小说创作上，鲁迅与高晓声堪称文学史上的两座奇伟高峰。鲁迅和高晓声都以对农民深厚的情感为依托着重关注农民的痛苦和悲哀，书写农村小人物的命运。鲁迅从小生活在士大夫家庭里，但是却与农民有着密切的联系和深刻的感情，基于这样的情感，鲁迅写出了在多子、饥荒、苛税、兵匪等各种煎熬中艰难存活的闰土；在夫权、政权、神权压迫下处在被歧视的地位，一心想做奴隶而不得的祥林嫂等。鲁迅描写农民的辛酸苦辣的同时也以严峻而深沉的目光审视着在封建社会的毒害下农民沉睡麻木的灵魂世界，对旧中国儿女有着"哀其不争，怒其不幸"的复杂情愫，鲁迅的《阿Q正传》写出了五四时期中国农民的愚昧无知，写出了农民被封建主义残酷压迫剥削，生活极其悲惨，更写出了农民精神上的愚昧麻木，却没有改变自己悲惨境遇而奋斗的思想和行动。与鲁迅相比高晓声与农民有着更深切的联系，他出生在江苏的一个村子，二十多岁离家去了上海，1957年又被打成右派发配到家乡再次回到农民中。在与农民相处的日子里，高晓声几乎成了地地道道的农民，他对农民有着最炙热的情感，对农民的痛楚和悲哀感同身受。高晓声对农民的生存环境最熟悉，农民坚韧的生活态度使处于困境的他有了生存下去的勇气，所以当历史和生活重新授予他创作的权力时高晓声就迫不及待地要表现他最熟悉也最亲爱的人——农民，他把笔墨放到自己熟悉的普通农民的生计小事上，反映出农民生存的艰辛和坎坷的命运。《李大顺造屋》写农民的住的问题；《漏斗户主》写的是农民的吃饭问题；《陈奂生包产》写农民的生产；《拣珍珠》写婚姻等，高晓声的农民题材小说简直就是一部生动的"农民命运交响曲"，是中国当代农村生活的百科全书。

> **批注**：这是说鲁迅和高晓声的相同点。
>
> **批注**：这段写鲁迅的特殊经历中出来的特殊内容，是概括的叙述。
>
> **批注**：这句又变成了具体作品的分析，与上面的概括没有勾连，而且从逻辑上也应该先个案分析，再升华总结。或者应该暗示给读者，后面的个案是例子，而且对于例子没有用文字揭示出与观点之间的联系。
>
> **批注**：这里又是揭示高晓声的特殊性。
>
> **批注**：这里用四个个案插进来，问题同上。

　　鲁迅与高晓声在题材与风格上有着许多共同之处，他们都表达着底层农民的心声，苦难与辛酸，我们希望用这样的文章揭示社会现实，能够给读者，给社会一丝反思，使农民不再愚昧，无知，能够真真正正的强大起来，这也是两位作者的写作目的与意义。

　　这段是比较鲁迅和高晓声在农民题材上的不同点，但是作者的观点却是二者相同点。这首先属于观点和分析脱离的错误，同时也存在层次混乱的问题。虽然对比的两者并列安排，似乎是层次清晰的，但是因为个案与概括表述之间缺乏勾连，使这两个层次失去逻辑联系。这段中提到鲁迅和高晓声的生活经历作为其农村题材写作的原因，其实，这些可以单独列出来对两者进行比较。现在在说明现象的时候，插入原因，使得层次变得复杂了，略微给人层次不清的感觉。建议把这段的总观点与里面次一级的观点统一起来；把解释两者写作内容不同的原因单独写；注意个案与概括叙述之间的勾连使之成为一体。最后，注意分段，分段可以让你发现层次上的逻辑错误和没有充分展开等问题。不要企图蒙混过关，你蒙混的时候，读者一定是糊涂的。

病例 3

整个黑客帝国三部曲都体现了尼奥的兽性，即劣根性。同时，在不同的时期，其表现也是不同的。但其所表现的主题是一致的，即恐惧，犹豫和怀疑，一言以蔽之，就是迷茫。但同时，他又有着神性，而这种神性又在关键时刻成为他可以做出正确选择并完成任务。虽然尼奥在最终牺牲了，但是其事业却成功了。其原因也正是因为他身上具有神性或者说是崇高的性格。与兽性相同，其神性集中表现在他具有高度的责任感，这个责任感不只是对个人的责任，同时也包括对集体的责任。

批注：为什么这样说？后面应该加一两句论证，或举例或归纳或演绎。另外，我觉得这一节关于神性的话应该删除或者放到后面，因为下面开始分析劣根性，中间出现神性，使得思路不连贯，影响读者的理解，造成层次不清的印象。

批注："与兽性相同"也表示你在说完兽性部分再写神性。下面还要写兽性，说明兽性部分还没有写完。

这段来自黑客帝国的影评，因为是对文学内容的分析，也算做文学论文。这部分分析尼奥这个人物身上的两面性。因为下面还要继续分析兽性，因此在这里突然去写神性似乎有点不合理。建议集中笔墨分析其兽性，后面再对比兽性，写其神性。

病例 4

在贾平凹的作品中，身体同时不可遏制地陷入了"浮躁"的消费主义陷阱。现代化妆术，已无法让人辨认出人本来的面目。整容技术的发展，更是让人面目全非。女性通过穿高跟鞋来增加身体的长度，要通过烫头改变头发的曲线，但没有灵魂归处的身体依旧无法排遣来自都市文明彻骨的寂寞。消费社会，对身体的物质性打造可谓变本加厉，染发剂的诞生，医学美容术的发展，食品工业的进步等，身体被食物、衣物过度打造，后工业时代，身体似乎获得了前所未有的款待，成了当之无愧的消费主体。也因而身体的自然属性被自己的消费行为改写甚至被消灭，它越来越和自己的本性相脱离，甚至成为自我本性的反对者——身体也因此成为自我消解、自我分延、自我疏离之物，身体制造了自己后现代处境。（葛红兵：《身体写作：启蒙叙事、革命叙事后身体的处境》）服饰更是掩盖甚至吞噬了人的主体性，过多的服装也使人走向奴化的深渊。人的身体被鞋袜、帽子等分割成不完整的部分，也预示着人主体性的缺失和社会主体意识的危机。如《浮躁》的英英，通过装饰、烫头和各种身体符号性的装扮对金狗进行性诱惑,不是精神爱情上的吸引,而是欲望与身体的占有,婚姻绑架式的利用。对英英而言,身体只是自己上位的工具,是实现自身现实利益的阶梯。《废都》唐宛儿就是一个被服装装饰的典型代表。她为了见心爱的人将身上变幻各种颜色,也不停改变自己的发饰。但是服装只是装饰,殊不知双方倾心付出真心才能获得爱情。而《废都》中,唐宛儿是没有爱情的,她只是一个盲目付出自己身体的一个玩物。她爱庄之碟只因为他是西京的名作家,只要这样的一个人喜欢她的身体,她的服装,她的模样,她就义无反顾,毫无主体性而言。她像一个被涂抹了各种颜色的商品,一个被反复具有现代化、时尚意味的物品来修饰被包装的商品,只为找到买家。在偌大的西京城,人非人,物非物,鬼非鬼。同样《白夜》中的颜铭,形象就是"坐到镜前涂擦脸油,抹粉底,匀胭脂,描眉修口","女人仿佛就是画布,什么颜料都用上去了"。《白夜》中的女子好多都是在讨论者衣服,化妆,整容,话题大都是围绕身体展开的,文中提到"这死老汉,我不就是为死老汉活着嘛,虽然老了,可遇上这时代,我怎不漂亮一回?能漂亮一天是一天,这一天里心情好,活着就有精神么!"这时代是什么时代?为什么非得需要身体漂亮的伪装?为什么乔装打扮的身体却是为他人而活?为什么身体的漂亮就会心情好?每日精心打扮的颜铭,却被深爱的夜郎说,"你不理解我"。城市就是孤独城,孤独的灵魂互相找不到皈依的港湾。"身体作为消费主义建构而成的一种物品,又成为女性文化中的一个重要因素,被改变,被出售。"(罗钢,王中忱:《消费文化读本》)

批注:层次不清楚,请多分段。

这一段可以看到以下几个层次:开头的观点是有关贾平凹作品中消费陷阱问题的第一个分论点:现代化妆术改变人的身体,身体成了主体;第二个分论点是人失去了主体性。但是给人的初步印象是混乱的,原因在于一个段落中出现两个分论点,并且分别加以论证,再加上最后突然加入关于城市的看法,更是增加了理解的难度。建议将文章分段,让一段只有一个中心论点。

二、视点杂糅

病例5

扶桑,是严歌苓笔下的女性中承受苦难最为深重的一个。作为一个女人,她与一只公鸡拜堂成亲,几年后被拐卖到旧金山;作为妓女,她先是由于不会接客而屡遭毒打,然后就是一天接十多个客人,并在两年内被烈药打掉五胎;作为在西方社会中的东方人,她承受着白种人对黄种人的种族歧视与敌意,当中国劳工被惨无人道地折磨致死,而她在唐人区暴乱中惨遭几十个愤怒的白人轮奸。这不仅是女性的悲剧,也是人类文明的悲剧,但是,即使是在这样严酷的环境中,扶桑仍然一成不变地保有着对于人类永恒的宽恕和悲悯。在扶桑身上,佛性是彰显的,她以自己美丽的身体和自由平等的精神抚慰了被暴力和赤贫以及文化冲突所压抑扭曲的男性们,使他们恢复了作为人应有的良知和精神操守。她的这种精神品格放在中西文化对比的叙事背景下就显示出了非同一般的现代意义。
她身处卑微, 但拒绝接受弱势文化处境下的屈辱概念,她对自己生命中的苦难没有抵触,只有迎合,苦难对她来说,就

批注:性别视角。

像空气、水和盐一样是人生的基本内容，逃避苦难就是逃避生命。这种对社会对人生的认知方式，使她自由而从容地超越了强弱两种文化、男女两种性别给她带来的卑微处境，转而给那些处于各种焦虑中的男性带来了不可缺失的精神和肉体上的种种慰藉，这种内在品格深深地折服了那些自私与狭隘的男性们，使他们和她一起超越现实的物欲纷争进入思想的澄明境界。

> **批注**：文化视角。另外，对扶桑的韧性，没有进行精神探源，仅仅提到佛性是不够的，也不准确。也许你听说过圣经里的"约伯"的故事，也是有很多苦难，但是他经受了考验，保持着谦卑，另外余华《活着》中的福贵也有这种多舛的命运，一样乐天知命……他们与扶桑有何不同，如果对比一下，可以揭示出作者的某种观念。现在仅仅是揭示了现象，对现象背后的原因没有探讨。

这一段里混合了性别视角和文化视角，也就是在一个段落中并列论述了两个层次，建议分开论述。

三、角度偏离

病例6

《废都》就是很典型的例子。庄之蝶在自己老婆牛月清身上不行，但是在与其他的"绝色"美女偷欢时却有极强的肉欲。但是第一次与唐宛儿偷情竟使庄之碟"男人征服欲大起，竟数百下没有早泄，连自己都吃惊了……"之后与阿灿偷欢也是大显男儿本色，甚至与唐宛儿偷欢后强行与保姆柳月发生了关系。和唐宛儿在月经期交合，将梅李放入柳月的阴户后来强行与柳月发生关系，把唐宛儿撒尿等，这些场面都流露出不少变态的性取向。无论是最开始的唐宛儿的多次性交，还是与柳月，阿灿的结合都是几近疯狂的程度。身体似乎只是一种享乐的工具，纯粹的肉欲也使事件本身畸形发展。这几个婚外情几乎没有什么感情可言，但是女子只是因为庄之碟是名人，并以与其发生关系为傲。庄之碟的出轨过程也是他丧失自己人性的过程。这些女子的身体似乎只是名声，荣誉的狂欢品，但是灵与肉都必将沉沦。

> **批注**：你应从庄之蝶角度叙述，却突然站到女子一边去了，属于角度有问题。

> **批注**：也是从女子角度论述。

这段的问题是论述的时候本来是从庄之蝶的角度来叙述的，庄之蝶是叙述和议论的对象，但是中间突然插进去一句从几个女子角度的叙述，没有任何交代就转换角度，这样必然造成层次的混乱。如果想从女子方面来论述，应该另外集中处理。建议把叙述女子的那两句删去，放到下面去集中谈论女性如何认识身体和名望的关系。

四、层次不合理

病例7

提纲

一、所谓自卑情结，是指"当个人面对一个他永远无法适当应对的问题时，他表示他绝对无法解决这个问题，此时出现的便是自卑情结。由这个定义，我们可以看出：愤怒和眼泪或道歉一样，都可能是自卑情结的表现。"——聂传庆的三次流泪和女性气质。

二、聂传庆的自卑情结毫无疑问是存在的，但自卑情结的产生以及他残暴行为发生的原因还需进一步探讨。

> **批注**：从现象到原因的结构是可以的。但是其实第一部分就够你写一气的，而且目前看，也没有得到很好论证。要把前面的现象加以充分论证，让人信服。

本文研究张爱玲小说《茉莉香片》中聂传庆的自卑心理，运用阿德勒的心理学观点作为理论，推导出聂传庆的行为是自卑心理作祟，一定程度上重新认识了聂传庆这个有点难以理解的人物。该论文的初稿提纲是通过分析聂传庆的三次流泪，来证明他有自卑情结。这样的证明是不够有说服力的，因为阿德勒本来就说"都可能是"，那么也可能不是。第二节，就认为聂传庆的自卑情结已经证明了，在此基础上又去探讨原因。这样的层次安排是不够合理的，最大的问题是逻辑性不够强。建议从"当个人面对一个他永远无法适当应对的问题时，他表示他绝对无法解决这个问题，此时出现的便是自卑情结"这个心理学观点出发，论证两个方面，一是聂传庆面对的是无法解决的问题，二聂传庆无法适当应对。也就是周围环境客观上强大，聂传庆主观上软弱。下面就用小说中的例子来支持这两个分论点。有了这两个分论点的证明，加上阿德勒的理论，就可以推导出聂传庆是有自卑情结的。接着还要论证有自卑情结就会仇恨所有人，这样你才能去解决设定的问题：聂传庆仇恨人的原因。论文的中心论点"是自卑情结使他仇恨人"，才得到最终证明。

五、有赘余的部分

病例8

阎连科作品在表现乡村苦难的同时也折射出对它的依恋之情，《情感狱》表现的是对城市的向往，争取各种方式获得进城的机会，而在《最后一名女知青》则讲述的是原本就应该属于城市的人由不能回城到回城后对城市的不适宜，最后又返回乡村，乡村已不再是以前的原貌，回归也得不到以前的生活，"家"的意味全然消失。==《最后一名女知青》无论在叙事结构安排还是叙事视角的转换方面都有独特的特色，为中国文学的发展提供了新的范式==，可以说《最后一名女知青》是"一匹绣着《清明上河图》那样精美图案的锦缎"，是一部"捍卫长篇小说尊严"的巨制。

> **批注**：这个应该是一个论点，而这个论点在本文没有加以论证，又不是作为理论大前提，因此可以说与你的论题无关，可以删去。

这是阎连科小说研究论文中的一部分。在这段里，出现了两个观点：一个是阎连科作品表现乡村苦难和对乡村的依恋，这是属于思想内容的；还有一个是说《最后一名女知青》的叙事结构问题。其中有一个观点是多余的，属于脱离主旨的"罪犯"。建议删去其中的某个部分。

病例9

这部小说无论在内容上还是视点上与其他小说的最大的不同在于将城市与农村第一次也是唯一一次对立起来，==文本共有五部分==，采用了不同的视角以及==李娅梅与丈夫张天元双线交错的结构==。对于作者来说，阎连科本身对这部作品也很珍爱："无论这部长篇值得不值得一读，对于我，它是我生

> **批注**：不要试图在这篇文章里概括一篇小说的全部，你应该有所侧重，只选择一个方面，比如他的小说模式，先是揭示有这个模式，然后接着探究其来源，以及如何表现的（比如与双线交错的结构有什么关系等）。写论文切忌面面俱到，一定要有一个中心观点，让其他观点与它相关，形成"譬如北辰，众星拱之"的结构。

命中最为重要的一部分。"可见这部作品在作者心中的地位之高；对于读者来说，他们青睐于读短篇的作品，而《最后一名女知青》则可以从任何一部分开始读，可以打乱常规的阅读模式，这也正是阎连科的初衷："读也可以从第三章读起，读完了再读第一章第二章。当然也可以从第一章依次读到最后一章，更可以闭着眼睛翻到哪章就从哪章读下去。这本来就是我写作前的想法之一。"他的这种做法迎合了读者的口味；对于研究者来说，关于《最后一名女知青》的论文很少，不禁让人感慨是阎连科早期的这部作品过于青涩还是评论者对这部作品的忽略？

> **批注**：这个从读者角度谈的阅读效果与你的中心论点有关吗？如果无关就不写。论文就是解决一个问题，出现的任何小问题都必须是帮助解决那个中心问题的。

这又是关于阎连科小说的论文。这篇论文综合论述小说的特点，《最后一名女知青》是一个例子。但是作者太喜欢这个例子了，在举例的时候，说了一系列与主旨无关的东西，似乎想把自己关于《最后一名女知青》的所有想法都倾倒在这篇综合论述阎连科所有小说的论文中。就像你吃一个猪蹄，但是猪蹄吃进去以后，一直保持原样，并不消化为营养，转化到你的身体里去，而是在你身上游走，这是多么可怕的事情。建议保持论证的单纯性，将与整体不一致的，不服从于整体的部分统统删去。

第五节　怎么修改论证？

一、论述不集中

病例1

二是掌握权力之后对权力的滥用，进而暴露出人性的恶。权力永远是至高无上的，当权者可以肆无忌惮、为所欲为，而处于权力支配下的人们只能在统治者面前做他们不愿做的事情，表现出对权势的害怕、畏惧。在《最后一名女知青》中公安机关让村长交出杀人凶手，村长就滥用自己的权力让村民去"顶罪"，并承诺授予烈士的称号和待遇，"村里给他造墓立碑，如果他上有父母，全村人替他养老送终，人死了无论辈分高低，从村长做起，一律披麻戴孝，送入祖坟；要是他下有儿女，张家营替他耕田种地，供他儿女读书成家，直养到男婚女嫁。"同样在《受活》中柳鹰雀为了达到自己的目的不择手段，为了换取"购列款"，他可以动员一两千人的大孝对给新加坡商人已故的母亲做孝子。懦弱的人们只能听从他们的指挥，一步步丧失良知，他们被某种恶所奴役，丝毫没有表现出悲悯人道的情怀，一切向权看齐。在新近的作品《炸裂志》中同样写到权力的强大，孔明亮为了让外国

> **批注**："滥"字说明不该用权力的地方用了，下面应该围绕这个点展开。

> **批注**：这句话如果不说，则比较明晰。论述是从权力使用者方面展开的。因此弱势者的行为应在分析的时候再提。现在如果在与主题句很近的地方出现杂音，则扰乱读者的思路。

> **批注**：权力滥用应该从当权者角度叙述，但是这里却是从权力受害者一面叙述，所以显得与主旨脱离。

> **批注**：权力的强大和权力的滥用也不是一个概念。这段应该抓住"滥"字，举例也突出权力者使用权力的过当。

投资商在炸裂投资，颁布文件让炸裂人，在路上遇见来投资、旅游的外国人必须低头问好、鞠躬并躲闪到路边上。对权力的淫威表现得淋漓尽致，只要有孔明亮签字的空白纸就可以使大嫂濒临死亡的父亲起死回生。这些都显示出了强权对人的压榨，人对权力的崇拜又导致了伦理道德的泯灭，给乡村社会的发展带来了恶果，并把人性的丑陋、阴暗表现的一览无余。人性的善变得渺小而虚弱，不但教化不了恶，反而时长遭到恶的摧毁，并逐渐失去了社会地位。

这段的主旨在第一句中标明了，但是后面的论述则显得不太集中。首先是角度混乱游移，既有使用权力一方相关的论述，也有受害者一方的论述。其次是联系新近作品的时候转移了立场，从"权力的滥用"为中心变成写"权力的强大"了。这也属于层次混乱，但是根本问题在于没有把论述集中在一点上展开。建议：紧扣滥用的"滥"字，只举与"滥"有关的例子，只分析材料中与"滥"有关的方面。

病例 2

而《倾城之恋》中的白流苏为何貌似"顺利"了呢？文章结尾道出了真相："香港的沦陷成全了白流苏。"若不是赶上香港动乱，白流苏和范柳原的关系也许一直会保持现状而没有突破性的进展。白流苏本是封建大家庭中的一位受伤者，因离婚寄居在哥哥嫂嫂家而备受歧视。通过徐太太介绍最终才阴差阳错地和范柳原在一起，逃离了让她感到阴郁的封建大家庭，但这也意味着她进入了另一个"家庭"。文中说："一个女人，再好些，得不到异性的爱，也就得不到同性的尊重。没有婚姻的保障而要长期抓住一个男人是一件艰难的痛苦的事。"她由依附父母到依附男人，只是从一个漩涡跳进了另一个漩涡，看似成功实则失败，只能被称作"灰白色的团圆"，女性自身并没有得到应有的解放。张洁的《方舟》通过三位知识女性的人生体验表达出了作为女人困难的感慨，揭示出走出伊甸园的夏娃们在家庭与事业之间的二难选择，表现出非常强烈的女性意识。但是张洁是个"痛苦的理想主义者"，她人为地避开了现代知识女性的困惑与尴尬，让女性停止于理想主义的反抗。就像她在《这时候你才长大》中说的"你其实没人可以指望"一样。

批注：流苏从夫家出走，但是对于娘家来说却是外来客，社会习俗逼迫她跳到另一牢笼中。

批注：加一段张洁的讨论反而扰乱了主旨。

这段论证《倾城之恋》中白流苏命运其实是女性不解放的结果，又论证《方舟》中女性解放的困难，这两者没有一个中心统合起来。如果从全文的主旨——论张爱玲的女性意识——来看，应该以前者为中心，后者如果服从于前者，作为开阔眼界的背景也是可以的，但文中并没有将后者作为背景，于是出现多余的笔墨。笔墨不集中，就会造成论点模糊，论证没有方向等问题。建议集中在张爱玲小说上，当评价张爱玲的时候再联系其他作家的情况。

二、缺乏分析

病例 3

北京的方言给人的印象就是油嘴滑舌俗称"京油子"，全凭一张嘴皮子侃不死你不罢休。在小说中王朔更是赋予了这种语言更加深刻与犀利的穿透性。于是，《动物凶猛》里面的很多刀子式的文字，成了《阳光灿烂的日子》里刀子式的语言。"我感激所处的那个年代，在那个年代学生获得了空前的解放，不必学习那些后来注定要忘掉的无用知识。我很同情现在的学生，他们即便认识到他们是在浪费青春也无计可施。我至今坚持认为人们之所以强迫年轻人读书并以光明的前途诱惑他们仅仅是为了不让他们到街头闹事。""当人被迫陷入和自己志趣相冲突的庸碌无为的生活中，作为一种姿态或是一种象征，必然会借助于一种恶习，因为与之相比恹恹生病更显得消极""这是我的一个习性；当受到压力时我本能地选择妥协和顺从，宁肯采取阳奉阴违的手段也不挺身站出来说不！因我为从没被人说服过。所以也懒得去寻求别人的理解。人都是顽固不化和自以为是的，相安无事的唯一办法就是欺骗。与其说我是急于和她相见不如说是力图摆脱她，就像我们总是要和垂死的亲人最后见上一面。我以比以往更加强烈地想念她。每天一睁眼的第一念头就是立刻见到她，每次刚分手就又马上想轻身找她接着吵，恶毒地辱骂她，诅咒她已成了我每天最快乐的事。""当我依赖小说这种形式想说真话时，我便犯了一个根本性的错误：我想说真话的愿望有多强烈，我所受到文字干扰便有多大。我悲哀地发现，从技术上我就无法还原真实。这个以真诚的愿望开始述说的故事，经过我巨大、坚韧不拔的努力变成满纸谎言。我不再敢肯定哪些是真的、确曾发生过的，哪些又是假的、经过偷梁换柱或干脆是凭空捏造的。"解释这些经典的话，是多余的，看下来已足够的振聋发聩。

> **批注**：应该稍微加以具体分析，不能点到即止，要分析以便说理。现在只是说"这就是"，但是读者并不明白。不经过分析，读者永远不能理解你的意思。

读后感的一个容易犯的错误就是不加分析和论证，而论证是建立在分析的基础上，没有很好的分析，材料与观点之间的联系就不能揭示出来。很多学生从中学时期就有一种普遍的毛病，即写议论文时，表现出观点加材料的倾向。其实，一个材料如果未加分析，是不可能说服人的，正如食物不经过肠胃的消化，是无法被人吸收一样。本段引用了王朔的几个自述，然后直接就给出读后的心理感受就算完了，其实是远远不够的。建议听作者之言，还要观作者之行，应该分析其自述，并结合其具体作品中的体现，才能得出某种结论。

病例 4

《五魁》柳少奶奶小说讲述了一个刘少奶奶与五魁的传奇故事。背夫五魁是一个接亲的背客，故事就从他背了柳少奶奶开始了。在接亲的路上背着少奶奶时，有蜜蜂蛰了五魁，少奶奶"手里蘸着唾沫涂在五魁的旋包上。"这样的一个身体上的小动作使五魁"感激着那个蜜蜂"，少奶奶没有嫌弃过五魁的卑微地位，也使五魁觉得："对于一个下人，一个接嫁的驮夫，她竟然会有这般疼爱之心……"但是最终他们并没有过上幸福的生活，出于崇敬和精神上的畏缩，五魁始终不敢接受少奶奶的爱，少奶奶也日渐消瘦，当五魁发现少奶奶与狗睡在了一起，他杀死了狗，少奶奶也自尽身亡。这样，故事走向了悲剧。这是一个禁欲的故事，到故事的最后都充满的压抑的色彩，这种身体上得不到解放的性压抑，使爱情走向悲剧，这种心理和身体上的束缚也使故事身体走向悲剧。这个故事也反映了贾平凹对原始生命力的呼唤，也体现了贾平凹对传统的伦理道德内心的挣扎和痛苦。

> **批注**：我觉得这个结论有点草率。从例子的分析中看不到伦理道德的影子，因此让人觉得结论有点想当然。

这段分析《五魁》中的爱情悲剧但没有说服力，因为崇敬和精神上的畏缩而导致的压抑，与传统的伦理道德并不一定有联系。该段仅仅是暗示了五魁不敢对少奶奶表达欲望是与观念有关，对于少奶奶的压抑并没有揭示出原因，所以也不能肯定是伦理道德，因为她与狗发生苟且之事更是伦理人道所不容。因此，最后的结论显得不够充分，比较草率。原因是分析得不够，并且没有把具有说服力的细节凸显出来，影响了结论的可靠性。建议修改分析部分，勾连起伦理道德与两人的行为。

三、论证不充分，不能服人

病例5

铁凝之所以刻画乡村美好的人性和母亲形象，是因为她觉得乡村和自然最接近，最懂得生活的本来面目，是清醒的人生。铁凝以乡村生活的本真挖掘出了平凡而又伟大的母亲形象。从鲁迅开始就以乡村为题材写过一系列的文章，但那些大多是为了"启蒙人生"的文学理想。在他们眼中，乡村从来都是破败不堪，人们都是愚昧无知的代表。而在铁凝笔下，却认为乡村是传统地、自然地遵循着风俗和习惯而保持自身的稳定性和连续性，在平和的乡村生活中发现人性美和母性美。

> **批注**：铁凝会不会是偶然地遇到了一系列的善良农村妇女所以写的都是善良的？或者她听信了正统观念树立起来的善良农民的神话？这部分探讨原因不够有说服力。而且没有材料支持，现在主要是你一面之词——你直接加以论断，但是没有加以论证，即给它支持，请细致分析。

这段分析铁凝刻画美好人性和母亲形象的原因。虽然注意到在与鲁迅的对比中加深认识，但对铁凝的解释则简单化，结论比较武断。虽然用了因果法来论证，但因为这个"因"也是需要论证的，因此总的来说论证不够充分，所以不能令人信服。建议继续论证铁凝认为乡村是传统地、自然地遵循着风俗和习惯而保持自身的稳定性和连续性。

四、举例分析与主旨不紧密

病例6

其实加林这时的心动是因为感动，他跟巧珍分开后一回村子就后悔了。虽然理性和感性一直在做斗争，但是面对前途无望的处境，巧珍带给他心灵上的宁静与欢乐，使他暂且顾不得那么多。"巧珍那漂亮的、充满热烈感情的生动脸庞，她那白杨树一般苗条的身体，时刻都在他眼前晃动着。""她那高挑的身材像白杨树一般可爱，从头到脚，所有的曲线都是完美的……"如此美丽的姑娘，不仅理解自己的处镜又懂得自己的心境，和这样的姑娘生活也是挺叫人羡慕的，"让一村满川的庄稼人看看吧！大马河川里最俊的姑娘，著名的'财神爷'刘立本的女儿，正像一只可爱的小羊羔一般，温顺地跟在他的身边。"卖馍的经历使加林的自尊心遭受极大的打击，巧珍恰到好处的告白使他找回了自信，以他当时的生活条件和身份能娶上刘立本的女儿是不错的了，高加林的虚荣心得到了极大的满足，考虑到农村的现实环境，接受了巧珍。

> **批注**：举例子分析情节和人物也要紧紧与主旨相关，不要被事情本身的丰富性带到沟里去，要牢牢把握论证的思路。与主旨无关的文字全部删去。增加那些能够增强说服力的部分，把话说充分，把理说透。

本段是举例论证上文的观点：高加林面对选择时具有强烈的内心冲突。这段有明显的读后感特征，以述代论。也正因为这个特征，使作者的叙述和分析，与要证明的观点时常有脱离。建议改为将主旨句明确提出，然后删去与主旨无关的那些细节。除了材料要与主旨有关外，就是对于材料的分析也要向主旨集中。

五、材料不够充实

病例7

其实张爱玲少女时代就特别喜欢影视，是个超级影迷。她对电影有一种难言的恋慕，早在十六岁时她就开始发表影评，她特别喜欢一些外国影星：葛丽泰·嘉宝，贝蒂·戴维斯，加利·库伯，和费·雯丽等，她们所有的电影都被张爱玲看遍了，当然张爱玲也喜欢中国明星，比如阮玲玉，陈燕燕，赵丹等。40年代她开始写电影及话剧剧本，比如《不了情》，《太太万岁》均获得了观众们的喜爱也引起了巨大的轰动，60年代张爱玲来到香港，写下了《情场如战场》，《人才两得》，《桃花运》等诸多电影剧本，张爱玲的小说的素材基本上都是市井生活，多描写日常生活的细节，没有轰轰烈烈的情节，她将生活艺术化了同时也将艺术生活化了。张爱玲的作品素有"纸上电影"的美誉，她自小对音乐，色彩，文字都比较敏感，这使她的小说影像画面感和色彩感十足，这些作品被读者特别追捧且成为影视的最好剧本。张爱玲曾说："电影是最完全的表达方式更有影响力，更能浸入境界，从四面八方包围。"她的作品也正是因为有这样的魅力征服了许多读者，但这些作品大都描写的是市井生活，这更能亲近大众更具亲和力，具有雅俗共赏的特点，非常适合影视题材，所以得到了许多知名导演的青睐。

批注：这段必须充实起来。比如分为几方面：幼年环境熏染，城市生活影响以及张爱玲个人个性特点的作用。每一部分里面举例子说明，联系她与电影的渊源，无非是从性格和环境上找源头。

表面看来，本段的材料是丰富的，背景知识交代了不少，但是前面的材料都是为了说明张爱玲与电影比较有缘。后半部里面有几个分论点都没有充分展开，缺乏材料支撑。材料充实与否，是根据对于论点的服务是否充分说的，并不是指材料的数量多。建议挑其中有价值的几个分论点分成几个层次，每层次一个论点，并增加相关的典型材料。

批注：材料说明观点的力度不够。

六、论据不充分

病例8

文学不仅能够通过电影进入受众的视野，文学的内容和创作技巧也会受到电影的影响。文学可以从优秀电影中寻找切合大众心理和情感的创作题材，也可以将电影的蒙太奇和长镜头的拍摄手法运用到文学写作中，给读者以全新的感受。张爱玲的小说恰恰满足了这些要求。

批注：当时很多人都受到电影影响，这不一定是张爱玲与电影的渊源。

这是论张爱玲所受电影影响的论文。这段说的是电影本身对于张爱玲手法的影响，但是目前这个因果关系是个弱关系。当时作家都接触电影，但是却并非所有作家都使用蒙太奇等电影手法，那么这属于同因不同果，论据不够充分。建议探讨电影对张爱玲的什么心理具有吸引力，揭示电影的流行与张爱玲本人的某种特质之间的深刻联系，那样才能说明电影流行的背景下，张爱玲就一定学习使用电影手法。况且，张爱玲的电影手法与新感觉派的手法之间有何差别，需要比较才能突出张爱玲的特点，让我们对于张爱玲知道得更多些。

七、材料使用无技巧

病例9

《麦秸垛》中的大芝娘是个具有真善美的母亲形象，小说中，无情无义的丈夫抛弃了她，她没有任何纠缠和索取，只想要一个孩子慰藉心灵。在三年自然灾害各地闹饥荒时，大芝娘又主动托人写信把丈夫一家四口接到端村直至将粮食吃到见底。在女知青沈小凤爱情失意且遭众人排挤时，大芝娘又以母性博大的胸怀接受了无家可回的沈小凤，让沈小凤在冷漠孤独的境遇中感到一丝温暖。从以上描我们读到的不是大芝娘作为弃妇的无奈与悲凉，而是令人崇敬的母性的美好与高尚。铁凝评价说："比如大芝娘，你很难说她就是愚昧，当时我写她时，觉得她其实是一个圣母的形象。"

批注：材料的使用方面也需要技巧。首先，不需要所有材料都写到论文中，应该有选择，重点分析的自然是典型材料，这样可以揭示观点的正确性，但是还需要使用简略的材料稍加分析，数量需要两到三个，特别是要兼顾不同方面的材料，以便证明观点的普遍性，这属于科学归纳法。其次，选择材料既要用个案，又要用概括叙述。总之，需要详略结合，点面结合。

《孕妇和牛》是铁凝1992年写的短篇小说，被汪曾祺称为"一篇快乐的小说，温暖的小说，为这个世界祝福的小说。"这篇小说会令人感到温暖和快乐，原因是读者被孕妇对肚中小生命无微不至的呵护所感动。为了尽到母亲教育子女的责任，让小生命生下来就尽快懂得知识，目不识丁的孕妇拖着沉重的身体虔诚地一笔一画抄写下石碑上的字，准备向识字先生请教。小说中这样描写道："夕阳西下，孕妇伏在石碑上已经很久。她那过于努力的描画使她出了很多的汗……她的脸红通通的，茁壮的手腕不时地发抖。可她不能停笔，她的心不叫她停笔。她长到这么大，还从没遇到过这么累人、又这么不愿停手的活儿，这活儿好像使尽了她毕生的聪慧毕生的力。"这里显示了母爱的无私与奉献精神。《寂寞嫦娥》中的嫦娥是一个从乡村进入到城市当保姆的母亲形象，她也是个有个孩子的寡妇，她在知识分子佟先生家伺候佟太太直至佟太太安然去世。因嫦娥充分发挥了乡村传统母亲吃苦耐劳、精明能干的特点征服了佟先生直到两人结婚。之后嫦娥用母亲特有的奉献与真诚之心，不管佟家女儿的挖苦讽刺、冷嘲热讽，依然每天给佟家女儿做她爱吃的并对她无微不至的照顾，最终打动了她，并使她接受了嫦娥作为佟家女主人的角色。

这段论证"铁凝之所以刻画乡村美好的人性和母亲形象"的原因。以三篇小说为例，说服力是好的，但是平均使用材料，显得没有技巧。建议选择《麦秸垛》中的大芝娘，或者《寂寞嫦娥》中的嫦娥、《孕妇和牛》中的孕妇，只要足够典型，以一个例子为主，细致地、充分地分析其中的形象，把理说透，再简单举两个例子证明现象的普遍性，这样写才是有详有略。

名言金句

"倒不是说，引证的材料越多越好，更不是为了炫耀自己博学，写论文有必要的引证就够了，但在写出的论文背后，还应该有未写出的东西做'后盾'，'后盾'越强，文章也就越扎实，越有份量。"[①]

——张世英

---

① 张世英.怎样写学术论文[M].北京：北京大学出版社，1981：65.

第六节　怎么修改逻辑？

一、概念不清

病例 1

例如他的名篇《再别康桥》：

轻轻的我走了，正如我轻轻的来；

我轻轻的招手，作别西天的云彩。

那河畔的金柳，是夕阳中的新娘；

波光里的艳影，在我心头荡漾。

……悄悄的我走了，正如我悄悄的来；

我挥一挥衣袖，不带走一片云彩。

全诗共七节，每节四行，==每行两顿或四顿，不拘一格又法度严谨==；每节押韵，运用逐节换韵，==抑扬顿挫的旋律像涟漪般荡漾开==，契合着诗人感情的起伏，韵律在错落有致的诗行中徐行缓步地铺展，给人一种梦幻般的感觉。读后，它的优美旋律仍在我们的"心头荡漾"。

> **批注**：与韵无关的内容可以不写，写了反而影响思想的清晰度。

> **批注**：旋律不仅仅由押韵造成。应扣紧韵来分析，要么韵归韵，旋律归旋律，分开分析，不能搅在一起，显得概念不清。现在主要论押韵，而对对偶和平仄没有重视，请补充。

这一部分是分析徐志摩诗歌的押韵。但是在分析的时候还提到节奏和旋律的内容，旁逸斜出，给读者造成意思不清的印象以外，还反映了作者对韵与旋律的关系理解也不够准确。建议删去"顿"和旋律的部分。或者厘清它们的关系，以押韵为中心重新组织文字。

二、推理有漏洞

病例 2

所以，上官鲁氏这样的女性，在传统道德思维中被定义为"荡妇"，但在传宗接代这一点上，她却是一个孕育了九条生命的伟大母亲。传统思想自身的矛盾性使得鲁氏这个女性形象一直沉浮于两难的抉择之中，内心痛苦、生活艰难。在莫言的艺术塑造，让读者看到鲁氏由内而外的散发着母性的光辉，浑身坚韧的生命力使她的形象显得格外的慈祥、美丽，并感到这种光芒掩盖了她曾经"放荡"的行为。==这是莫言对偏重男权、压制甚至迫害女性的传统思想的反叛性描写。==

> **批注**：既然莫言写了鲁氏的不彻底性，同时又对她大加美化，那么他就是在美化这个不彻底性，怎么能得出他是反叛性描写的结论呢？

这个推理表面上成立，即莫言歌颂这个反叛的女性，就是对于男权眼光中的荡妇加以肯定，那么可以说莫言借此批判了男权思想。但是，如果联系到《丰乳肥臀》不光是写了上官鲁氏的反抗，也写了她与男权观念的妥协和不彻底性。那么这种肯定就不免也包括对这些不彻底性的肯定。也就使得这个推论站不住脚，至少是不准确的。建议对这个斩钉截铁的判断加以限制，充分考虑到鲁氏这个人物的复杂性，这样也许可以发现鲁氏身上的新特点。

第七节　怎么修改语言？

这部分参阅第八章第一节第153-161页。

第八节　怎样修改格式？

一、标点不规范

病例1

（1）、凸显人性的真善美　　　　　　　　批注：有括号就不需要顿号。

标点符号的规范，请见出版规范相关文件。

二、格式不规范

病例2

The beauty of tragedy Muslim funeral

批注：大写。

批注：大写。

批注：大写。

WangShaiLi　　　　　　　　　　　　批注：WANG Shai-li

(Grade 2012, Class1201　Major Literature, College of Language, Shaanxi University of Technology, HanZhong 723000, Shaanxi)　　　　　　　　　　　　　　　　批注：HUO

Tutor:HuoYuan

Abstract："Muslim funeral" is a novel about the Muslim poet, the unique religious background to compose a song of life, full of tragic beauty. Analysis of the causes of the tragedy and the tragic character of them mainly from Han Ziqi, Liang Junbi, Han Xinyue and other personalities. Mainly from the different characters in social role, religious reasons to explain the influence on the tragic character.

Keyword: Muslim funeral　　Tragic　　Character analysis

批注：Keywords

批注：英文关键词以半角的分号区分。关键词的首字母不需要大写。

提示——①以上出现的所有问题，可以一项一项地对照全文检查，确保没有遗漏。②强烈推荐论文写好后打印成纸本用红笔，再修改三次。由于你已经习惯了电脑界面，电脑屏幕会调皮地隐藏很多错误。纸本可以方便前后对比翻阅，不用拉动滑条。③国外的学者会推荐在全文修改完成以后再写结论。①这是不错的建议，因为结论部分其实最为重要，而且也最难写。当然，我们可以先写结论，到最后再加修改，甚至重写。④修改的要义是使得论文陌生化，是让自己以旁人的冷静眼光审视论文，所以可以把论文放置一段时间再看，时间以你已经大概忘记论文内容为限。或者请朋友、同学或同行专家阅读自己的论文。⑤大声朗读论文，可以发现更多问题。⑥当你修改论文时，一定要备份你做的每一个修改。⑦不要过早放下笔，还有不尽如人意的地方等待你去发现。⑧当投稿期限已经到了，或者你觉得已经到达第一章中所列的十条标准时可停止修改。

名言金句

"一个人应该严于剖析自己，如果他希望有人阅读自己的作品，他就应该把那些不重要的地方尽可能地全部删去。"②

——爱因斯坦

练习与作业

1. 体会下面三稿的修改过程。

（1）说明他受到经学课程的影响，而调整了文学课程的内容，此时课程的划分存在不合理的地方，这里不论，说明在这种背景下他自然认为文学主要讨论文体方面，虽然他不情愿。

（2）这反映了他分科的背景下，确认了文学科应该注重文章的形式因素，即文体是文学研究的重点（也许他不是心甘情愿这样做的）。

（3）这反映了他在知识分科的背景下形成的观念，认为文学科应该注重文章的形式因素，即文体是"中国文学"关注的重点（也许他不是心甘情愿这样做的）。

2. 判断下列参考文献对错，修改错误的格式。

1、（英）艾斯林：《荒诞派戏剧》，1961年出版；

2、（法）加缪：《西西弗的神话》，杜小真译天津人民出版社2007年版，第六页。

[1] 戴新民. 蒙有"灰尘"的"金子"——析陈奂生的形象 [J]. 开封教育学院学报, 1989, (01).

[2] 高晓声《陈奂生战术》，钟山1991年第1期.

[3] 高晓声《且说陈奂生》，《人民文学》1980年第6期.

[4] 高晓声《陈奂生出国·后记》，《小说界》1991年第4期.

[5] 李晓峰《重负的局限与意味—谈〈陈奂生战术〉与〈陈奂生出国〉》，《当代作家评论》1993年第1期.

[6] 王忠祥，聂珍钊主编. 外国文学史（第二册）[M]. 武汉：华中理工大学出版社，1999.

[7] 肖明翰. 英美文学中的哥特传统 [J]. 外国文学评论, 2001, (2):90—101.

---

① ［美］迈克尔·E.查普曼. 人文与社会科学学术论文写作指南 [M]. ［美］桑凯丽译. 北京：北京大学出版社, 2012: 88.
② ［美］海伦·杜卡斯，巴纳希·霍夫曼. 爱因斯坦谈人生 [M]. 高志凯译. 北京：世界知识出版社, 1984: 26.

[8] 张无为，陈奂生与阿Q[J]. 长春师范学院学报，2005年(04).

3. 修改以下英文信息。

Thedislocationtechniquein of A series ofChen Huansheng Novels

QuLiang

(Grade 2012, Class 1, Major Chinese, School of Liberal Arts, Shaanxi University of Technology, Hanzhong 723000, Shaanxi, China)

Tutor: HuoYuan

4. 请将本书（特别是本章）所有病例中的错字、病句找出来，并加以修改。

5. 请将病例中层次不清的部分按照自己的理解安排清楚，可以适当添加和删减。

6. 请修改本章病例中的标点符号。

7. 请修改你的课程论文初稿，使之完美。

参考文献

[1] 毕恒达. 教授为什么没告诉我——论文写作枕边书 [M]. 北京：法律出版社，2007.

[2] [美] 韦恩·C.布斯，格雷戈里·G.卡洛姆，约瑟夫·M.威廉姆斯. 研究是一门艺术 [M]. 陈美霞，徐毕卿，许甘霖，等译. 北京：新华出版社，2009.

[3] [美] 迈克尔·E.查普曼. 人文与社会科学学术论文写作指南 [M]. [美] 桑凯丽译. 北京：北京大学出版社，2012.

[4] 陈果安. 中文专业论文写作导论.2版 [M]. 长沙：中南大学出版社，2008.

[5] (日) 东乡雄二. 文科研究指南 [M]. 刘笑明，刘骉，董玉婷译. 天津：南开大学出版社，2013.

[6] (英) 吉巴尔蒂.MLA科研论文写作规范.5版，影印本 [M] 上海：上海外语教育出版社，2001.

[7] [美] 凯特·L.杜拉宾. 芝加哥大学论文写作指南.8版 [M]. 雷蕾译. 北京：新华出版社，2015.

[8] 韩盼山. 文学批评写作 [M]. 保定：河北大学出版社，2004.

[9] 黄霖. 中国古代文学研究百年反思 [J]. 复旦学报，2005，5.

[10] (英) 菲利浦·卡恩-佩尼.15分钟炼就成功头脑：英国口才大师挑战100番的魔鬼训练 [M]. 何文静译. 北京：金城出版社，2002.

[11] 邝邦洪. 中文专业论文写作教程 [M]. 广州：广东人民出版社，2003.

[12] 李炎清. 毕业论文写作与范例.2版 [M]. 厦门：厦门大学出版社，2008.

[13] 林庆彰. 学术论文写作指引 [M]. 北京：九州出版社，2012.

[14] 刘蔚华主编. 方法论辞典 [M]. 南京：广西人民出版社，1988.

[15] [美] 芭芭拉·明托. 金字塔原理：思考、写作和解决问题的逻辑 [M]. 王德忠，张珣译. 北京：民主与建设出版社，2002.

[16] 莫砺锋. 古典文学研究方法谈 [J]. 山东师范大学学报：人文社会科学版，2009，5.

[17] 南帆. 文学批评手册——观念与实践 [M]. 北京：北京师范大学出版社，2011.

[18] [美] Harlen Seyfer，吴古华. 英语学术论文写作 [M]. 北京：高等教育出版社，1998.

[19] 王力，朱光潜，等. 怎样写学术论文 [M]. 北京：北京大学出版社，1981.

[20] 温儒敏. 中文学科论文写作训练 [M]. 北京：北京大学出版社，2003.

[21] 吴秀明，李友良，张晓燕. 文科类学生毕业论文写作指导.2版 [M]. 杭州：浙江大学出版社，2013.

[22] 肖东发，李武. 学位论文写作与学术规范 [M]. 北京：北京大学出版社，2009.

[23] (日) 伊丹敬之. 创造性论文写作 [M]. 吕莉译. 北京：社会科学文献出版社，2004.

[24] 张世林编. 家学与师承：著名学者谈治学门径. （1-3 卷）[M]. 桂林：广西师范大学出版社，2007.

[25] [美] 菲利普·钟和顺. 会读才会写：导向论文写作的文献阅读技巧 [M]. 韩鹏译. 重庆：重庆大学出版社，2015.

[26] 周新年. 科学研究方法与学术论文写作——理论·技巧·案例 [M]. 北京：科学出版社，2012.

[27] 周勋初. 当代学术研究思辨 [M]. 南京：南京大学出版社，1993.

[28] 周志雄. 文学评论写作实用教程 [M]. 北京：北京交通大学出版社，2010.

[29] 周忠厚. 文艺批评学教程 [M]. 北京：中国人民大学出版社，2002.

[30] 中国标准出版社第四编辑室. 作者编辑出版常用国家标准 [M]. 北京：中国标准出版社，1993.

[31] 朱希祥，王一力. 大学生论文写作指导——规范·方法·范例 [M]. 上海：立信会计出版社，2007.

附　　录
样本展示：《论张爱玲〈传奇〉中的原始主义》[①]的形成过程

一、选题

（1）产生念头：在给学生上《中国现代文学》课程时，讲到张爱玲的《倾城之恋》，因为很久以前看的，已经没有印象，所以重新阅读。重读时有了新感觉，感觉到张爱玲对于文明的感叹和那堵土墙的议论，都有点煞有介事。于是产生疑惑，难道仅仅是一个对"利达与天鹅"故事的反讽吗？以前的解释似乎都是接着张爱玲的文明论来说，真是这样吗？在张爱玲心中到底文明对人物命运产生什么影响？这是一种直觉的疑惑。

（2）深入思考：文明在小说中究竟与什么构成矛盾？张爱玲那样喜爱表达对文明的赞美，但是《倾城之恋》似乎又表现的是相反的，即文明的消失反而促成了白流苏和范柳原的爱情。这两个人又不是张爱玲心目中的反派，那么从人物命运上看，张爱玲似乎是在批判文明。那么这种矛盾如何解释？这里有没有更深的批判和新的价值观？

（3）继续深入思考：以上疑问让我注意到很多细节。她在歌颂文明的时候，她是在批评白流苏和范柳原的追逐利益和人情世故，这是他们掩盖自我的原因。甚至通过这个角度来看，范柳原的一些话也从不重要变得重要了。比如他准备把白流苏骗到她不认识人的地方，以便能让她解放自己，还提到野人生活会让白流苏表现出真心。我想是什么造成了他们的隐藏呢？我发现是人情世故，而人情世故是什么？还不是人所自己造出来的文明？这样一来就想通了，把张爱玲对文明的惋惜和赞扬与她对人的虚伪的批判就结合到一起了。我隐隐感觉到在张爱玲的价值观中，文明的价值并不高，至少在《倾城之恋》这篇小说中，她从对于爱情的（虽然是世俗的）的成功实现了对于文明的批判。长期不能发现这个，是因为张爱玲对于文明的两种相反的态度。她让范柳原站在土墙边感叹文明的不能长久，发出无边的浩叹，似乎是对于文明的肯定，但是另一边又让文明倾颓的时候，让男女主人公得到他们内心向往的东西。与此同时，又在文明重建以后，几乎失去了得到的东西。

（4）继续思考：凭借我平时的知识积累，我知道她的批判文明而肯定人性的这种价值观与原始主义是一致的。我查阅期刊网上的论文，没有发现讨论张爱玲与原始主义关系的论文。只有讨论英国作家哈代、劳伦斯等人的原始主义，我立即敏感地意识到张爱玲的思想来源，因为凭借我关于研究对象张爱玲的材料知道，她是深受英国小说家影响的，虽然毛姆似乎更被人熟知，而劳伦斯也是张爱玲爱读的作家。对这个论题的信心，我又增加了一分。

（5）继续思考：我又想到在中国现代文学里面，有歌颂自然、批评都市的，最有名的就

[①] 该论文发表于《河北师范大学学报（人文社会科学版）》2015年第5期。

是京派。我发现有人研究沈从文的原始主义，又想到曹禺的《原野》中对于生命力量的歌颂，《北京人》中对于猿人的歌颂，甚至想到胡风的主观战斗精神，以及它的实践者——路翎写的小说中对于无产者的生命力的表现。它们虽然来自不同类型的作家，但是精神都很相似。注意一下，它们出现的时间也都在三十年代。我猜想它们属于一个共同的思潮，可能来自外国作家的启教，也可能来自对民族处境的共同担忧。总之，我即使尚无法知道这个思潮的来源，但仍可以相信，张爱玲也属于这个思潮。

（6）继续思考：我有了一个观点，就是张爱玲在《倾城之恋》中表达了原始主义的观念。那么它背后的问题是什么呢？我发现这个答案只可以用来回答《倾城之恋》的主题是什么这样的问题。这个问题可以做多侧面的回答。我到期刊网查了一下，此前，没有人这样回答过这个问题，这个可以作为创新点。

（7）继续思考：如果仅仅写这一篇小说的主题，问题似乎太小了。我应该思考一下，这个小说的主题或者说原始主义思想在张爱玲整个创作思想中的地位是什么？是不被人注意的方面？还是昙花一现？仅仅只出现在《倾城之恋》中吗？我想起《传奇》中有一篇小说叫《封锁》似乎和这篇小说是一个类型。我马上重新找到《传奇》，浏览一下，其他的小说倒没有这样直接表达的，但是它们无一例外地写着一个与原始主义思想接近的主题，就是乐园的失去。这些人物往往都曾经有一种美好的状态，而失去后无法再找回来了。这不但是一种情节模式，而且与原始主义多多少少有关，比如最不好解释的最危险的小说《心经》，因为用原始主义烛照，可以发现新的意义。其中父女的隐秘的爱恋不也是人性的一种表现吗？而最后失败不也是文明和习俗压抑的结果吗？我因此决定把这个主题放大到《传奇》中，作为张爱玲《传奇》的一个母题。

（8）继续思考，确定选题：我还是希望能就张爱玲的整个创作历程来看这个主题，会不会是她的一个潜在的主题呢？联想起她的几个著名的长篇，发现不是很明显。找来几部长篇再浏览一下，发现虽然有原始主义的痕迹，但是非常不清楚。由此，可以假设原始主义的主题只是一个阶段的，那就是《传奇》时期。由此，我的问题就确定为《倾城之恋》的主题是什么？并在《传奇》的背景下来集中分析《倾城之恋》的主题，因为我觉得在这里表现得最集中的，也最有说服力，得出结论也最圆满。

提示——①本论文从阅读中发现现象，没有想到问题，先找到观点，其实问题就在那里，我找张爱玲在《倾城之恋》中表达的是什么，就是带着问题的，虽然当时我并没有明确意识，似乎是先发现了一个看法。②论题是可以拓展的和调整的。本论文直到第二稿还在调整。③本文的理论色彩首先是使用了一系列概念来思索一篇和一本小说，其次是用到了一个演绎推理：原始主义者都认为文明不应该压抑人性——现在张爱玲的《传奇》中表达了这样的观念了——于是张爱玲这篇小说算是原始主义的（有原始主义色彩的）。

二、搜集材料

（1）因为找到了问题：《倾城之恋》的主题是什么？兼论《传奇》的主题是什么？所以，我搜集所有论《倾城之恋》和《传奇》主题的论文。

（2）虽然早先已浏览过张爱玲的相关作品，此时，还要搜集到她的《传奇》以及同期的一两部长篇。

(3) 细读《传奇》各篇小说，做笔记。

三、整理材料

(1) 整理笔记，特别注意反例。在开始整理前确定以下提纲作为引导思考的工具，如图附-1所示。

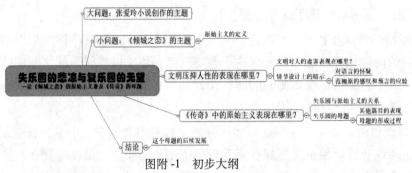

图附-1 初步大纲

(2) 分析材料时得到以下观点：

小问题的答案——中心论点：《倾城之恋》中表达了原始主义理念。

二级分论点1：《倾城之恋》中有文明对人的压抑。

（三级分论点1：其中的人物性格表达了原始主义意味；三级分论点2：情节设计上早就安排了原始主义的隐喻。）

二级分论点2：《传奇》中的原始主义表现在其失乐园母题。

（三级分论点1：失乐园母题就是原始主义的象征；三级分论点2：《传奇》中有失乐园母题。四级分论点1：母题也表现在《倾城之恋》之外的篇目中；四级分论点2：母题在《传奇》中有一个变化的轨迹。）

四、成文

第一稿

失乐园的悲凉与复乐园的无望
——论《倾城之恋》的原始主义兼及《传奇》的母题

摘　要：《倾城之恋》与张爱玲大部分小说一样流露出人生悲感。正因为它是张氏作品中难得的"喜剧"，这种悲感更有解剖价值。通过对《倾城之恋》的分析，揭示出张爱玲带宗教色彩的人生悲感来自其思想中的原始主义立场；通过对张爱玲原始主义思想的追踪可以发现，在《传奇》中存在一个重要母题：乐园的失去与无法回到乐园的悲哀。这种母题的产生正是原始主义价值观在现实中碰壁的结果，表达了她对人无法超越文明压力的无奈。

批注：请注意：论文两稿都是大体按照模式组装而成，但是语言上并不那么死板，也可以带有文学色彩。

批注：研究对象及论题的深刻背景，概括的叙述。

批注：最终的结论和观点。

批注：第二个附属的观点。

批注：第二个附属观点的意义。

关键词：《倾城之恋》；张爱玲；《传奇》；母题；原始主义；乐园

人们没有停止过对《倾城之恋》主题的追寻。从"调情故事"[1]，到"爱情喜剧"，"旧式女性陷入绝境的挣扎"[2]，到更为深刻的："理想爱情和人间爱的看法的破灭"[3]，"战争与爱情交织中命运的偶然与必然"[4]，"现代人人性失落后的苍凉困境"[5]，直到揭示"他人的不可靠""自我的无从把握""存在的虚无""世事人生的荒诞"等哲学内涵[6]，以及认为它"批判传统文明和现代城市文明"[7]。这些看法角度多样，正确揭示出作品的多个侧面，但是尚没有解释张爱玲为什么要描写这些？为什么有这样的态度？为什么作品总是带上宗教色彩的人生悲感？她的哲学基底是什么？认真阅读《倾城之恋》会发现，作者表达的因人生无处安放而产生的悲感，说到底来源于张爱玲思想的一个重要方面——原始主义。

所谓"原始主义"指的这样一种思想观念：人在评判自身生命历程的时候从情感上肯定过去，在文化上尚古，"以怀疑文明现状、要求返璞归真为其特征，以原始自然状态作为价值评判的准绳和理想"，在文学创作上"以原始来对比和批判现代文明"[8]。总的来说，认为原始状态是好的，后来的文明因为戕害人性，所以是不合理的。这种倾向在《倾城之恋》里主要表现在以下思想中：文明使人无法真情沟通，因此有爱的婚姻属于奇迹。战争在文明的铁幕上撕开一个口子，相爱的男女才能消除隔阂，可惜和平状态使真心再一次被遮蔽——奇迹过后，永恒的是悲凉。

一

在《倾城之恋》里，文明对人的毒害集中表现在主要人物身上。为什么范柳原背着人的时候稳重，当着众人的面喜欢放肆呢？因为他在人前要装作一种玩世不恭的样子，而与自己喜欢的人单独在一起时，他愿意更真诚，更不加修饰。人前人后两副面孔，两种态度，表明柳原在众人面前不过是逢场作戏而已。这种表演已经深入骨髓，甚至连自己都成为欺骗的对象："有些傻话，不但是要背着人说，还得背着自己。让自己听了也怪难为情的。譬如说，我爱你，我一辈子都爱你。"真情的表达已经成了自己无法面对的东西，这说明他戴面具生活已成习惯，形成了畸型的人格。

柳原的性格并不是天生的，他曾跟流苏回忆他回国后心

批注：研究对象

批注：两个与对象直接有关的术语。

批注：题目上的重要词汇，同时也是与"原始主义"有关的一个词汇（不用它也是可以的）。

批注：直接表明本文的学术问题：《倾城之恋》的主题是什么？后面是这个问题的不同解答。

批注：分析和批评前人的不足，（这里肯定了前人的成绩）这些不足正是本文解答的新角度，是比大问题更小的问题。

批注：这是本文的中心论点。

批注：对关键概念加以定义，作为讨论的基础。

批注：主旨句，也是第一个分论点。

批注：这一段主要写范柳原身上的表现。

批注：现象的原因。

理发生的变化,他说自己"装惯了假"原因是"人人都对我装假",可见,柳原装假成性应该归因于周围善于"装假"的文明人对其进行的"教育"①。

白流苏"虚伪"心理的成因在文中没有交代,但是有一个象征色彩的场景,可以表明流苏的"成熟"同样是在文明环境下形成的。白流苏曾回忆:"多年前,她还只十来岁的时候,看了戏出来,在倾盆大雨中和家里人挤散了。她独自站在人行道上,瞪着眼看人,人也瞪着眼看她,隔着雨淋淋的车窗,隔着一层层无形的玻璃罩——无数的陌生人。人人都关在他们自己的小世界里,她撞破了头也撞不进去,她似乎是魔住了。"这一段实际上暗示了流苏有因为失去家人的保护而处于无助之中的童年记忆。按照精神分析学家阿德勒的理论,童年的记忆会影响一个人的人格,正是这种被隔离在外的心理创伤使她更焦急地寻求安全感,更强烈地保护自己。她不像柳原那样具有反思能力,所以只能把创伤转化为形象,但是一样说明她是因为外界的冷漠和敌意而学会隐藏自身的。

> **批注**:白流苏的特殊情况似乎是例外,但是要加以合理解释。从其他方面告诉读者,她的性格也表明了文明对人的毒害。

小说另一个象征是浅水湾道旁的"野火花"。流苏看不到它的红色,但是直觉到它是"红得不能再红了,红得不可收拾,一蓬蓬一蓬蓬的小花,窝在参天大树上,壁栗剥落燃烧着,一路烧过去;把那紫蓝的天也薰红了。"它的红色象征着生命的灿烂和无伪,之所以小说偏偏写它在黑夜中,是为了暗示人的真心、生命被文明(黑夜)所掩盖。作为佐证的是,当两人第一次接吻流露出一些真情的时候,"野火花"再次出现:流苏被激情冲击,感到"野火花直烧上身",此处的"野火花"是激情和生命力的化身,它使女主人公终于冲破牢笼,解放自己。

因为男女主人公都处于心灵封闭的状态,所以柳原一直说:"我要你懂我。"柳原追求的爱情和婚姻是纯粹的爱情和婚姻,是需要男女心心相印的。柳原说:"你放心。你是什么样的人,我就拿你当什么样的人看待。"这种宝黛之间才有的口吻是最诚挚的邀请,可惜人们裹挟在文明中无法"逆天"而行,柳原的单方面努力注定失败,所以他才会"嘴里这么说着,心里早已绝望了……"

> **批注**:这一段是作者描写的结果,也是情节设计上体现出文明对人性压抑的开始。这里没有用主旨句形式引领,是受了小说的感染,用感情来引导了,其实应该用主旨句来引领。

文明的扭曲力量使纯粹的婚姻十分难得。婚姻本应是真心相爱的男女之间神圣的结合,但是在文明生活中,各种外在的礼教和惯习却不人道地左右着人们。在一般人眼里,流苏的"谋婚"行为虽然是庸俗的,但到底是正常的,因为从流苏的处境看,她已经不年轻,不能再以两情相悦为前提来寻情觅爱了,对她来说婚姻是很实际的问题,就是"归宿"(长期饭票)。加上生活环境对她的歧视和压迫,无论是为了报复也好,还是为了自救也好,她都应该放弃感情,而考虑条件和可能,甚至孤注一掷。她已经完全忘

> **批注**:情节设计上塑造文明对于人性的压抑。

---

① 1944年,张爱玲发表《写〈倾城之恋〉的老实话》,认为柳原"躲在浪荡油滑的空壳里"是因为年轻时的理想破灭所致(子通、亦清编:《张爱玲文集·补遗》,中国华侨出版社2002年版,第234页),这个解释不一定可靠,因为这个人物并非她理念的产物,就连她本人也在同一篇文章中承认自己并不十分懂得范柳原。

了自己对真爱的憧憬，甚至嘲笑柳原的"精神恋爱"。按她的算计，"精神恋爱"常常走向婚姻，因此对她是有利的，完全没有考虑精神恋爱所要求的心灵沟通也是真爱所必需的条件。柳原正是深刻地洞察了流苏的"虚伪"，因此不肯求婚。

按照张爱玲的理解，在文明的环境里，柳原和流苏根本无法走出怪圈，因此最终成就了有爱的婚姻只能看作是个奇迹。流苏第二次到香港后，范白二人的激情之夜仿佛是爱情的爆发，实现了精神的"结合"了，下面应该顺理成章地谈婚论嫁了，但是令她意外的是柳原仍然没有提出结婚，还要离开她。柳原之所以这样做是因为在他看来，两人的精神尚未实现完全结合，不认为一个礼拜的"爱"算是真正的爱。实际情况也的确如此，流苏仍然感到自己是屈辱的，还在思谋着"一个礼拜的爱吊得住他的心么"，算计柳原离开自己究竟是否对自己有利。这都说明这时如果结成婚姻也是名不副实的。

批注：人无法超越文明。

文明人习惯欺骗自己，最终连自己也不能了解自己的真心。白流苏直到战争爆发以后才开始不计得失，认识到潜藏内心的爱恋，文中写到她在危机时刻的心理：

懊悔她有柳原在身边，一个人仿佛有了两个身体，也就蒙了双重危险。一弹子打不中她，还许打中他，他若是死了，若是残废了，她的处境更是不堪设想。她若是受了伤，为了怕拖累他，也只有横了心求死。就是死了，也没有孤身一个人死得干净爽利。她料着柳原也是这般想。别的她不知道，在这一刹那，她只有他，他也只有她。

她的真心在此时得到彻底呈现，她的"算计"不再是为自己，而是为了对方，"真心"上包裹的那些利益计较，在战争带来的前现代状态中土崩瓦解，使得两颗心终于实现了交融。

批注：这是情节上体现出来的作者对文明的批判。作者站在爱情的一边，为了爱情呼唤真心，对文明作为障碍物的消失而高兴。

柳原早就认识到流苏心灵上有一层文明外壳。他曾交代自己的想法：

在上海第一次遇见你，我想着，离开了你家里那些人，你也许会自然一点。好容易盼着你到了香港……现在，我又想把你带到马来亚，到原始人的森林里去……

把流苏骗到香港是为了把她拉出庸俗的家庭文化氛围，除掉流苏心上的一层外壳。但是，文化与人如影随形，结果收效甚微。柳原这才想到带流苏到马来的原始森林中去，目的就是到乡间去，复归自然。他的潜在意思是：现代文明对于人心的沟通是一种障碍。柳原是想帮助流苏认识到自己。这点在后来张爱玲自己改编的话剧《倾城之恋》中表达得更为清晰，其中柳原的话变成了："回到大自然啊！至少在树林子里，我们用不着扭扭捏捏地耍心眼。"[9](p108)

在平时，要想回到前现代去，是非常困难的，只有打破文明才有可能。范柳原在土墙前发出的感喟正是这个意思：

这堵墙，不知为什么使我想起地老天荒那一类的话。……有一天，我们的文明整个的毁掉了，什么都完了——烧完了、炸完了、坍完了，也许还剩下这堵墙。流苏，如果我们那时候在这墙根底下遇见了……流苏，也许你会对我有一点真心，也许我会对你有一点真心。

这堵墙是能够地老天荒的，是原始蛮荒生活的见证。"墙"在同名话剧中变成了月亮[10](p108)，也同样是永恒的见证，这里作者借柳原的口揭示"原始"对文明的基础性作用。相比远古的荒原，文明不过是荒原上"升华"而成的人造物，随时有可能成为"浮华"。积累也造成负累，随着"升华"的持续不断，人的真心上覆盖了越来越厚的沉积物。原始的生活似乎成为"乐园"，因为文明的发展而日益远离，只有当文明失去时，人们才可能回到乐园。

批注：作为旁证，说明张爱玲是有意识地在用某种东西代替原始蛮荒生活的见证。

果然，小说结尾应验了柳原的预言。战争把柳原和流苏还原为两个自然人，终于给他们回到"乐园"的机会。文中称他们为"普通夫妇"是指他们此时消除了社会身份，因此消除了身份赋予他们的所谓"教养"。如果在平时柳原不会"拖地"和"绞沉重的褥单"，流苏也不会上灶做菜；在逃难中，柳原不需要显示绅士风度，可以很自然地让女士帮他拿衣服。战争环境下，人们可以揭去平日的假面，沟通更加直接。正是在这种环境下，流苏终于认识到："在这动荡的世界里，钱财、地产、天长地久的一切，全不可靠了。靠得住的只有她腔子里的这口气，还有睡在她身边的这个人。"于是，"她突然爬到柳原身边，隔着他的棉被，拥抱着他。他从被窝里伸出手来握住她的手。他们把彼此看得透明透亮。"也是在这种背景下，柳原提出结婚，仿佛水到渠成。

细心的读者会发现《倾城之恋》的男女主人公在战争发生后，说了一些残缺的句子。当流苏终于明白柳原从前的话，重提"那堵墙"时，话还没完，柳原就立即说道："也没有去看看。"话虽不完整，但是对方听懂了。与此对照的是战争前当两人"情浓意蜜"的时候发生的那些误会，比如柳原感慨人不能自主，流苏误以为他找借口，非常生气，柳原发现辩解无效，最后只好说："不说了，不说了。"在平时，话虽多却无法沟通，在战后，不说话却能彼此理解，就是因为一个借助于语言作为中介，一个是以心传心。这才出现柳原讽刺的那种怪现象："我们那时候太忙着谈恋爱了，哪里还有工夫恋爱。"是的，"恋爱"的时候语言正应该退场。当流苏说"我懂得"时，她并没有懂，等她不说的时候倒是真正懂得了。由此可见，张爱玲认识到语言的局限性，这也同样表达了她对于人类文明的批判，表达了与佛道思想相近的原始主义态度。

批注：作为佐证的分论点。张爱玲对于语言的不信任也与原始主义有联系。

二

其实，不光《倾城之恋》有原始主义倾向，在《传奇》这本写男女恋爱、婚姻、家庭的集子中，原始主义也以各种形式得到表现，成为《传奇》母题的精髓。这个母题就是"失乐园的悲凉和复乐园的绝望"。《倾城之恋》不过是更清晰、更集中地泄露了张爱玲小说的秘密而已，成为理解张爱玲的一把钥匙。

批注：过渡到《传奇》。

《圣经旧约》中的创世故事是非常典型的原始主义文本[1]，亚当与夏娃因为犯了原罪被上帝逐出伊甸园，从此过上了痛苦的生活，辛勤劳作和生育，忍受饥饿和寒暑。"失乐园"故事成为人类离开原初美好状态的象征。因此，失乐园的母题与原始主义有深刻联系。在《传奇》中，"失乐园"主题就是以原始主义为基底而形成的。

批注：论失乐园母题与原始主义之间有联系。

《传奇》的几篇小说几乎都有堕落、离开美好和理想，以及想超离俗世痛苦而终于失败等情节。曹七巧本可以有幸福生活，却因为财产，永远失去了"乐园"，终于隐去真情，成为一个魔鬼（《金锁记》）；天真的葛薇龙也无法坚持"出污泥而不染"，禁不住诱惑而堕落了（《沉香屑·第一炉香》）；传庆的亡母冯碧落与丹朱父亲的旧情使传庆厌恨自己家庭的凉薄，造成他对丹朱的嫉妒。与其说他嫉妒丹朱的幸福，不如说是嫉妒她占据了本来属于他的"乐园"，因此他才觉得，丹朱不单是爱人，还是"创造者"，"一个父亲，母亲，一个新的环境，新的天地"（《茉莉香片》）；《心经》写父女关系中男女关系的一面，许小寒与她的生父许峰仪年龄差距不大，如果没有血缘关系，两者之间会有很多可能性，但因为这类不伦的恋情违背道德而成了禁脔，使真心的结合无法实现，许峰仪只好寻找女儿的代替品，而许小寒也以怅然离别为结局。由于伦理道德和面子欲望等外在因素影响，男人与女人再也无法回到"乐园"中了（《心经》）。

批注：列述几篇小说中的失乐园母题。

　　由以上分析可以发现，《传奇》中的人物总是背离了某种有价值的早年的东西，或者是纯真本性（葛薇龙）、自然情爱（曹七巧、许氏父女）、理想的"父亲"（聂传庆），或者是流苏和柳原的真情、罗杰和愫细以及吴翠远和宗桢的合理情欲（《第二炉香》、《封锁》）。他们由于离开了"乐园"而自身痛苦，并给别人带来痛苦，造成扭曲的不合理的人生。他们远离了本心，因此离开了乐园。

批注：分析的结论——失去了乐园。

批注：继续分析这个乐园的性质，更深一层，说明永远失去了乐园。

　　与此同时，张爱玲笔下失去的乐园似乎很难回去了。他们无法回到乐园的原因常常是文明礼教和欲望等内外因素。比如流苏急于嫁个令人羡慕的公子，就是受到他人眼光的压迫而产生的"变态"（《倾城之恋》）；罗杰和愫细被保守的教育毒害，压抑着性，结果无法享受到灵肉一致的幸福，最终两个人一起被毁灭，而造成人性扭曲的正是所谓的"淑女教育"和"社会氛围"（《第二炉香》）。这是"文明教养"阻碍"复乐园"的故事。人物离开乐园和理想，无法回去，其阻力都来自外在或者由外力造成的心灵扭曲。

　　《封锁》是《倾城之恋》的变奏。《封锁》设置的封闭环境使陌生男女可以揭破现实的限制，产生爱情。吴翠远之所以给在作文里使用肉感词句的男生打高分，就因为肯定"这学生是胆敢这么毫无顾忌地对她说这些话的唯一的一个男子"。这个细节说明她内心渴望着狂野，她的矜持不过是压抑的结果。文中直接点出了原因："世界上的好人比真人多……翠远不快乐。"宗桢动心的原因是他发现自己在隔离的环境中变成一个"男子"，而不再是会计师、孩子的父亲、车上的搭客、店里的主顾、市民等角色。"可是对于这个不知道他的底细的女人，他只是一个单纯的男子。"此时，他们成为像柳原和流苏一样的普通男女，反而有可能呈现真心（《封锁》）。

批注：重点分析《封锁》，因为它与《倾城之恋》一样都是典型的原始主义文本。

还有一种阻碍复乐园的原因就是命运。潘汝良信手所画的侧影可能来自"前世姻缘"，但是当他遇到相貌相似的真实女子时，却很失望，甚至绝望。"汝良现在比较懂得沁西亚了。他并不愿意懂得她，因为懂得她之后，他的梦做不成了。"他单拣她身上较诗意的部分去注意，去回味。那些诗意的部分就是让他爱恋的部分，但是已经被现实给掩盖了。如果这样看，那么汝良想要"自由几年"的说法就成了借口，其实他发现自己根本无法得到那个心目中的理想女人——乐园（《年青的时候》）。川嫦认为章大夫是最合理想的人，最终无法结合的原因当然很多，但是两人不能沟通以及川嫦为家庭感到的羞耻是重要原因，特别是前者。川嫦与章大夫两人一直没有很好地交流。相比之下，余美增比川嫦幸运一点，能与章大夫有一些交流。余美增与章大夫闹别扭，恨恨地说："云藩这人就是这样"，可以说明两人是了解的，虽然也许是通过粗野的争吵实现的。潘大夫有点像柳原，川嫦的女人味儿有点像流苏，但是最后他们没有成为夫妻，就因为两人无法达到真正的沟通（《花凋》）。在文明中生活的人被文明毒害，无法沟通，不仅无法回到乐园，甚至越挣扎离真正的乐园越远，如传庆的变态以及七巧的堕落都是例子。

> **批注**：为什么要插一段分析永远失去的原因呢？因为张爱玲设置情节时把失乐园的动因处理成命运。这点与文明对于人性的压抑一样。这就更好理解为什么《倾城之恋》最后是个不彻底不完满的结尾，有助于我们思考张爱玲的原始主义的感性特点，也借此引出对于《倾城之恋》结尾的解释。

这些篇章更明显表达了张爱玲对"复乐园"的悲观态度。有人说《倾城之恋》是喜剧（水晶），理由是小说最后有个似乎圆满的结局，男女主人公终于结成了夫妇。其实恰恰相反，《倾城之恋》仍是悲剧的。傅雷批评它没有悲剧的严肃、崇高，和宿命性。……没有刻骨的悲哀[12](p411)，我认为是不对的。《倾城之恋》的悲剧性不体现在英雄与命运的争斗和失败上，而体现在：明知有乐园却无法回去的宿命性。战争毕竟属于人类文明发展史上的偶然事件，文明积累是永远的，人注定了要像蜘蛛一样贪婪地攫取和埋葬珍贵的东西。正如《封锁》里说的："封锁期间的一切等于没有发生。整个上海打了个盹，做了个不尽情理的梦。""倾城"使得男女主人公产生心灵的交融，能够让他们过上十年八年，但是十年八年以后又怎样？因此，流苏最后的庆幸不过是作者的反讽。

正是从这里产生人类整体的悲剧感。明知道回到原始状态可以达到本心的沟通，但是却无法回去，这才显得人的力量的渺小，无法左右自己的命运。柳原认为"死生契阔，与子相悦，执子之手，与子偕老"这首诗是"悲哀的一首诗"，他进一步阐释道："生与死与离别，都是大事，不由我们支配的。比起外界的力量，我们人是多么小，多么小！可是我们偏要说：'我永远和你在一起；我们一生一世都别离开。——好像我们自己做得了主似的！'"这种感慨虽然来自《红楼梦》，但也同样导源于原始主义价值观的失败，表达了她对永恒真爱的怀疑，以及对人无法超越文明压力的无奈。

《传奇》的"失乐园"母题有一个形成发展的过程。1943年4月的《沉香屑》"第一炉香"只是写欲望毁灭天真的故事，可是5月写成的"第二炉香"突然出现对道德束缚（性教育）的批判，这与"第一炉香"有很大距离，甚至可

> **批注**：主旨句，下面梳理母题在《传奇》中的变奏，其实也就是张爱玲原始主义表达的变奏。

以说相反，后者肯定性道德，实际上是指责了女主人公的性堕落，而前者则启动对"不道德"的辩护。从6月的《茉莉香片》到7月的《心经》又发生了巨大变化，她进一步描写"不道德"，肯定"不道德"。所谓"不道德"实际上就是在反抗文明和道德强加给人身上的束缚。为了给"不道德"辩护，张爱玲慢慢接近原始主义。不久，张爱玲写了《封锁》和《倾城之恋》，最终通过两个特殊环境下真情流露的故事，明确表达了原始主义的立场。10月连续两篇小说：《金锁记》和《琉璃瓦》，一篇非常成功，把失乐园归结为个人的选择，人屈从于文明造成的环境，然后又成为这个文明环境的帮凶，从而深化了失乐园的主题；另一篇"有点浅薄"[13](p80)（张爱玲的评语），就因为去除了深刻的哲学内涵，使得父女两性斗争、女子失去乐园的主题变成一个家庭世俗闹剧，因此一定程度上也许是故意地背离了这个母题。表明作者在对《传奇》母题加以深化的同时，还在做各种变奏，甚至否定的发展。

该母题不光渗透在《传奇》中，就是在后来的许多作品中也不绝如缕，比如《连环套》《创世纪》《红玫瑰与白玫瑰》《半生缘》等小说中都有这个母题的回响。这个母题如此隐秘，连作者自己都没有意识到。在她与傅雷（迅雨）辩难时，表达自己对现代性的抵抗，重点放在如何"参差的对照"这类技术性问题上，却忘记了她反抗现代主义的动机其实来自原始主义的思想基底。1945年4月，张爱玲曾经直接批判过原始主义，她说："我们已经文明到这一步，再想退到兽的健康是不可能的了"[14](p268)，似乎表示了对原始主义的拒绝。但这并不能否定她在创作时存在的这种价值。她仍然认为那是"健康"的，并不是不值得回去，不过是回不去了而已，这样看只能说明她超越了原始主义的某些观念，更深一层表明她越来越绝望，强调复乐园的无望，但是原始主义的价值还是存在的。

批注：结尾说明一下失乐园母题在后来的发展。其实，严格说来，这篇论文没有像样的结论部分，直接就这样结束了。这样在一般文章中自然可以，但是在论文中肯定是不符合规矩的。因为只是将论证做完满了，最后没有把自己的研究结论加以拓展。

参考文献

[1] 傅雷（迅雨）. 论张爱玲的小说 [A]. 金宏达、于青. 张爱玲文集（第4卷）[M]. 安徽文艺出版社，1992.

[2] 张健. 一曲没落世家女性生存困境的苍凉之歌——解读张爱玲《倾城之恋》[J]. 辽宁师专学报：社会科学版，2001(3).

[3] 张晨曦. 亦真亦幻两相映——从倾城之恋看张爱玲的内心分裂 [J]. 西南农业大学学报：社会科学版，2008(4).

[4] 徐彦利. 灰白色的团圆——试论《倾城之恋》的艺术特色 [J]. 河北师范大学学报：哲学社会科学版，2004(4).

[5] 高娟. 张爱玲《倾城之恋》解读 [J]. 山东社会科学，2003(3).

[6] 石杰. 论张爱玲《倾城之恋》的哲学内涵 [J]. 齐鲁学刊，2008(1).

[7] 李霞. 试论张爱玲眼中的现代城市文明——以《倾城之恋》为例 [J]. 兰州学刊，2011(6).

[8] 方克强. 原始主义与文学批评 [J]. 学术月刊，2009(2).

[9] 童开. 《倾城之恋》和《北京人》[A]. 张爱玲的风气：1949 年前的张爱玲评说 [C]. 山东画报出版社，2004.

[10] 同上.

[11] 同 [8].

[12] 傅雷（迅雨）. 论张爱玲的小说 [A]. 金宏达、于青. 张爱玲文集 (第 4 卷)[M]. 安徽文艺出版社，1992.

[13] 转自胡兰成. 《传奇》集评茶会记 [A]. 张爱玲的风气 [C]. 山东画报出版社，2004.

[14] 张爱玲. 我看苏青 [A]. 张爱玲散文全编 [M]，浙江文艺出版社，1992.

Sadness of Paradise Lost and Hopelessness of Paradise Regained: on the Primitivism of *Love in a Fallen City* and the Motif of *the Legend*

Huo Yuan

(Shaanxi Technology University, Shaanxi, Hanzhong, 723001)

Abstract: *Love in Fallen City* revealed the sadness of life, just like most of Eileen Chang's novels. Through the analysis of this novel, it is revealed that the religious sadness of life comes from Chang's Primitivism. After tracking Chang's Primitivism, it can be found that The Legend had an important Motif: sadness of paradise lost and hopelessness of paradise regained, which came from the failure of Primitivism and expressed her helplessness to people unable to get rid of civilization pressure.

Keywords: *Love in Fallen City* City; Eileen Chang; The Legend; Motif; Primitivism; paradise

五、修改

1. 稿子投寄给《河北师范大学学报》（人文社会科学版）后，编辑很快给了回音，同意发表，但是后来又说赵主任提出修改意见，要我与之联系。

2. 终于接通了赵主任的电话。他先是肯定了论张爱玲的原始主义是有意思的，后来又提出具体意见。我当时并没有完全理解他的指导意见，但是我完全记下来了。等稿子改好了，我才发现他的意见非常中肯。上一稿存在一个不好的地方：有两个对象。当时他没有这样说，但是他好像是叫我转到写《传奇》上去。他是对的。现在看来，两个对象使论文显得不够集中。解决的问题其实在第一部分就已经解决，后来又加一节其实是另一个问题："《传奇》的原始主义"。我后来还发现，原来写在文章最后的"母题的后续发展"其实是有价值的问题，但是我放在后面随便地提到而已，这也是一个遗憾。还有第二节里论《传奇》母题时，只论《倾城之恋》以外的，而在第一节却是写《倾城之恋》的原始主义。好像第一节是第二节的个案，但是论的又不是同一个问题，所以给人不平衡不协调的感觉。当时，并不知道如何修改，所以还曾初步思考重新修订了大纲,如图附-2所示。

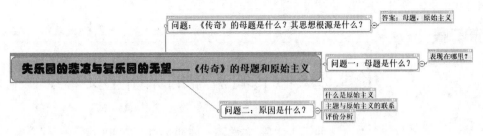

图 附-2 修改大纲(一)

从上图可见当时我已经把对象变成《传奇》了,不过我还在继续要把母题和原始主义两者都装在论文中。其实,两者可以统一起来,母题可以作为原始主义的一种表现。我还曾列了另一个提纲,如图附-3所示。

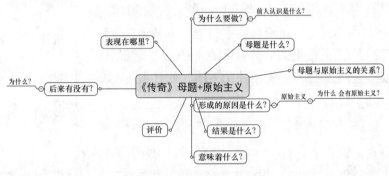

图 附-3 修改大纲(二)

这个图反映了我当时还是采取母题和原始主义两者兼顾的方法。从母题开始到原始主义,然后再解释原始主义,这样其实是多余的。我当初的计划是建立结构为:原始主义是什么?形成的原因是什么?未来的后果是什么?经过修改得到下面的大纲,如图附-4所示。

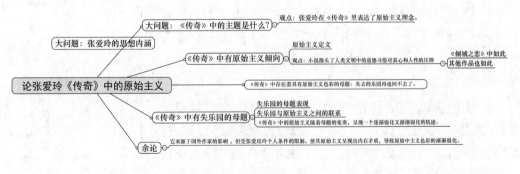

图 附-4 修改大纲(三)

明显的,这个框架显得集中了,两个分论点的对象都是《传奇》。关于这个原始主义的来源也作为余论加以讨论。母题的变化过程和后续变化我放到第二节中充分讨论了。结构调整以后,整个论文的品质大为提升,虽然最后还是与第一稿的结构差不多,就是把第一节写《倾城之恋》的改为写《传奇》了。

提示——①听听别人的意见总是有好处的。②认真比较两稿会发现,每次修改(特别是推倒重来)都会大大提升论文质量。

第二稿

论张爱玲《传奇》中的原始主义

火 源

(陕西理工学院 文学院,陕西 汉中 723001)

摘 要:从文化人类学层面看,《传奇》中带宗教色彩的人生悲感来自张爱玲思想中的原始主义立场。主要表现在两方面:(1)小说批判了人类文明中的道德习俗对真心和人性的压抑;(2)《传奇》中存在着具有原始主义色彩的母题:失去的乐园再也回不去了。《传奇》中的原始主义随着母题的变奏,呈现一个逐渐强化又渐渐弱化的轨迹。它来源于国外作家的影响,但受张爱玲个人条件的限制,使其原始主义呈现出内在矛盾,导致原始主义色彩的渐渐弱化。

关键词:张爱玲;《传奇》;原始主义;母题;乐园;矛盾

人们往往迷信张爱玲在《传奇》题记上的话,以为《传奇》的主题是"在传奇里面寻找普通人,在普通人里寻找传奇"。不满足于此的研究者则超越这种见识,或者认为它描写新旧杂糅的都市洋场生活[1],写资本主义和封建性之间矛盾[2];或者从文化视角,判定它怀疑启蒙文化[3];或者从性别视角做女性解读[4],反思其中的女奴灵魂[5];或者以人生哲学观照,认为写了过去和现代两种人生的交织[6],写了人生的恐怖和罪恶,残酷与委屈[7]p21,写了人生的愚妄[8]p356,人间的不和谐[9],对世界的焦虑不安[10];或者从心理学角度,认为写原欲的丧失所导致的畸形[11]。

这些看法丰富了《传奇》的内涵,但主要分析《传奇》中的"世界",而对"作者"的精神层面没做深入探究。都市、女性、文化、人生以及心理的悲剧是如何造成的?她为什么要写这类生活?要解决这些问题,就不得不从文化人类学视角,挖掘张爱玲的深层创作心理,加深对《传奇》主题的认识,更好理解为什么《传奇》喜爱对婚恋做道德批判[12]。

以文化人类学观点看,《传奇》中悲剧的总根源是人类文明,所有悲剧说到底都是人类悲剧,也就是说张爱玲的思想和《传奇》主题中有原始主义倾向。

批注:这个摘要缺少一个背景项。

批注:论文的角度。

批注:中心论点。

批注:分论点1。

批注:分论点2(包括下一级分论点)。

批注:与上一稿相比,"《倾城之恋》"已经从关键词里消失,包含在"《传奇》"这个关键词里了。

批注:本论文的问题,下面是各种对这个问题的回答。

批注:分析这些观点,先肯定。

批注:再质疑,抓住他们的角度带来的疑惑和难题。这里主要说它们引出了新问题。这些问题中的第二个问题是本论文问题所属的大问题——张爱玲在创作中表达的思想是哪些?

批注:新角度的必要性。

批注:本论文的中心观点。下面就是来分两个部分论证这个观点。

一

　　"原始主义"是一种价值取向，它以自然、原始、本真为最高价值尺度，质疑文明、规范和理性的绝对性，认为文明越进步，人性越受损。它分为文化原始主义和年代原始主义。前者主要存在于美国，主张远离欧洲文明的堕落和喧嚣，去过一种单纯简朴的、自然的生活。后者是我们通常说的"原始主义"，它认为人类生活方式的理想阶段是远古时代，那时人类的生活方式是自然、简朴和自由的。它还认为，人类历史是一个从幸福阶段逐渐衰退的过程。随着人类文明的发展，人类心理的、社会的和文化的秩序，变得越来越复杂，有着越来越多的禁律[13]p268-269，主张回到原始，回到自然。

> 批注：对概念做简单的定义。

　　张爱玲身上的原始主义集中表现在《传奇》中。首先，作者比较明显地流露出原始主义价值观。

> 批注：分论点。

　　在《沉香屑·第二炉香》里，张爱玲评价克荔门婷讲的故事，是"一个脏的故事"。接着她又总结道："可是人总是脏的；沾着人就沾着脏。在这图书馆的昏黄的一角，堆着几百年的书——都是人的故事，可是没有人的气味。"最后一句意味深长，这里两个"人"的所指是不一样的。前者是文明化的"人"，而后者则是指原始的、未受文明"毒害"的、真率的"人"。从故事本身来看，愫细无法接受正常的性爱，因为接受了淑女教育，罗杰自杀因为丧失了尊严。"淑女教育"和"尊严"都是文明的产物。其隐晦的主题从文明扼杀人性这个角度来看就豁然开朗了。张爱玲暗示了自己看法：文明的压抑使人变成虚伪的东西，因此失去幸福。

> 批注：阐释张爱玲在小说中的一句话，揭示出张的看法。下面用故事中的情节来印证张爱玲的观点。

　　在《倾城之恋》中，原始主义表现得更典型。范柳原背着人的时候稳重，当着众人的面喜欢放肆，因为在人前要掩盖真心，而与自己喜欢的人单独在一起时，他愿意更真诚。两副面孔，两种态度，表明柳原作为文明人习惯于逢场作戏。这种表演已经深入骨髓，甚至连自己都成为欺骗的对象，所以他说：表达真情的傻话"不但是要背着人说，还得背着自己"，因为自己听了也会难为情，说明他在面具下生活，形成了畸型的人格。白流苏的心理活动充满算计，家产、年龄等这些约定俗成的结婚条件使她眼里的婚姻变成一种交易和事务，忘记了婚姻应基于灵肉一致的真心相爱。两人的表现恰恰反映了人的心理和文化的秩序在文明社会里变得复杂而且禁锢重重。

　　对这点，小说通过揭示男女主人公的性格成因给予暗示。柳原本来是很单纯的人，但是因为"人人"都对他"装假"，所以自己现在也"装惯了假"。说明柳原的畸形人格是周围善于"装假"的文明人对其"教育"的结果①。白流苏"虚伪"心理的成因在文中没有交代，因为她缺乏柳原的反思能力，但是仍然可以从一个象征性的场景看出，流苏的"成熟"同样

> 批注：这句话是过渡句，同时也是主旨句，比第一稿表达得更清楚。

---

① 1944年，张爱玲在《写〈倾城之恋〉的老实话》中认为，柳原"躲在浪荡油滑的空壳里"是因为年轻时的理想破灭所致（子通、亦清：《张爱玲文集·补遗》，中国华侨出版社2002年版，第234页）。这个解释不一定可靠，因为这个人物并非她理念的产物，就连她本人也在同一篇文章中承认自己并不十分懂得范柳原。

与文明有关。白流苏回忆起她十来岁时,看戏出来,在倾盆大雨中和家里人挤散了,她独自站在人行道上,感到周围人的冷漠:"人人都关在他们自己的小世界里,她撞破了头也撞不进去,她似乎是魇住了。"冷漠自私是城市文明人的常见病,与此相反的是乡民的热情好客。按照阿德勒的精神分析理论,"童年记忆"会影响人格。正是这种被隔离在外的心理创伤记忆使她更焦急地寻求安全感,更强烈地保护自己,而成为虚伪的人。

在张爱玲眼中,文明既是人类物质和精神上的成就,也是文明人自己加诸自身的枷锁,于是她不免站在原始主义立场上歌颂被文明压抑的生命力。她写了一片浅水湾道旁的"野火花"。它是"红得不能再红了,红得不可收拾,一蓬蓬一蓬蓬的小花,窝在参天大树上,壁栗剥落燃烧着,一路烧过去,把那紫蓝的天也熏红了"。火一样的红色象征着生命的灿烂和无伪,被包藏在"黑夜"中,象征着生命力被文明压抑着,使人无法看清"它的颜色",只能靠直觉感受到它。当流苏和柳原第一次接吻流露出真情的时候,张爱玲让它再次出现,"直烧"上流苏的身。作者借充满激情的描写赞美了不可遏制的生命力,歌颂了女主人公冲破牢笼、解放自我的行为。

批注:主旨句。

批注:"野火花"的这个例子在这里成为观点的"仆从",而在第一稿中几乎是讲故事的方式出现的,现在这种处理方式要有力得多。

批注:主旨句。

人的真情如同野火花一样,只有揭开文明的压抑和礼教的束缚,才能得到一刹那的表露。白流苏直到战争爆发以后才认识到潜藏内心的爱恋。文中写她在枪林弹雨中的心理:

> 懊悔她有柳原在身边,一个人仿佛有了两个身体,也就蒙了双重危险。一弹子打不中她,还许打中他,他若是死了,若是残废了,她的处境更是不堪设想。她若是受了伤,为了怕拖累他,也只有横了心求死。就是死了,也没有孤身一个人死得干净爽利。她料着柳原也是这般想。别的她不知道,在这一刹那,她只有他,他也只有她。

她的"算计"不再是为自己,而是为了对方,"真心"上包裹的利益算计,在战争带来的前现代状态中土崩瓦解。是战争去除了主人公身上的文明负累,把柳原和流苏还原为两个自然人,终于给他们坦诚相待的机会。文中称他们为"普通夫妇"是指他们此时消除了社会身份,因此消除了身份赋予他们的"教养"。如果在平时柳原不会"拖地"和"绞沉重的褥单",流苏也不会上灶做菜;如果不是逃难,柳原要显示绅士风度,也不会让女士帮他拿衣服。战争环境下,人们可以揭去平日的假面,沟通更加直接。正是在这种环境下,流苏终于认识到:"在这动荡的世界里,钱财、地产、天长地久的一切,全不可靠了。靠得住的只有她腔子里的这口气,还有睡在她身边的这个人。"于是,她和柳原才会"把彼此看得透明透亮"。也是在这种背景下,柳原提出结婚,仿佛水到渠成。

说张爱玲有原始主义倾向,不完全是后见之明。张爱玲本人有过明确显示。在《倾城之恋》中,她借柳原的口,谈到逃离文明、恢复真心的打算:

批注:这里有辩论的姿态,也有预先想好反对意见,然后加以驳斥的打算。同时,这样也可以作为一种转折和过渡。下面要论证的是张爱玲是有意识地这样表达的。

> 在上海第一次遇见你,我想着,离开了你家里那些人,

你也许会自然一点。好容易盼着你到了香港……现在，我又想把你带到马来亚，到原始人的森林里去……

把流苏骗到香港是为了把她从庸俗家庭的"文明"氛围中拉出，除掉流苏心上那层文明外壳。但是，文明与人如影随形，结果收效甚微。柳原又想带流苏到马来的原始森林中去，目的是回到乡间，复归自然。柳原的潜在意思是：现代文明对于人心的沟通是一种障碍。这点在张爱玲自己根据小说改编的话剧中表达得更为清晰，柳原的话变成了："回到大自然啊！至少在树林子里，我们用不着扭扭捏捏地耍心眼。"[14]p108

细心的读者会发现《倾城之恋》的男女主人公在战争发生后，说了一些残缺的句子。当流苏终于明白柳原从前的话，重提"那堵墙"时，话还没完，柳原立即说道："也没有去看看"。话虽不完整，但是对方听懂了。与此对照的是，战争前当两人"情浓意蜜"的时候，发生的一系列误会，比如柳原说"不能自主"，流苏误以为他找"借口"。在平时，话虽多却无法沟通，柳原只好"不说了"；在战后，不说话却能彼此理解。这是因为一个借助于语言作中介，一个以心传心。柳原说，平时太忙着"谈"恋爱，没有工夫"恋爱"，意思就看到了语言的负面作用。是的，"恋爱"的时候语言应该退场。张爱玲认识到语言的局限性，而文明是建立在语言文字基础之上的，排斥语言也就表达了她对于人类文明的批判，表达了与佛道思想相通的原始主义态度。

《封锁》因为写一对"萍水相逢"的乱世男女脉脉情深，黯然而别，所以被认为有刻意造作之感[15]，从常理来讲的确显得牵强，但从原始主义角度看则顺理成章。作为教师的吴翠远之所以给在作文里使用肉感词句的男生打高分，就因为"这学生是胆敢这么毫无顾忌地对她说这些话的唯一的一个男子"。这个细节说明她内心渴望狂野，她的矜持不过是压抑的结果。同时，这个世界让她不快乐的原因是，"世界上的好人比真人多"。所谓"好人"就是符合伦理道德，接受文明洗礼的文明人，他们离"真人"越来越远。宗桢动心的原因是他发现自己在隔离的环境中去除了会计师、孩子的父亲等社会角色。在翠远这个"不知道他的底细的女人"眼里，"他只是一个单纯的男子。"此时，他们成为柳原和流苏一样的普通男女，按照原始主义的看法，完全有可能产生爱情。

批注：多分析《封锁》因为它是《倾城之恋》之外另一个典型的文本，但是比起《倾城之恋》还是少得多了。

《心经》是同样让人迷惑的离经叛道之作，写父女关系中"男女"的一面。许小寒与她的生父许峰仪年龄差距不大，如果没有血缘关系，两者之间会有很多可能性，但因为这类不伦的恋情违背道德而成了禁脔，使真心的结合无法实现。许峰仪只好寻找女儿的代替品，而许小寒也以惆然离别为结局。《金锁记》中的七巧因为财产这些文明世界的追求对象而掩埋了自己的真情。如果她还是麻油店主的女儿，继续在乡间生活，很可能得到幸福。《传奇》几乎都是这类真情发生错位的悲剧，而造成悲剧的原因只有一个就是外部的道德礼教，后者正是文明强加于人的。张爱玲站在原始主义的立场上对这类文明的产物提出控诉。

批注：其他只点缀两个：《心经》和《金锁记》，因为这些都是典型的文本。其他文本放到其他地方去分析。分析例子要注意均衡安排，不能一篇作品出现很多次，而且都是重要的，那样给人一个材料贫乏的印象。

批注：总结和呼应开头的观点。

二

《传奇》的原始主义还表现在它的母题上。

母题（motif）是指文学作品中反复出现的因素，可以是一个事件、一种模式、一种手法、一种叙述程式或某个惯用语[16]p198。《传奇》中的母题是每篇小说都反复出现的情节模式，即：失去的乐园再也回不去了。

《传奇》中的人物都失去了某种有价值的早年的东西，或者是纯真本性（葛薇龙）、自然情爱（曹七巧、许氏父女）、理想的"父亲"（聂传庆），或者是流苏和柳原的真情、罗杰和愫细以及吴翠远和宗桢的合理情欲（《第二炉香》《封锁》）……那些东西属于过去，是他们的"乐园"，但是由于环境、命运和金钱欲望等原因，他们失去了，又由于文明的束缚而无法回去。

> 批注：分论点2。
>
> 批注：先下个定义。
>
> 批注：下面举例都是简述，重点在"都"字上，突出普遍性。
>
> 批注：下面举例继续简述，重点在"几乎都"，也突出普遍性。

《传奇》的每篇小说几乎都有堕落，和想超离俗世痛苦而终于失败的情节。曹七巧本可以有幸福生活，却为了财产，永远失去"乐园"，终于隐去真情，成为一个魔鬼（《金锁记》）；天真的葛薇龙无法坚持"出污泥而不染"，禁不住诱惑而堕落（《沉香屑·第一炉香》）；传庆并非嫉妒丹朱的幸福，而是嫉妒她占据了本来属于他的"乐园"，而且这个"乐园"再也回不去了，所以他才对丹朱又暴虐又热爱。暴虐是想去除她，热爱是因为她是自己的替身（《茉莉香片》）。他们为离开乐园而痛苦，并给别人带来痛苦，造成扭曲的不合理的人生。

与此同时，张爱玲对于返回乐园不抱希望。在张爱玲眼里，日常生活多的是失败。文明毒害人，不仅无法回到乐园，甚至越挣扎离真正的乐园越远，如传庆的变态以及七巧的堕落都是例子，而能够见到乐园则完全靠奇迹。

有人说《倾城之恋》是张爱玲小说中唯一的"喜剧"（水晶），理由是小说有个似乎圆满的结局，男女主人公终于结成了夫妇。其实恰恰相反，《倾城之恋》仍是悲剧。傅雷批评它没有悲剧的严肃、崇高，和宿命性，……没有刻骨的悲哀[17]p411，我认为是不对的。《倾城之恋》的悲剧性不体现在英雄与命运抗争的失败上，而体现在：明知有乐园却无法回去的宿命性。

在《倾城之恋》中，战争在文明的铁幕上撕开一个口子，相爱的男女才能消除隔阂。在平时，要想回到前现代去，是非常困难的，只有打破文明才有可能。范柳原在土墙前发出的感喟正是这个意思：

这堵墙，不知为什么使我想起地老天荒那一类的话。……有一天，我们的文明整个的毁掉了，什么都完了——烧完了、炸完了、坍完了，也许还剩下这堵墙。流苏，如果我们那时候在这墙根底下遇见了……流苏，也许你会对我有一点真心，也许我会对你有一点真心。

这堵墙是能够地老天荒的，是原始蛮荒生活的见证。"墙"在同名话剧中变成了月亮[18]p108，也同样是永恒的见证。这里作者借柳原的口揭示"原始"对文明的基础性作用。相比远古的荒原，文明不过是荒原上"升华"而成的人造物，随时有可能成为"浮华"。积累也造成负累，随着"升华"的持续不断，人的真心上覆盖了越来越厚的沉积物，只有战争去除了这些负累和"浮华"，恢复到原始状态，才能表露真心，获得幸福和圆满。但是，战争毕竟属于人类文明发展史上的偶然事件，文明积累是永远的，人注定要像蝜蝂一样贪婪地攫取和累积。按照张爱玲的理解，在文明的环境里，柳原和流苏根本无法走出困境，因此最终成就了有爱的婚姻，只能算"奇迹"。《花凋》中的章大夫有点像柳原，川嫦有点像流苏，但是因为没有战争，所以最后没有成为夫妻。柳原和流苏虽然侥幸结为夫妻，但是可惜和平状态使一切复归旧观。正如《封锁》里说的："封锁期间的一切等于没有发生。整个上海打了个盹，做了个不尽情理的梦。""倾城"使得男女主人公产生心灵的交融，能够让他们过上十年八年，但是十年八年以后又怎样？柳原又开始与别人调情，流苏最后的庆幸不过是作者的反讽而已——奇迹过后，永恒的是悲凉。

说《传奇》的母题暗含原始主义价值观，原因是：一方面失乐园的故事是非常典型的原始主义文本[19]，伊甸园成为人类原初美好状态的象征，失去乐园使人处于不完满的状态，这个母题表达了原始主义对自然、自由的原初状态的缅怀。

批注：采用因果论证，证明分论点：母题暗含原始主义价值观。

另一方面，失去乐园和回不去的原因都与"文明"有关。在《传奇》中，造成人物悲剧命运的原因常常是文明礼教和文明对心灵的扭曲。比如流苏急于嫁个令人羡慕的公子哥，就是受他人眼光压迫而产生的"变态"（《倾城之恋》）；

批注：把另一个原因"与文明有关"，分成具体方面来举例论证。

罗杰和愫细被保守的教育毒害，压抑着性，结果无法享受到灵肉一致的幸福，最终一起毁灭，而造成人性扭曲的正是所谓的"淑女教育"和"社会氛围"（《第二炉香》）。是文明礼教造成了人与人之间的沟通障碍。《倾城之恋》如此，《花凋》也如此。川嫦无法与理想对象章大夫结合的原因当然很多，但是两人不能沟通是最重要的。川嫦与章大夫一直没有很好地交流，最后只能眼看着男朋友被人抢走。相比之下，余美增比川嫦粗野，显得没有教养，但是可能正因此，余美增才能与章大夫有些交流。

《传奇》中充满对"有价值"的人性原初状态的"撕破"，正是从原始主义价值观出发张爱玲的作品产生了人类整体的悲剧感。明知道回到原始状态可以达到本心的沟通，但是却无法回去，这才显出人的渺小，无法左右自己的命运。柳原

批注：这一稿新加的"悲剧感"也一样是揭示张爱玲对原始主义的一种独特表现方式。

认为"死生契阔，与子相悦，执子之手，与子偕老"这首诗是"悲哀的一首诗"，他进一步阐释道："生与死与离别，都是大事，不由我们支配的。比起外界的力量，我们人是多么小，多么小！可是我们偏要说：'我永远和你在一起；我们一生一世都别离开。——好像我们自己做得了主似的！'"这种感慨虽然来自《红楼梦》，但也同样导源于原始主义价值观的失败，表达了她对现实生活中得到真爱的怀疑，以及为人无法抗拒文明压力的无奈。

在《传奇》中，张爱玲原始主义思想有一个产生和演变的过程。1943年4月的《沉香屑》"第一炉香"只是写欲望毁灭天真，可是5月写成的"第二炉香"突然出现对道德束缚（性教育）的批判，这与"第一炉香"有很大距离，甚至可以说相反，后者肯定性道德，指责女主人公的性堕落，而前者则启动对"不道德"的辩护。从6月的《茉莉香片》到7月的《心经》

又发生了巨大变化,她进一步描写"不道德",肯定"不道德"。所谓"不道德"实际上就是在反抗文明和道德强加给人身上的束缚。为了给"不道德"辩护,张爱玲慢慢接近原始主义。不久,张爱玲写了《封锁》和《倾城之恋》,最终通过两个特殊环境下真情流露的故事,明确表达了原始主义的立场。10月连续两篇小说:《金锁记》和《琉璃瓦》,一篇非常成功,把失乐园归结为个人的选择,人屈从于文明造成的环境,然后又成为这个文明环境的帮凶,从而深化了失乐园的母题;另一篇"有点浅薄"[20]p80(张爱玲的评语),因为去除了深刻的哲学内涵,使父女两性斗争、女子失去乐园的母题变成一个家庭世俗闹剧,一定程度上也许是故意地背离了这个母题。表明作者在对《传奇》母题加以深化的同时,还在做各种变奏,甚至否定地发展,随着母题的变奏,原始主义也呈现从渐强到减弱的转变。另外,原始主义不光出现在《传奇》中,也以母题的形式在后来的许多作品中不绝如缕,比如《连环套》《创世纪》《红玫瑰与白玫瑰》《半生缘》等,成为原始主义观念对张爱玲的馈赠。

余 论

1945年4月,张爱玲曾经质疑过原始主义,她说:"我们已经文明到这一步,再想退回到兽的健康是不可能的了"[21]p268。这并不表示她没有原始主义思想,她仍然认同"兽"是"健康"的,她的意思并不是不值得回去,不过是回不去了而已。她很可能是进一步扬弃了原始主义,表明她越来越绝望。也许当初她也没有意识到自己的原始主义。在她与傅雷(迅雨)辩难,表达自己对现代性的抵抗时,重点放在如何"参差的对照"这类技术性问题上,却忘记了她反抗现代主义(包括反对启蒙)的动机其实来自原始主义的思想基底。

当然,我们还要看到,原始主义倾向并不来自张爱玲自己的人生体验,而是来自域外小说思潮的影响。原始主义作为古老的价值观在19世纪的浪漫主义那里得到回响。随着工业文明带来的负面效应越来越明显,特别是欧战后人们对欧洲文明普遍失望,原始主义一时大兴。在文学上就表现为"以原始来对比和批判现代文明"[22]的创作倾向,小说方面出现福克纳、乔伊斯、海明威、康拉德、劳伦斯、毛姆等著名作家。20世纪三四十年代该思潮影响中国,出现沈从文的湘西小说、曹禺的《原野》以及路翎歌颂原始强力的作品。

张爱玲也是在这个世界性的文化潮流中得到启迪,可能尤其受到毛姆和劳伦斯的影响。根据周瘦鹃的说法,张爱玲自称是毛姆作品的爱好者[23]p64,她弟弟也说过张爱玲"顶爱看"毛姆[24]p20,胡兰成也提到张爱玲解说过毛姆和劳伦斯的作品[25]p157。毛姆和劳伦斯都是典型的原始主义特色的作家。前者的《人生的枷锁》《月亮与六便士》《刀锋》等作品都表达了逃离文明中心寻找简朴生活的思想,后者的《虹》《查泰莱夫人的情人》等名作都有歌颂血性意识和自然生命力的倾向。张爱玲很可能有意无意间接受了他们作品中的原始主义影响。

批注:余论是有些相关的论题还需要论述,但是不构成整体部分,占全文的比例不能太大。

批注:注意到与正文论证内容不一致的东西,给予合理的解释,不仅不会伤害论证的力量,反而加强论证力量。让人相信,论断是经过精密的推敲得出来的。

批注:这里终于把第一稿放不下的看法放进来了。涉及世界著名作家和中国的同时代的文学潮流,拓宽了论题的视野,使得论题在更大的背景下讨论,具有不同的意义,有助于对张爱玲原始主义倾向的理解。

张爱玲也并非简单模仿,既然经过张爱玲的心灵,自然带上她的特色。她的小说之所以不容易被认为是原始主义的,原因在于她不像哈代、劳伦斯、毛姆,甚至沈从文、曹禺等人的作品那样强调自然事物。对于原始主义者来说,喜欢自然事物是天经地义的[26]p267,因为自然事物就是作为理想与人类城市文明做对照的。但张爱玲毕竟生活于城市,热爱城市,对乡土比较陌生。因此,她无法彻底抛开城市文明,义无反顾地选择自然和田园。她写的都是城市中不彻底的人物,没有谁会选择走向荒野,"自然"只能作为背景和装饰而存在。

再有,毛姆是西方人,可以把东方作为批判工业文明和技术理性的理想之地。张爱玲虽也看到中国人的原始性,并喜爱中国的"孩子气"[27]p16,但她毕竟是中国人,她出自大家庭,看惯了繁文缛礼和倾轧对人性的压抑,深知中国旧文明的束缚人性的力量,而且她和大多数中国人一样,甚至更加热爱"摩登",不认为原始性是值得夸耀的资本,因此也无法彻底选择乡间的落后。

批注:因为要论述和分析这个论点,引带产生了很多更小的新看法。

以上两种混杂造成张爱玲原始主义内部的矛盾。这点也反映在作品中,比如范柳原口中的"文明"所指不明,既指西方的文明,又指中国传统的礼俗。这个矛盾反映了张爱玲站在西洋文明与传统文明之间无所皈依的窘态。

批注:这也是第二稿的新内容,把第一稿的境界又提高了一层,加深了对张爱玲的理解,也解释了张爱玲一直不被认为是原始主义者的原因。

另外,她的矛盾还表现在难以调和原始主义和对文明倒塌的恐惧。虽然原始主义不是她原创的思想倾向,文明的虚弱却出自切身感受。她在香港被攻击的时候看到同学们为衣服之类的东西担忧,于是感到衣冠名物的可笑。她似乎不满于几千年来人类的文明无法跳出单纯的兽性生活的圈子[28]p59。张爱玲内心惴惴的威胁来自文明的脆弱,她内心的悲凉和"荒凉"感更多来自对文明失去的担忧,这种担忧甚至压倒了她对原始的憧憬。因此她并不像中国现代作家那样,在原始主义作品中灌注启蒙意义[29],而是在暗地里让启蒙性压倒了原始主义。

批注:这算不是结论的结论。意思是如果我们了解到她的矛盾心理对于理解她的思想倾向又深了一步。可惜,这只能算是对于思想矛盾这个分论点的引申,而不是对于中心论点的引申,所以终究是不太符合结论写法的。

参考文献

[1] 张鸿声,杨晓平.都市洋场与张爱玲的《传奇》[J].郑州大学学报,1996(4).

[2] 赵园.开向沪、港"洋场社会"的窗口——读张爱玲小说集《传奇》[J].中国现代文学研究丛刊,1983(3).

[3] 金宏建.重释《传奇》的经典意义[J].重庆社会科学,2005(8).

[4] 林纬欣.解读《传奇》中的女性[A].重读张爱玲[C].上海:上海书店出版社.2008.

[5] 于青.论传奇[J].当代作家评论,1994(3).

[6] 范智红.在"古老的记忆"与现代体验之间——沦陷时期的张爱玲及其小说艺术[J].文学

评论，1993(6).

[7] 胡兰成. 论张爱玲 [A]. 陈子善. 张爱玲的风气 [C]. 济南：山东画报出版社，2004.

[8] 夏志清. 中国现代小说史 [M]. 香港：中文大学出版社，2001.

[9] 赵顺宏. 张爱玲小说和错位意识 [J]. 华文文学，1990(2).

[10] 张洪. 无奈与悲哀——张爱玲小说的基调 [J]. 当代作家评论，1994(3).

[11] 张淑贤. 精神分析与张爱玲的《传奇》[J]. 抚顺师专学报，1989(2).

[12] 钱振纲. 婚恋现象的现代审视 [J]. 北京师范大学学报（社科版），1995(2).

[13] [美] M.H. 艾布拉姆斯. 欧美文学术语词典 [M]. 朱金鹏，朱荔. 北京：北京大学出版社，1990.

[14] 童开.《倾城之恋》和《北京人》[A]. 陈子善. 张爱玲的风气 [C]. 山东画报出版社，2004.

[15] 解志熙. "反传奇的传奇"及其他 [J]. 中国现代文学研究丛刊，2009(1).

[16] 同 [13].

[17] 傅雷（迅雨）. 论张爱玲的小说 [A]. 金宏达，于青. 张爱玲文集（第 4 卷）[M]. 合肥：安徽文艺出版社，1992.

[18] 同 [14].

[19] 方克强. 原始主义与文学批评 [J]. 学术月刊，2009(2).

[20] 胡兰成.《传奇》集评茶会记 [A]. 陈子善. 张爱玲的风气 [C]. 济南：山东画报出版社，2004.

[21] 张爱玲. 我看苏青 [A]. 来凤仪. 张爱玲散文全编 [C]. 杭州：浙江文艺出版社，1992.

[22] 同 [19].

[23] 周瘦鹃. 写在《紫罗兰》前头（二则）[A]. 陈子善. 张爱玲的风气 [C]. 济南：山东画报出版社，2004.

[24] 张子静. 怀念我的姊姊张爱玲 [A]. 陈子善. 记忆张爱玲 [C]. 济南：山东画报出版社，2004.

[25] 胡兰成. 今生今世 [M]. 北京：中国社会科学出版社，2003.

[26] 同 [13].

[27] 张爱玲. 洋人看京戏及其他 [A]. 来凤仪. 张爱玲散文全编 [C]. 杭州：浙江文艺出版社，1992.

[28] 张爱玲. 烬余录 [A]. 来凤仪. 张爱玲散文全编 [C]. 杭州：浙江文艺出版社，1992.

[29] 钟海波. 呼唤野性 张扬强力——略论中国现代文学中的原始主义 [J]. 陕西师范大学学报（哲学社会科学版），2010(3).